Kilian · Zum Ursprung der Indogermanen

HABELT SACHBUCH

Forschung in verständlicher Darstellung

Band 3

1988

DR. RUDOLF HABELT GMBH · BONN

Lothar Kilian

Zum Ursprung
der Indogermanen

Forschungen aus Linguistik, Prähistorie und
Anthropologie

2. erweiterte Auflage

1988

DR. RUDOLF HABELT GMBH · BONN

CIP-Titelaufnahme der Deutschen Bibliothek

Kilian, Lothar:
Zum Ursprung der Indogermanen : Forschungen aus Linguistik,
Prähistorie u. Anthropologie / Lothar Kilian. – 2. , erw. Aufl. –
Bonn : Habelt, 1988
  (Habelt-Sachbuch ; Bd. 3)
  ISBN 3-7749-2343-4
NE: GT

ISBN 3-7749-2343-4
© 1988 by Dr. Rudolf Habelt GmbH · Bonn

MEINER FRAU

VORWORT ZUR ZWEITEN AUFLAGE

Die erste Auflage des Buches hat in Fach- und Nichtfach-
kreisen ein weites Echo gefunden. Besonders interessiert war
das westliche Ausland, Belgien und Frankreich. Ein Pariser
Verlag bemühte sich um die Rechte zur Drucklegung der
Arbeit in der Landessprache. Und von den Rezensionen
nimmt eine französische mit Abstand den größten Raum ein.
Sie erschien 1985 aus der Feder eines Spezialisten für Indo-
germanenprobleme, Jean *Haudry*, Lyon, in den Etudes Indo-
Européennes, Nr. 11, und in Nouvelle Ecole, Nr. 42, hier mit
Wiedergabe zahlreicher Abbildungen.

Die Rezensionen des In- und Auslands enthalten einige Hinweise auf neuere Erkenntnisse, vor allem im sprachlichen
Bereich, die dem Leser nicht vorenthalten werden sollen. Der
Verfasser bringt sie daher in dieser Auflage kurz zur Sprache,
und zwar in den „Ergänzungen" am Ende des alten Textes,
vor den Abbildungen. Etwas ausführlicher wird dabei persön-
lich zur Frage der slawischen Urheimat auf Grund einer
umfangreichen Veröffentlichung eines Linguisten Stellung
genommen. Die „Ergänzungen" schließen mit einem kleinen
Verzeichnis neuerer Literatur zum Indogermanenproblem.
Somit ist auch von der Sache her die Herausgabe einer zweiten Auflage begründet.

Lothar Kilian

Inhaltsverzeichnis

A. DIE INDOGERMANISCHE (INDOEUROPÄISCHE) SPRACHFAMILIE

1. Die indogermanischen (indoeuropäischen) Sprachen

Am Anfang einer Erörterung ethnischer Probleme hat die Sprache zu stehen, denn nach ihr bestimmt sich das Volkstum. Die indogermanischen (indoeuropäischen) Sprachen sind heute über weite Gebiete der Erde verbreitet; Europa wird fast völlig von ihnen beherrscht. Ausnahmen sind hier die kleinen Gruppen finno-ugrischer Sprachen mit dem Finnischen, Estnischen, Lappischen und Ungarischen sowie das Baskische in Nordspanien und Südwestfrankreich.

Die Zusammengehörigkeit der indogermanischen Sprachen wurde erst spät offenbar.[1] Im Jahre 1597 erkannte Bonaventura Vulcanius, daß 22 Wörter im Deutschen und Persischen sich gleichen. G. W. Leibnitz (1646—1716) pries die deutsche Sprache als die älteste europäische, aus der die anderen europäischen Sprachen erwachsen seien. Er sah also bereits Zusammenhänge zwischen den europäischen indogermanischen Sprachen. Eine bedeutendere Entdeckung machte der außerordentlich sprachenkundige spanische Jesuit Lorenzo Hervas (1735—1809), der die Verwandtschaft einiger semitischer und mehrerer finno-ugrischer Sprachen feststellte, aber auch schon Zusammenhänge zwischen dem Altindischen (Sanskrit), Lateinischen und Griechischen bemerkte, also indogermanischen Sprachen. Im Jahre 1767 folgte der Franzose Coeurdoux in der Erkenntnis gewisser Verbindungen zwischen indogermanischen Sprachen. Mit einiger Entschiedenheit behauptete dann der Engländer William Jones im Jahre 1786 den gemeinsamen Ursprung von Altindisch, Griechisch und Lateinisch. Nicht lange danach, im Jahre 1808, veröffentlichte der deutsche Dichter und Pragmatiker Friedrich v. Schlegel ein Werk unter dem Titel „Über die Sprache und Weisheit der Inder", in dem er bereits Zusammenhänge größeren Umfangs darlegte. Den wissenschaftlichen Nachweis der Zusammengehörigkeit einer Reihe von indogermanischen Sprachen aber erbrachte erst der deutsche Linguist Franz Bopp in seiner 1816 in Frankfurt/Main erschienenen Schrift „Über das Konjugationssystem der Sanskritsprache in Vergleichung mit jenem der griechischen, lateinischen, persischen und germanischen Sprache" sowie in seinem 1833 bis 1852 in Berlin herausgegebenen Werk „Vergleichende Grammatik des Sanskrit, Zend, Armenischen, Griechischen, Lateinischen, Litauischen, Slavischen, Gotischen und Deutschen". Er wies damit neben Übereinstimmungen im Wortschatz auch solche im grammatischen Bau dieser Sprachen nach und wurde dadurch zum eigentlichen Begründer der indogermanischen Sprachwissenschaft. Sein Nachweis enthielt auch bereits die beiden namengebenden Sprachen, Indisch und Germanisch. Im Laufe der Zeit wurden noch weitere zu diesem Zweig gehörende Sprachen entdeckt. Man sah jetzt, daß fast alle europäischen Sprachen dieser Gemeinschaft teilhaftig waren, und so wurde der Name „indoeuropäisch" für jene Sprachen geprägt, eine Bezeichnung, die im nichtdeutschen Sprachraum bevorzugt wird. In Deutschland hat sich der von Julius von Klaproth im Jahre 1823 geprägte Name „indogermanisch"[2] überwiegend durchgesetzt.

Die Sprachwissenschaft pflegt die indogermanischen Sprachen in zwei Gruppen zu gliedern, in die Kentumsprachen und die Satemsprachen. Grundlage dafür bildet die Entwicklung der palatalen K-Laute (Gaumenlaute), vergleichbar dem k im Wort „Kind". Während diese in der ersten Gruppe mit den velaren K-Lauten (etwa wie das k im Wort „kalt") zusammenfielen und als Verschlußlaute erhalten blieben, wurden sie in der zweiten zu Spiranten (Zischlauten). Die Namen für die beiden Gruppen stammen aus dem Wort für „hundert", das im Lateinischen "centum" (sprich kentum), im Altiranischen (Avestischen) „satem" lautet.

Wir lassen hier eine Aufstellung der beiden Gruppen der alten indogermanischen Sprachen folgen. Sprachen, die nur in Denkmälern erhalten und ausgestorben sind, werden mit einem (+) versehen. Wir müssen im übrigen damit rechnen, daß weitere indogermanische Sprachen existiert haben, ohne daß wir sie bisher kennen. Die Aufstellung erfolgt nach geographischen Gesichtspunkten und zwar in der Reihenfolge von Norden nach Süden bzw. von Westen nach Osten.

Kentumgruppe	*Satemgruppe*
Germanisch	Baltisch
Venetisch (+)	Slawisch
Illyrisch (+)	Albanesisch
Keltisch	Thrakisch (+)
Italisch	Phrygisch (+)
Griechisch	Armenisch
Hethitisch (+)	Iranisch
Luvisch (+), Palaisch (+)	Indisch
Tocharisch (+)	

In den nun folgenden Ausführungen werden des öfteren Arbeiten aus drei größeren Werken zitiert, die in den Anmerkungen in Kurzform erscheinen.[3]

Denkmäler (Texte, Inschriften, Eigennamen) der indogermanischen Sprachen sind nach Zeit und Umfang sehr unterschiedlich überliefert. Eine knappe, aber übersichtliche Darstellung bietet H. Krahe.[4]

Die Kentumsprachen

Das Germanische, welches sich schon zu Beginn der Überlieferung in das West-, Nord- und Ostgermanische gliedert, kennen wir erst seit etwa 200 n. Chr. aus Runeninschriften in Skandinavien und Mitteleuropa. Im 4. Jahrhundert n. Chr. schuf der westgotische Bischof Wulfila (Ulfilas) durch die Bibelübersetzung ins Gotische eine erste breite Basis für die Kenntnis des Germanischen. Der urgermanische Raum entspricht etwa dem auf Abb. 1 angezeigten Gebiet.

Das Venetische (+) war ursprünglich aller Wahrscheinlichkeit nach in Mitteleuropa, um die mittlere und obere Oder, beheimatet, bevor es sich nach dem Süden verlagerte. Aus dem östlichen Oberitalien (Venedig!) ist eine Anzahl von Inschriften in dieser Sprache erhalten. Das Venetische steht dem Illyri-

schen sehr nahe und hat mit diesem wohl in der frühen Bronzezeit Zentraleuropas noch eine Einheit gebildet, worauf Orts-
und Flußnamen in jenem Raum hinweisen. Auf Abb. 1 ist die
aus dem archäologischen Befund erschlossene alte Nachbarschaft von Venetern und Illyrern versuchsweise angezeigt. Zutreffendenfalls geht aus der gleichen Abbildung auch die ehemalige Nachbarschaft von Germanen und Venetern hervor,
was spezielle grammatische und lexikalische Übereinstimmungen zwischen deren Sprachen gut erklären würde.[5]

Das Illyrische (+) ist in der Hauptsache aus einer Anzahl
von Eigennamen (Ortsnamen, Personennamen) bekannt geworden, daneben aus Inschriften und Glossen.[6] Die nahe Verwandtschaft von Venetisch und Illyrisch erschwert den Sachbe-
arbeitern eine Trennung. In manchen Fällen wird man nur allgemein von einem Veneto-Illyrisch sprechen können. Die Ursitze der Illyrer sind wohl in dem auf Abb. 1 bezeichneten
Raum anzunehmen, von dem sie später in Richtung auf die
Adria abgewandert sind.

Das Keltische war ursprünglich aller Wahrscheinlichkeit
nach auf das Gebiet des mittleren und oberen Rheines beschränkt (Abb. 1). Von dort breitete es sich weit nach Süden,
Osten und Nordwesten (Irland, Großbritannien) aus. Das Festlandkeltische ist völlig verschwunden. Dagegen hat sich das Inselkeltische in Irland, Schottland und Wales erhalten. Das heute noch in der Bretagne gesprochene Bretonische ist kein
Sprachrest der dort einst ansässigen Gallier, sondern geht auf
keltische Einwanderer des 5. Jahrhunderts n. Chr. aus Großbritannien zurück. Das alte Festlandkeltische ist in zahlreichen
Eigennamen (Orts-, Gelände-, Gewässer- und Personennamen)
überliefert, das Inselkeltische wurde aus Inschriften seit den ersten Jahrhunderten n. Chr. bekannt.

Das Italische auf der ursprünglich von Nichtindogermanen
besiedelten Appeninhalbinsel stammt aus einem nicht näher
bekannten Raum nördlich der Alpen, wobei der Zeitpunkt der
Indogermanisierung Italiens noch umstritten ist. Das Italische
gliedert sich in den oskisch-umbrischen und den latino-faliski-
schen Zweig. Aus dem letzteren ging das Lateinische hervor.

14

Der erstgenannte Zweig ist ausgestorben und nur in Inschriften erhalten, während das Lateinische durch eine reiche Literatur bekannt wurde (aus Inschriften schon seit dem 6. Jahrhundert v. Chr.).

Das Griechische wurde durch Einwanderer aus dem Norden in den ursprünglich nichtindogermanischen Raum der Ägäis verpflanzt. Es handelt sich um mehrere Schübe, deren erster bereits zu Beginn der mittelhelladischen Periode (um 1900 v. Chr.) angesetzt werden muß.[7] Dieser frühe Zeitpunkt wird neuerdings in gewisser Weise gestützt durch die Auffindung von Inschriften in der sogenannten Linearschrift B auf Kreta, deren Sprache sich als Griechisch erwiesen hat. Die Inschriften können um die Mitte des 2. Jahrtausends v. Chr. datiert werden.[8] Die übrigen Quellen der griechischen Sprache beginnen dagegen erst mit dem 8. Jahrhundert v. Chr. Sie lassen drei große Gruppen erkennen, das Ionisch-Attische, das Achäische und das Dorische.

Das Hethitische (+) ist die Sprache des um die Mitte des 2. Jahrtausends v. Chr. in Kleinasien bestehenden Reiches der Hethiter (Abb. 2). Es enthält bei einem im wesentlichen indogermanischen Bau zahlreiche fremde Wortelemente der nichtindogermanischen Vorbevölkerung Kleinasiens. Bekannt wurde das Hethitische durch die deutschen Ausgrabungen in Boghazköi seit dem Anfang dieses Jahrhunderts, wo es auf überaus zahlreichen Tontafeln, die vorwiegend aus dem 15. und 14. Jahrhundert v. Chr. stammen, in Keilschrifttexten zutage trat. Daneben gibt es eine ebenfalls dem Hethitischen zugewiesene, schon vorher aus Kleinasien und Syrien vorliegende, aber erst spät entzifferte, in Hieroglyphen abgefaßte Sprache, so daß man ein Keilschrift- und ein Hieroglyphenhethitisch unterscheidet. Für das erste Auftreten der Hethiter in Kleinasien gibt es jetzt einen festen terminus ante: um 1800 v. Chr.[9] Der indogermanische Zweig der Hethiter muß also um diese Zeit bereits in Kleinasien gewesen sein; wielange vorher, ist einstweilen noch unsicher. Mit der Zerstörung des hethitischen Reiches um 1200 v. Chr. erlosch wohl auch die hethitische Sprache.

Das Luvische (+) und das Palaische (+) konnten als weitere, dem Hethitischen nahe stehende indogermanische Sprachen Kleinasiens in geringen Resten in Boghazköi nachgewiesen werden.

Das Tocharische (+), das zwei Dialekte (A und B) aufweist, wurde im Zusammenhang mit den preußischen Turfanexpeditionen zu Beginn dieses Jahrhunderts in Ostturkestan entdeckt (Abb. 3). Die aufgefundenen Handschriften stammen aus dem 6. bis 7. Jahrhundert n. Chr., doch lassen sich die Tocharer über chinesische Quellen bis in das 7. Jahrhundert v. Chr. zurückverfolgen.[10] Das Tocharische ist bisher die am weitesten nach Osten verbreitete indogermanische Sprache und befindet sich isoliert in fremder Umgebung. Die Ursitze der Tocharer sind noch ungewiß. Als Kentumvolk werden sie wohl aus dem Westen zugewandert sein.

Die engeren Verbindungen innerhalb der Kentumsprachen werden unterschiedlich beurteilt. Sichere nähere Zusammenhänge bestehen zwischen dem Venetischen und dem Illyrischen. Deutliche Gemeinsamkeiten zeigen auch das Italische und das Keltische.

Die Satemsprachen

Das Baltische bildet die nördlichste Gruppe der Satemsprachen. Es gliedert sich in das im 17. Jahrhundert n. Chr. ausgestorbene Prußische (Altpreußische) und in das ostbaltische Litauische und Lettische, wozu man außerdem noch das Altkurische zu zählen pflegt, das aus archäologischer Sicht eher eine Sonderstellung zwischen dem West- und dem Ostbaltischen eingenommen haben könnte. Das Prußische ist uns lückenhaft seit dem 15. Jahrhundert n. Chr. bekannt,[11] das Litauische und das Lettische durch reiche Schriftquellen erst seit dem 16. Jahrhundert. Das Litauische zeichnet sich durch eine erstaunliche Urtümlichkeit aus; von allen heute noch lebenden indogermanischen Sprachen steht es dem erschlossenen Urindogermanischen mit Abstand am nächsten. Das baltische Volk läßt sich archäologisch bis an das Ende der Jungsteinzeit (um 2000 v. Chr.) zurückverfolgen,[12] was über Orts- und Gewässernamen in gewisser Weise erhärtet werden kann.[13] In der mittleren Bronzezeit (um 1200 v. Chr.) nimmt das baltische Siedlungsgebiet den auf Abb. 1 bezeichneten Raum ein.

Das Slawische gliedert sich in drei Hauptgruppen, das West-, Ost- und Südslawische. Am frühesten wurde das zum Südslawischen zählende Bulgarische in Gestalt des Altbulgarischen oder Kirchenslawischen bekannt, dessen Denkmäler vom Ende des 9. bis zum Beginn des 12. Jahrhunderts n. Chr. reichen. In weiteren Ausführungen wird das Altbulgarische wie gewöhnlich als Altslawisch (asl.) bezeichnet. Die Kenntnis des Ostslawischen (Russischen) geht in das 11. Jahrhundert zurück. Das Entstehungsgebiet des Slawischen, die „Urheimat" der Slawen, ist noch ungewiß. Da sich das Baltische und das Slawische relativ nahe stehen, ist es in der Nähe der ermittelten baltischen Urheimat anzunehmen, also am ehesten südlich oder südöstlich davon. Begründet stehen zur Diskussion das Gebiet nordöstlich der Karpaten und der Raum um den mittleren und oberen Dnjepr (Dnjepr-Kultur auf Abb. 36). Die Versuche eines Teiles der slawischen, insbesondere der polnischen Prähistorie und Linguistik, die Urheimat der Slawen in den ostdeutschen Raum (Lausitzer Kultur, Abb. 1) zu verlegen, entbehren einer soliden Grundlage und sind daher abwegig. Dieser Meinung ist auch die neuere sowjetische Forschung, die um mehr Sachlichkeit bemüht ist.[14]

Das Albanesische (Albanische) wird heute noch in zwei Mundarten in Albanien und dem östlich angrenzenden Gebiet gesprochen. Die teilweise geäußerte Ansicht, es handele sich hier um einen Rest des Illyrischen, kann in dieser Form nicht zutreffen, da letzteres eine Kentumsprache ist. Wahrscheinlich ist vielmehr, daß das Albanesische unter der Voraussetzung erheblicher Übereinstimmungen aus der Verbindung zwischen einem illyrischen Substrat und dem Superstrat einer Satemsprache (oder umgekehrt) hervorgegangen ist. Der Satemanteil könnte möglicherweise auf das nachbarliche Thrakische zurückgehen. Denkbar wäre natürlich auch eine Eigenentwicklung, obwohl sie wegen der bekannten Aufnahme zahlreicher Fremdelemente nicht gerade wahrscheinlich ist.

17

Das Thrakische (+) ist nur in Resten aus Eigennamen bekannt. Dabei hatte das thrakische Siedlungsgebiet aus archäologischer Sicht bereits seit der mittleren Bronzezeit (um 1200 v. Chr.) eine sehr erhebliche Ausdehnung um die untere Donau (Abb. 2).

Das Phrygische (+) ist ein sehr naher Verwandter des Thrakischen und wohl nur ein Zweig oder gar Teil von letzterem. Deshalb findet man auch die Bezeichnungen „Thrako-Phryger" für das Volk und „Thrako-Phrygisch" für die Sprache. Die Phryger erscheinen als Einwanderer aus dem thrakischen Bereich im Nordwesten von Kleinasien (Abb. 2) offenbar bereits in den Berichten des assyrischen Königs Tiglatpilesar I (um 1115 bis 1093).[15] Ihre Sprache aber ist erst aus Inschriften seit dem 7. Jahrhundert v. Chr. bekannt.

Das Armenische, heute noch als Sprache um das Grenzgebiet von Türkei, Rußland und Persien lebendig, kennen wir seit dem 5. Jahrhundert n. Chr. aus literarischen Quellen in Gestalt des inzwischen erloschenen Altarmenischen. Die Sprache verrät gewisse Beziehungen zum Thrako-Phrygischen.

Das Iranische ist uns als Altiranisch in Gestalt des erloschenen ostiranischen Avestischen und des westiranischen Altpersischen seit etwa der Mitte des 1. Jahrtausends v. Chr. bekannt. Mit Avestisch bezeichnet man die Sprache des Avesta, einer Sammlung religiösen Schrifttums im Zusammenhang mit der Lehre des Zarathustra (um 600 v. Chr.). Das Altpersische ist in Keilschrifttexten seit etwa 500 v. Chr. überliefert. Zum Altiranischen gehört auch die nur dürftig überlieferte Sprache der Skythen und Sarmaten. Auf das Altpersische folgt das Pehlevi oder Mittelpersische seit etwa 250 v. Chr., zu dem auch das Sakische gehört. Vom 9. Jahrhundert n. Chr. ab beginnen das Neupersische und andere neuiranische Mundarten wie das Afghanische, Balutschische, Kurdische und Ossetische.

Das Iranische steht dem Indischen recht nahe, und man nimmt eine ursprüngliche indo-iranische Spracheinheit an. Als Heimat dieser Spracheinheit ist besonders der Raum nördlich und nordöstlich des Schwarzen Meeres in der Diskussion.

Das Indische gehört mit dem Griechischen und Hethitischen zu den am frühesten überlieferten indogermanischen Sprachen, da auf den Tontafeln von Boghazköi auch indische Sprachreste enthalten waren. Sonst erscheint das Altindische in zwei Quellen: in den Veden, der heiligen Literatur des Brahmanismus, und im Sanskrit der indischen Nationalepen. „Veda" bedeutet „Wissen", „Sanskrit" aber „zurechtgemacht" (im 4. Jahrhundert v. Chr. genormte Sprache). Das Alter der Veden wird sehr hoch veranschlagt. Man vermutet, daß die ältesten Veden, besonders der berühmte Rigveda, weit in das 2. Jahrtausend v. Chr. zurückreichen. Auf das Altindische folgen das Mittelindische und schließlich die zahlreichen neuindischen Sprachen.

Inder und Iranier werden auch als Arier bezeichnet, weil sie sich nachweislich so genannt haben, die erschlossene indoiranische Spracheinheit als das Arische. Der gleiche Wortstamm erscheint auch in anderen indogermanischen Sprachen, so im Griechischen als aristos (der Beste) und selbst im Germanischen, wo er auf einem schwedischen Runenstein als „arioster" (die Besten) vorkommt.[16]

Außerhalb der Schriftquellen sind indogermanische Sprachelemente über Orts-, Gelände- und Gewässernamen auf uns gekommen. Sie sind von hervorragender Bedeutung, lassen sie doch oft Schlüsse auf indogermanische Wohnsitze zu.

2. Zum Wesen des Indogermanischen

Ein Vergleich der indogermanischen Sprachen, der hier nur andeutungsweise erfolgen kann, läßt einen übereinstimmenden Bau erkennen. Dazu gehören insbesondere Übereinstimmungen im Gebrauch von Vokalen und Konsonanten, in der Betonung, in der Deklination und Konjugation. Eine Besonderheit der indogermanischen Sprachen bilden die drei Genera (Geschlechter): Maskulinum, Femininum und Neutrum. Das Indogermanische besaß ferner drei Numeri: Singular (Einzahl), Dual (Zweizahl) und Plural (Mehrzahl). Zur Deklination gehörten bis zu acht Kasus: Nominativ, Genitiv, Dativ, Akkusativ, Ablativ, Instrumental, Lokativ und Vokativ, von denen freilich bei mehreren in späterer Zeit ein Teil mit anderen Kasus zusammenfiel. Die Kasussuffixe sind weitgehend in gleicher Weise gebildet, beim Substantiv, Adjektiv und Pronomen.

Die Konjugation kennt Aktiv, Medium und Passiv. Es gibt nicht weniger als fünf Modi (Aussageweisen): Indikativ, Konjunktiv, (Injunktiv), Optativ und Imperativ, die insgesamt aber nur in einem Teil der Einzelsprachen erhalten sind. Ferner sind sechs Tempora zu vermerken: Präsens, Imperfekt, Perfekt, Plusquamperfekt, Futurum und Aorist.

Innerhalb dieses Rahmens haben die Einzelsprachen oft eigene Wege eingeschlagen, wie das auch nicht anders erwartet werden kann. Der gemeinsame Grundcharakter bleibt aber erkennbar. Im allgemeinen schreitet die Entwicklung der Sprachen von einem großen Formenreichtum zur Vereinfachung fort.

Einige Vergleiche zur Konjugation, Deklination und zum Wortschatz indogermanischer Sprachen sollen den Grad der jeweiligen Übereinstimmungen deutlich machen. Dabei werden des besseren Verständnisses wegen nach Möglichkeit bekannte Zeichen verwendet. Den Beispielen werden hier die wichtigsten Abkürzungen vorangestellt (vgl. auch die allgemeine Abkürzungsliste):

ahd. = althochdeutsch; ai. = altindisch; air. = altirisch; airan. = altiranisch; alit. = altlitauisch; apers. = altpersisch; asl. = altslawisch; av. = avestisch; dor. = dorisch; got. = gotisch; gr. = griechisch; heth. = hethitisch; ion. = ionisch; lat. = lateinisch; lit. = litauisch; pr. = prußisch (altpreußisch); russ. = russisch; skr. = Sanskrit; toch. = tocharisch; ven-ill. = venetoillyrisch.

Wichtige Lautwerte der von der Norm abweichenden Schriftzeichen: č = tsch; ę = e plus Nasal; ś, š = sch; ' (Apostroph) steht aus drucktechnischen Gründen für einen kaum gesprochenen Laut (Murmelvokal) bzw. zur Erweichung des vorausgehenden Konsonanten. ḥ = Hauchlaut. Bei den Zahlwörtern

20

1, 2 und 3 werden die maskulinen Formen angegeben. Ein *
vor einem Wort besagt, daß es nicht überliefert, sondern erschlossen ist.

Beispiele für die Konjugation:
1. Das Präsens des Verbs „sein" für das Griechische, Lateinische, Altindische und Litauische, also für zwei Kentum- und
   zwei Satemsprachen:

d.	gr.	lat.	ai.	lit.
ich bin	eimi	sum	asmi	esu
du bist	ei, essi	es	asi	esi
er ist	esti	est	asi	yra
wir sind	eimes (dor.)	sumus	smah	esame
ihr seid	esti	estis	sthah	esate
sie sind	easi (eisi)	sunt	santi	yra

Wir erkennen weitgehende Übereinstimmungen, aber auch
Unterschiede. Das Altindische verlor im Plural das anlautende
a infolge eines Betonungswechsels von der ersten auf die zweite
Silbe. Das auslautende ḥ geht auf ein ursprüngliches s zurück.
Das Litauische hat gegenüber dem Altlitauischen mit „yra" in
der dritten Person eine Neuerung eingeführt, wobei das r auf
ein älteres s zurückgehen dürfte.

2. Das Präsens des Verbs „tragen" im Sanskrit, Griechischen,
   Lateinischen, Altslawischen und Althochdeutschen:[17]

d.	skr.	gr. (dor.)	lat.	asl.	ahd.
ich tr.	bharami	phero	fero	bera	biru
du tr.	bharasi	phereis	fers	beresi	biris
er tr.	bharati	pherei	fert	beretu	birit
wir tr.	bharamah	pheromes	ferimus	beremu	berames
ihr tr.	bharathah	pherete	fertis	berete	beret
sie tr.	bharanti	pheronti	ferunt	bera(n)tu	berant

Die Übereinstimmungen sind hier recht klar. Man erkennt
auch, in welchem Maße das Altslawische und das Althochdeutsche urtümliche Formen bewahrt haben. Das heutige Deutsche
benutzt einen anderen Wortstamm, hat aber auch den erstge

nannten in Wörtern wie Bürde, Gebärde, Geburt usw. erhalten. Mit Synonymen (Wörtern verschiedener Bildung bei gleicher Bedeutung) muß in allen Sprachen gerechnet werden.

An Beispielen für Übereinstimmungen im Wortschatz werden im folgenden die Zahlwörter 1 bis 3, 10 und 100 sowie Verwandtschaftsbezeichnungen aufgeführt.

1. Zahlwörter:[18]

eins: ai. ēkah; gr. oinē (auf dem Würfel), sonst heis; lat. unus; pr. ains; lit. vienas; asl. in'; got. ains. Eine einheitliche indogermanische Grundform ist nach dem Linguisten R. Meringer hier nicht zu erweisen.

zwei: ai. dvāu, dvā; gr. dyo; lat. duo; pr. dwai; lit. du; asl. d' va, dva; got. twai.

drei: ai. trayah; gr. treis; lat. trēs; pr. tirtis (dritter); lit. trys; asl. trije; got. threis.

zehn: ai. daśa; gr. deka; lat. decem; pr. dessimpts (zehnter); lit. dešimt(is); asl. desęti; got. taihun.

hundert: ai. śatam; gr. he-katon (einhundert!); lat. centum; lit. šimtas; asl. s' to; got. hund.

2. Verwandtschaftsnamen:

Vater: ai. pitā (pitar-); apers. pitar-; toch. A pācar; gr. patēr; lat. pater; got. fadar. Eine Nebenform ist got. ata, heth. atta; dazwischen steht air. athir. Einen anderen Stamm gebraucht das Baltische: pr. tawas; lit. tēvas. Es besitzt aber auch einen Stamm pat-: pr. wais-pati (Frau); alit. vieš-pati (Herrin); lit. vieš-pats (Herr, Gebieter), pats (Gatte, Mann, selbst). Zu dieser Form gehören auch ai. patiš (Gatte), toch. pats (Gatte), gr. posis (Gatte), lat. potis (mächtig).

Mutter: ai. mātā (matar-); gr.-dor. māter, gr. -ion. mēter; lat. mater; pr. mothe, muti; lit. motyna; motē, moteris (Frau); air. māthir; toch. mātar, mācar; asl. mati; russ. mat'.

22

Bruder:	ai. bhrātā; av., apers. brātā; gr. phrātēr; lat. frater; pr. brote; lit. brolis aus broterėlis (Brüderlein); asl. bratr'; air. brāthir; toch. pracar; ven.-ill. vhraterei (dem Bruder).
Schwester:	ai. svasā; lat. soror; lit. sesuo; pr. swestro; russ. sestra; got. swistar.
Sohn:	ai. sūnuš; av. hunuš; pr. souns; lit. sunus; asl. syn'; got. sunus.
Tochter:	ai. duhita; gr. thygatēr; lit. duktė; asl. dušti.

Teilweise wird eine Ableitung dieses Wortes von einem Wortstamm *dhugh- (melken) vertreten, wonach die Tochter in altindogermanischer Zeit die wichtige Aufgabe des Melkens gehabt hätte. Eine gewisse Wahrscheinlichkeit spricht dafür, nachdem außer im Altindischen auch im Russischen solche Zusammenhänge bestehen.

Obige Ausführungen dürften gezeigt haben, wie nahe sich die altindogermanischen Sprachen stehen, aber auch, welche Unterschiede vorliegen.

3. Zur Verwandtschaft der indogermanischen Sprachen und ihrer Träger

Es erhebt sich nun die Frage, wie die Übereinstimmungen zwischen den indogermanischen Sprachen zu erklären sind. Wir haben es mit Gemeinsamkeiten im Wortschatz und im Sprachbau zu tun. Letztere lassen sich auf gar keinen Fall allein durch nachbarliche Kontakte erklären; sie setzen vielmehr eine Verwandtschaft voraus. Verwandtschaft aber bedeutet gemeinsamen Ursprung. Jede Sprache hat Menschen als Sprachträger. Da sich ein Volkstum nach der Sprache bestimmt, muß hinter jeder Sprache eine ethnische Gemeinschaft stehen. Sprachverwandtschaft bedingt aber noch nicht in jedem Fall eine Verwandtschaft der betreffenden Sprachträger. Sprachen sind übertragbar. Ein Volkstum A kann seine Sprache a auf mancherlei Weise auf ein Volkstum B unter allmählichem Erlöschen der Sprache b übertragen. Die beiden ursprünglichen ethnischen Gruppen A und B können ihrer körperlichen und kulturellen Beschaffenheit nach gänzlich verschieden sein. Und dennoch würde Gruppe B zum Sprachträger der Gruppe A, d. h., aus dem Volkstum B wäre ein Volkstum A geworden. Dasselbe kann aber auch durch die Gruppe A mit anderen Gruppen, C, D usw. geschehen. Aus C und D wäre dann sprachlich ebenfalls A geworden. Es kann noch weiter gehen: die zu A gewordenen B, C und D können ihrerseits A wieder weiter auf F, G usw. übertragen. Auf diese Weise kann sich schließlich aus einer ursprünglich kleinen Einheit A mit einem vielleicht sehr begrenzten Siedlungsraum eine sehr große Gruppe A mit weitem Siedlungsgebiet bilden. Natürlich können die neuen a-Sprachen von der Ausgangssprache a ein wenig oder auch mehr abweichen. Die ursprünglichen Sprachen b, c, d usw. pflegen mehr oder minder eine sogen. Substratwirkung auszuüben, indem sie sich in der Aussprache, im Wortschatz oder geringfügig sogar im Sprachbau bemerkbar machen. Substrate sind oft die Ursache für das Entstehen von Dialekten (Mundarten), also in unserem Falle von a1, a2, a3 usw. mit einer untereinander noch existierenden Verständigungsmöglichkeit. Im Laufe der Zeit pflegt eine fortschreitende Differenzierung einzusetzen, die zu einer Sprachtrennung führen kann, bei der eine Verständigungsmöglichkeit aufhört. Dann sind jene Mundarten zu selbständigen Sprachen geworden und Stämme zu Völkern. Vergleichbare Beispiele bieten etwa die romanischen Sprachen, die letztlich auf die lateinische Vulgärsprache zurückgehen.

Wir ersehen daraus, daß Sprachverwandtschaft nicht Verwandtschaft der Sprachträger zur Voraussetzung haben muß. In nicht wenigen Fällen ist dem aber so. Die allmähliche Aufgliederung einer im wesentlichen einheitlichen Grundsprache kann auch ohne Substrateinwirkung, etwa durch räumliche Absonderung, erfolgen. In diesem Falle läge eine interne Entwicklung vor. Wir würden somit eine interne Differenzierung innerhalb einer im wesentlichen einheitlichen Sprachträgerschaft von einer durch Substratwirkung (Fremdeinwirkung) getragenen externen unterscheiden. Eine Fremdeinwirkung kann auch über nachbarlichen Kontakt durch Aufnahme von Fremdwörtern usw. eintreten. Schließlich ist ein Zusammenwirken von interner und externer Differenzierung denkbar. Es gibt da also eine ganze Reihe von Möglichkeiten, auf die hier nur andeutungsweise eingegangen werden kann. Im übrigen schrieb schon im Jahre 1943 E. Schwyzer von „sprachlicher Parantel" bei ererbten Übereinstimmungen und von „sprachlicher Affinität" bei entlehnten Gemeinsamkeiten.[19]

Liegt nun bei den indogermanischen Sprachen eine interne oder eine externe Differenzierung vor? Im ersten Fall würde die Sprachverwandtschaft auch eine Verwandtschaft der Träger der einzelnen Sprachen bedeuten, im zweiten nicht. Beide Möglichkeiten könnten aber auch miteinander verbunden sein. Gehen wir einmal von 15 indogermanischen Altsprachen aus, also von den Sprachen a1 bis a15. Bei angenommener interner Differenzierung wären dann auch die Sprachträger A1 bis A15 miteinander verwandt, bei externer jeweils nur Teile von ihnen. Daneben gibt es die Möglichkeit von partieller interner bzw. externer Differenzierung, so daß beispielsweise eine Verwandtschaft nur bei A3, A7 und A11 vorliegen könnte. Es sind natürlich auch ganz andere Zusammenstellungen denkbar.

Die Frage, wieweit eine Verwandtschaft der Träger der indogermanischen Sprachen vorliegt, läßt sich nicht ohne weiteres beantworten. Einstweilen haben wir nur die Verwandtschaft der Sprachen zur Kenntnis zu nehmen, also deren Herkunft aus einer gemeinsamen Wurzel, die wir als Grundsprache bezeichnen wollen. Die indogermanischen Sprachen hätten sich demnach verzweigt wie die Äste eines Baumes. Eine solche These mit Schemata wurde 1853 und 1861 von A. Schleicher aufgestellt.[20] Genauere Untersuchungen haben indessen gezeigt, daß diese Darstellung etwas zu einfach ist; die Verwandtschaftsgrade sind differenziert unterschiedlich. Wie wir schon gesehen hatten, stehen sich manche Sprachen besonders nahe, bei den übrigen gehen Beziehungen teilweise in mehrere Richtungen. Man hat daher der „Stammbaumtheorie" Schleichers die bessere „Wellentheorie" von J. Schmidt[21] gegenübergestellt. Aber auch sie wird nicht allen Gegebenheiten gerecht, einfach deshalb, weil die oft komplizierten Sprachbildungsprozesse sich nicht in ein Schema pressen lassen. So wurde denn auch die „Wellentheorie" Schmidts teilweise aufgegeben. Für uns bleibt wichtig festzuhalten, daß die indogermanischen Sprachen letztlich auf eine Ausgangssprache, eine Grundsprache, zurückgehen müssen. Das ist jedenfalls die ganz überwiegende Meinung in der Linguistik. Man spricht in diesem Zusammenhang von einer Grundsprache, einer Gemeinsprache oder auch einer Ursprache. Diese „Ursprache" braucht nicht völlig homogen gewesen zu sein; sie kann besonders bei Vorliegen einer externen Entwicklung Elemente verschiedener Herkunft enthalten haben.

Es gibt nun aber auch andere Meinungen über den Ursprung der indogermanischen Sprachen. Die krasseste Gegenmeinung stammt wohl von dem russischen Linguisten Trubetzkoy. Er erklärt,[22] die „Vermutung" einer indogermanischen Ursprache sei nicht zwingend; es bestünde die Möglichkeit der Annäherung fremder Sprachen durch ständigen Kontakt, gegenseitige Beeinflussung und Lehnverkehr. Eine solche Ansicht ist doch wohl nicht vertretbar. Man fragt sich da, warum die jahrtausendelange Nachbarschaft der indogermanischen Einzelsprachen nicht längst zu einer Einheitssprache geführt hat. Die Annahme Trubetzkoys läuft auf ein urzeitliches Esperanto hinaus, und das ist doch schwer vorstellbar. Andere Ausführungen Trubetzkoys sind dagegen durchaus beachtlich.

Ein weiterer Superkritiker zur Frage des Ursprungs der indogermanischen Sprachen ist G. Solta.[23] Er verweist u. a. auf den russischen Linguisten N. Marr, nach welchem sich die Sprachen von einer Vielheit zu einer Einheit entwickelt hätten und erklärt: „Man fragt sich, ob in der Geschichte der Linguistik überhaupt ein ähnlicher Fall sich findet, wo mehrere Sprachen sich aus einer Grundsprache entwickelt hätten." Das Umgekehrte zu fragen wäre da wohl eher angebracht. Er meint dann noch, daß die Annahme einer einheitlichen Grundsprache absurd sei, um fünf Seiten weiter zu erklären: „Freilich bleibt die relative Einheitlichkeit der indogermanischen Sprachen eine ziemlich große ..." Solta sieht sich sogar veranlaßt, Stalin zu zitieren!

26

Schließlich sei noch auf E. Pulgram verwiesen, den man Trubetzkoy und Solta an die Seite stellen kann.[24] Er meint, der Name „Indogermanen" würde fälschlich ethnisch gebraucht, und nachdem er H. Hirt[25] für einen „der hervorragendsten Indogermanisten" hält, heißt es: „Aber wenn er anfängt, sein Märchen von den Indoeuropäern zu erzählen, sinkt seine Glaubwürdigkeit auf den Nullpunkt."

H. Krahe[26] spricht in solchem Zusammenhang unter Hinweis auf Trubetzkoy mit Recht von einem sich ausbreitenden Nihilismus. Man kann hier nur unterstreichen, was er anschließend über die Arbeit von P. Thieme[27] sagt: „Thieme hat dagegen erneut mit zwingenden grammatischen Argumenten dargetan, daß eine relativ einheitliche indogermanische Grundsprache mit Notwendigkeit vorausgesetzt werden muß."

Es wird wohl niemand geben, der diese Aussage wirklich erschüttern könnte. Wir dürfen also getrost von einer indogermanischen Grundsprache ausgehen. Diese Grundsprache aber muß einst von einer ethnischen Gruppe gesprochen worden sein. Das setzt dann auch ein bestimmtes Sprachgebiet voraus. Die Suche nach Sprachraum und Sprachträger der Grundsprache stellt das Indogermanenproblem dar.

Schon seit dem vergangenen Jahrhundert ist die Fachwelt über dieses Problem zerstritten. Eine Flut von Literatur hat sich auf die Wißbegierigen gestürzt. Die Titel allein würden ein Buch füllen. Je nach Einstellung und Temperament der Verfasser fallen die Auseinandersetzungen mehr oder weniger heftig aus. Wo lag die „Urheimat" der Indogermanen, in Asien oder in Europa? Und wie ist sie näher zu bestimmen? In welche Zeit gehört überhaupt die Grund- oder Gemeinsprache? Das sind die Hauptfragen, deren Beantwortung immer noch nicht befriedigend erfolgen konnte. Um die Lösung der Frage nach der Heimat der Indogermanen haben sich insbesondere vier Disziplinen bemüht: die Linguistik (Sprachforschung), die Prähistorie (Vorgeschichtsforschung), die Ethnologie (Völkerkunde) und die Anthropologie (Rassenkunde). Ihre Aussagen lassen sich in drei Hauptgruppen gliedern. Eine vertritt die Auffassung von einer mittel- bis nordeuropäischen Heimat. Eine andere meint, die Heimat habe in Asien gelegen. Einer Westthese steht also eine Ostthese gegenüber. Daneben gibt es den Standpunkt, die Heimat sei nördlich des Schwarzen Meeres zu suchen. Letztere Ansicht wird hier als Nordpontische These bezeichnet. In den folgenden Kapiteln sollen jeweils einige bedeutende Vertreter dieser Thesen zu Wort kommen und ihre Meinungen kritisch geprüft werden.

B. DIE FORSCHUNG ZUR FRAGE DES URSPRUNGS DER INDOGERMANEN

1. Linguistik (Sprachforschung)

a. Methode

Die Sprache spiegelt Lebensweise, Kultur und Umwelt der Sprachträger wider. Um die Heimat einer Grundsprache feststellen zu können, bedient sich die Linguistik sogenannter Wortgleichungen. In unserem Fall handelt es sich um Wörter aus den indogermanischen Einzelsprachen, die miteinander verglichen werden. Wenn in mehreren Einzelsprachen die gleichen Wortstämme für dieselben Begriffe oder Objekte vorliegen, darf man annehmen, daß jene den Trägern der Grundsprache bekannt waren. Als Beispiel sei hier die Wortgleichung für das Schaf angeführt.

ai. avis; gr. ois; lat. ovis; lit. avis; asl. ov'ca; ahd. ouwi. Das Schaf muß also den Trägern der Grundsprache, die wir als Altindogermanen bezeichnen wollen, bekannt gewesen sein. Die Methode, mit Hilfe solcher Wortgleichungen die Kultur und Umwelt vergangener Völker zu erschließen, nennt man „linguistische Paläontologie".[28] O. Schrader hat der Geschichte dieser Methode, die wir im einzelnen nicht zu erörtern brauchen, schon zu Beginn dieses Jahrhunderts längere Ausführungen gewidmet,[29] in denen er A. Kuhn[30] als ersten Wegbereiter der Methode bezeichnet. Man sollte meinen, die linguistische Paläontologie, die gelegentlich auch „linguistische Archäologie" genannt wird, hätte allgemeine Anerkennung gefunden. Dem ist aber keineswegs so. Es gibt, wenn auch in der Minderzahl, Linguisten, die heftige Kritik an ihr üben und sie für ungeeignet halten, Kultur- und Umweltverhältnisse vergangener Zeitepochen zu erschließen. Die Kritik ist insofern berechtigt, als man immer nur Teile der vorzeitlichen Zustände erfassen kann. Die Grenzen sind dort gesetzt, wo Wortgleichungen fehlen oder zu dürftig sind. Und es kommt noch eins hinzu: die Wortgleichungen müssen nicht immer „echt" sein, d. h., sie können zum Teil aus Lehnwörtern bestehen, die eine ursprüngliche Kenntnis der Objekte für die Grundsprache vortäuschen. Diese Tatsache wird denn auch als Argument genutzt. Lehnwörter aber werden in so früher Zeit immer nur einen sehr kleinen Teil der Sprache ausmachen. Natürlicherweise hat ein Volk für seine Kultur und Umwelt eigene Bezeichnungen. So ist schlecht vorstellbar, daß es etwa für Teile seiner heimatlichen Flora und Fauna ohne zwingenden Grund die eigenen Namen aufgibt und dafür fremde einführt. Entlehnungen sind entweder nur bei einem Wechsel der Umwelt (Wanderung), auf dem Handelswege oder sonst mit dem Kennenlernen bisher unbekannter Objekte wahrscheinlich. So können „unechte" Wortgleichungen immer nur die große Ausnahme bilden; der Gesamtcharakter von Kultur und Umwelt wird gewahrt bleiben. Solche Überlegungen schließen eine Vorsicht nicht aus, sondern fördern sie eher. Wenn eine Wortgleichung nur in zwei Einzelsprachen vorkommt, ist besondere Vorsicht am Platze. Aber auch hier ist die Art der Einzelsprachen entscheidend. Handelt es sich je um eine Kentum- und eine Satemsprache oder liegen sich die Sprachen räumlich fern (etwa bei Germanen und Griechen), darf man annehmen, daß die Gleichung echt ist und auf die Grundsprache zurückgeht.

Eine ganz andere, aber wohl noch wichtigere Methode zur Feststellung früherer ethnischer Siedlungsräume bietet die Eigennamenforschung. Es sind da zu unterscheiden: Personennamen, Ortsnamen (Siedlungsbezeichnungen), Gelände- und Gewässernamen. Als Quellen kommen in Betracht antike Berichte, Inschriften (auf Grabmälern, Tontafeln usw.), daneben aber auch noch existierende Eigennamen. Geländenamen, Flurnamen, vor allem aber Gewässernamen pflegen sich nicht selten über Jahrtausende hinweg zu erhalten, auch bei einem Wechsel der Bevölkerung. Die Neuankömmlinge übernehmen gewöhnlich die alten Bezeichnungen und geben sie an etwaige spätere Siedlerschichten weiter. Bei ethnisch verschiedenen Siedlungsschichten kämen dann jeweils Eigennamen der betreffenden neuen Siedlungsschicht hinzu. Für vier ethnisch verschiedene, aufeinander folgende Siedlungsschichten ergäbe sich das folgende Schema, wobei Schicht A mit der Sprache a die älteste sein soll. Das Schema bezieht sich wohlgemerkt nur auf das Fortleben von Eigennamen.

D	a + b + c + d	D
C	a + b + c	C
B	a + b	B
A	a	A

So können also Eigennamen, insbesondere Gewässer- und Geländenamen, von der ältesten bis zur jüngsten Siedlungsschicht überleben. Natürlich ist es nicht immer leicht und zuweilen gar nicht möglich, das jeweilige Alter jener Namen festzustellen. In einer Reihe von Fällen aber ist die Linguistik dazu in der Lage, gelegentlich unter Verwertung von Ergebnissen aus anderen Forschungszweigen.

Und schließlich gibt es noch eine weitere, wenn auch weniger aussagekräftige Möglichkeit, ein Sprachgebiet in seiner ungefähren Lage zu erfassen: durch Prüfung von Beziehungen zu Fremdsprachen, die aufgrund dieser Beziehungen als Nachbarsprachen in Betracht kommen.

Wenn wir im folgenden Argumente aus unterschiedlicher Sicht zur Lage des Raumes der indogermanischen Grundsprache und damit der Altindogermanen vortragen, so kann das nur eine Auswahl sein. Bevorzugt werden dabei Argumente, welche die Beantwortung der Frage nach der Heimat dieses Volkes zum Ziel haben und von einiger Aussagekraft sind.

In eckige Klammern gesetzte Wörter, Satzteile oder Sätze sind notwendige Bemerkungen des Verfassers innerhalb der laufenden Ausführungen der anderen Autoren.

b. Westthese

In ursprünglicher Überschätzung des Alters und der Bedeutung des Sanskrit galt zunächst nur Asien als Heimat der Indogermanen. Einer der ersten Linguisten, der gegen diese Ansicht seine

Stimme erhob, war Herman Hirt.[31] H. Arntz hat die für uns wichtigen Ergebnisse seiner Arbeiten zusammengestellt.[32]

Aufgrund von Wortgleichungen setzt Hirt für die Grundsprache und deren Träger als bekannt voraus:

Stoffliche Kultur und Bauerntum:
Egge, Hacke, Handmühle, Pflug, Pflugschar, Ruder, Schiff, Sichel, Sieb, Spaten; Wagen mit Achse, Deichsel, Joch, Achsnagel, Nabe, Rad. Den Ackerbau würden bezeugen Bezeichnungen wie bebauen, mähen, mahlen, pflügen, säen, schroten, ferner gemeinsame Wörter für Erbse, Flachs, Gerste, Korn, Roggen, Rübe, Streu und Stroh. Die Viehzucht wäre nachweisbar durch gleiche Wortstämme für Bock, Ferkel, Füllen, Hund, Kuh, Lamm, Pferd, Rind, Schaf, Schwein, Stier, Stute, Widder, Wolle, Ziege.

Umwelt:
Die „Ursprache" hätte Bezeichnungen für Eis, Hagel, Schnee, Winter, Frühling, Sommer, für Berg, Ebene, Fluß, Meer, See und Salz.

Wildtiere:
Aal, Aalraupe, Amsel, Auerochs, Bär, Barsch, Biber, Biene, Honig, Wachs, Wabe, Eichhörnchen, Elch, Ente, Fink, Fischotter, Fuchs, Gans, Häher, Hahn, Hase, Hering, Hermelin (Wiesel), Hirsch, Huhn, Igel, Krähe, Kranich, Luchs, Maus, Rabe, Schleie, Sperling, Stör, Vogel (Sumpf- und Wasservogel eingeschlossen) und Wolf.

Wildpflanzen:
Ahorn, Birke, Buche, Eibe, Eiche, Erle, Esche, Espe, Fichte (dazu Harz und Pech), Hasel, Linde, Ulme und Weide.

Falls die von Hirt gebrauchten Wortgleichungen echt sind, hätten wir in den Altindogermanen ein Bauernvolk vor uns, dessen Heimat in einem Gebiet mit sehr gemäßigtem Klima gelegen haben müßte, in dem es reichlich Wald und Wasser gegeben hat. Hirt hält denn auch das mitteleuropäische Flachland vom Rhein oder der Weser bis zum Ural für den Raum, in dem die „Urheimat" der Indogermanen zu suchen sei. Als Meer hätten die Indogermanen wegen des Buchennamens wohl weder die Nordsee noch das Schwarze oder Kaspische Meer gekannt, wohl aber die Ostsee. Er verwirft die Asienthese, aber auch die Ansicht von O. Schrader, wonach Südrußland als Heimat anzusprechen sei. Die Wortgleichungen sprächen gegen eine Steppenheimat. Ein für die Asienheimat ins Feld geführtes Zahlensystem, in welchem die 12 eine Rolle spiele, könnte intern oder auch über etruskischen Einfluß erklärt werden.

Hirts Schluß auf eine kühle Heimat wird durch einen Hinweis von G. Neckel[33] unterstrichen. Danach würde es in einem alten persischen Text des Avesta, im Vidēvdat I, dem sogen. Vendidāt, von der „Urheimat der Arier" heißen: „Dort gibt es zehn Wintermonate, nur zwei Sommermonate." Neckel verweist auch auf die ursprüngliche Unkenntnis des Esels bei den Indogermanen, was gegen eine südosteuropäische oder asiatische Herkunft spräche. Abbildungen persischer Pferde aus Persepolis aber würden nach Hilzheimer, Rassengeschichte der Haustiere, 1926, Tiere von „unzweifelhaft okzidentalem Aussehen" zeigen. Die alten Inder hätten nicht das europäische Rind, sondern das Buckelrind, was beweise, daß man den weiten Weg nach Indien nicht mit großen Viehherden gemacht habe. Neckel nimmt demnach eine Heimat im nördlichen Mitteleuropa an.

Nach E. Meyer[34] war die indogermanische Grundsprache wohl schon in Dialekte gegliedert. Er befürwortet die Methode der „linguistischen Archäologie" und verweist auf gemeinsame Ausdrücke für Milch, Butter, Käse und Fleisch, ferner für Apfel, Bohne, Hirse und Weizen. Auch die Arier (Indoiranier) seien keine Nomaden gewesen, da sich einige Ausdrücke für Pflugbau bei ihnen noch erhalten hätten. Auch gäbe es das Wort für Schwein (lat. porcus) im Indoiranischen. Schweinehaltung und Nomadentum würden sich aber ausschließen. Auch würden Wortgleichungen einen festen Hausbau (Holz) bezeugen. Von der Bezeichnung für „Haus", ai. damas, gr. domos, lat. domus sei das Wort für „zähmen" abgeleitet. Letzteres würde also bedeuten „an das Haus gewöhnen". Ferner wird verwiesen auf ai. damūnas „zum Haus gehörig", damas „bändigend", gr. damao, lat. domare und domitare, ahd. zemman „zähmen". [Das deutsche Wort „Zimmer" erwächst wie „zähmen" aus diesem indogermanischen Wortstamm.] Auch für das „Dorf" gäbe es gemeinsame Ausdrücke und besonders für die befestigte Burg: gr. polis, indisch pur „Stadt". [Hier hätte noch das baltische pilis „Burg" genannt werden können.] Schon das Töpfergewerbe setze Seßhaftigkeit voraus. Das so erschlossene Kulturbild würde in das Neolithikum [etwa 4000 bis 1800 v. Chr.] mit Kupfer als erstem Metall passen. Die Sprache würde Rückschlüsse auf die Umwelt zulassen. Meyer nennt einen Teil der schon von Hirt bezeichneten Bäume und Tiere. Die den Indogermanen bekannte Biene solle in der südrussisch-asiatischen Steppenregion nicht vorkommen. Auch das Buchenargument [Buchen wachsen westlich einer Nordsüdlinie Königsberg — Odessa] sei beweiskräftig, denn das Wort wäre auch in einer iranischen Sprache, dem Kurdischen, bewahrt. Dagegen könnten manche Getreidearten ursprünglich aus Vorderasien stammen. Das Wort für Stier, lat. taurus, erscheine auch in den semitischen Sprachen, und das sumerische Wort für Kupfer, urud, käme in mehreren indogermanischen Sprachen vor. Hier handle es sich möglicherweise um kulturelle Entlehnungen.

Als Heimat der Indogermanen käme das Gebiet von Mitteleuropa nördlich der Alpen, östlich des Rheines und südlich der Ostsee in Betracht. Mitteleuropa sei immer das Kerngebiet indogermanischer Völker gewesen, von wo aus nachweislich Wanderungen (Kelten, Germanen, Veneto-Illyrer) ausgegangen seien (Abb. 1). Die Herausbildung der indogermanischen Völkergruppe sei aber mindestens ins Mesolithikum [etwa 8000—4000 v. Chr.] oder gar in das Paläolithikum [vor 8000 v. Chr.] zu verlegen.

A. Scherer[35] verwirft das Buchenargument, da der betreffende Wortstamm nur im Germanischen und Lateinischen die gleiche Bedeutung hätte. Er verweist auch auf das Fehlen gewisser Bezeichnungen für den Ackerbau bei den Ariern (Indoiraniern). Ferner betont er die Unsicherheit bei Sachwortbeziehungen. Das angeblich sumerische Wort für Kupfer, urud, sei vielleicht eher aus dem Indogermanischen herzuleiten als umgekehrt. Angenommene Lehnbeziehungen zwischen dem Ur-indogermanischen und anderen Sprachen seien äußerst unsi-cher. Für sehr bedeutsam hält er dagegen den Nachweis geogra-phischer Namen. Aus einer Arbeit von M. Vasmer[36] könnte man eine ursprünglich nichtindogermanische Besiedlung ganz Nordrußlands erkennen. Nichtindogermanische Namen in Westeuropa und im Mittelmeerraum würden dasselbe bezeu-gen. Wichtig sei demgegenüber das Fehlen nichtindogermani-scher Namen im germanischen Siedlungsbereich, was auch für den südöstlich anschließenden Raum bis nach Südrußland zu-zutreffen scheine. Sprachliche Beziehungen zwischen dem In-dogermanischen und dem Finno-Ugrischen würden zunächst nur auf ehemalige Nachbarschaft schließen lassen. Man müßte aber auch an eine Sprachmischung oder mindestens eine sehr tiefgreifende alte gegenseitige Beeinflussung denken. Die Hei-mat der Indogermanen wäre in einem weiten Raum von der Nord- und Ostsee über Mitteleuropa hinweg bis zu dem wohl südöstlich davon befindlichen Siedlungsgebiet der Indoiranier zu suchen. Dabei ergäbe sich ein umweltbedingter Gegensatz zwischen dem waldreichen Siedlungsraum Mitteleuropas und dem steppenartigen im Südosten und damit auch ein kulturel-ler zwischen dem ausgebildeten Ackerbau der „europäischen" Indogermanen und dem primitiven Hackbau der anderen. In Europa befänden sich sieben nahe beieinander siedelnde Grup-pen von Indogermanen: Griechen, Thraker, Illyrer, Italiker, Kelten, Germanen, Balto-Slawen [nach notwendiger Trennung von Balten und Slawen und Hinzufügen der Veneter wären es sogar neun], in Asien dagegen nur drei: Indoiranier, Hethiter und Tocharer. Daraus ergäbe sich fast der zwingende Schluß, daß die letzteren drei aus Europa gekommen sind.

Die Liste der aufgrund von Wortgleichungen erschließbaren Kultur- und Umweltverhältnisse ist bei Stuart E. Mann[37] einer-seits etwas erweitert, andrerseits aber auch etwas reduziert. Sehr zu begrüßen sind die Angaben, aus welchen Einzelspra-chen die Gleichungen schöpfen. Bei ihm erscheinen auch Birk-huhn, Lachs, Schwan, Seemöve, Schildkröte, Wespe, ferner Apfelbaum, Heidekraut, Heu, Mistel und Moos. Für den Hasen gäbe es kein sicheres Wort, und auch das Wort für Bär sei nicht sicher belegt. Für „Eiche" erschließt er zwei verschiedene Wortstämme, die teils „Eiche", teils einfach „Baum" oder gar „Fichte" bezeichnen. Ein Wort für Erle sei nur schwer zu rekonstruieren, und für Kiefer, Lärche und Linde sei kaum ein gemeinsames Wort zu ermitteln. Man finde aber auch kein gemeinsames Wort für Gras oder Brot, wohl aber für Heu und Teig. Es sei also Vorsicht bei negativen Aussagen geboten. Jedenfalls wäre es aber doch auffällig, daß Wörter für die tropische und subtropische Tier- und Pflanzenwelt im Indogermanischen fehlten. Auffallend sei auch das Fehlen von Namen ausschließlich westeuropäischer Tiere wie des Kaninchens oder von Pflanzen wie der Stechpalme. Eine Karte in seiner Arbeit veranschaulicht die Verbreitung einiger Pflanzen und Tiere mit Eintragung der von ihm vermuteten Lage der Urheimat der Indoeuropäer im östlichen Mitteleuropa (Abb. 4). Wortgleichungen würden auf eine beachtliche bäuerliche Kultur weisen und auf ein Land mit gemäßigtem Klima mit viel Wiesen, Ackerland und Holzvorrat.

Zu den entschiedensten Vertretern der Westthese gehört Paul Thieme mit der in Anmerkung 27 genannten Arbeit. Sein nachdrückliches Eintreten für die Existenz einer indogermanischen Gemeinsprache war schon kurz erwähnt worden. Nach ihm kommen nur zwei Gebiete als Heimat in Betracht, entweder das nördliche Mittel- und Osteuropa oder Südrußland mit Teilen der Kirgisensteppe. Seine Ausführungen über die angeblich schon in der Gemeinsprache vorhanden gewesene Bezeichnung für die Buche laufen auf eine mitteleuropäische Heimat im Bereich der Lachsströme hinaus. Bei Auswanderung aus dieser Heimat mußte der Buchenname nach ihm entweder verlorengehen oder auf einen anderen Baum übertragen werden. So wäre aus einem erschließbaren gemeinindogermanischen *bhāgos im Germanischen bōka, im Lateinischen fagus geworden, während die Griechen den Namen phagos auf die Speiseeiche übertrugen. In Griechenland heimische Pflanzen und Tiere wie Zypresse, Ölbaum, Wein und Weinstock, Esel, in älterer Zeit auch Löwe, hätten im Griechischen nichtindogermanische

36

Namen. Ein für die indogermanische Heimat kennzeichnender Baum sei die Birke, die in Italien und Griechenland fehle und daher auch im Lateinischen und Griechischen nicht als Name erscheine, wohl aber im Indischen, weil die Birke in Nordindien wachse. Die aus dem Germanischen, Baltischen und Slawischen stammenden Wortgleichungen für den Lachs, der nur in den nach Norden, zur Nordsee, Ostsee und zum Eismeer strömenden Flüssen lebe, hätten in Tocharisch B (der Sprache von Kuča) eine Parallele und wären damit als alt ausgewiesen. Nach Thieme haben auch die Indoiranier den Ackerbau und die Schweinezucht gekannt. Er führt dann im wesentlichen die gleichen Tiere und Pflanzen auf, die hier schon erwähnt worden sind, darunter entgegen St. E. Mann auch den Bären, den Hasen, die Erle und die Tanne. Ferner werden von ihm genannt Adler, Eule, Falke, Fliege, Floh und Laus.

Als Heimat kommen für Thieme die Gebiete östlich des Rheines und westlich der Buchengrenze, also der deutsch-polnische Raum, in Betracht. Wegen Buche und Schildkröte könne man nicht zu weit nach Norden, nach Skandinavien, hinaufgehen. Südrußland einschließlich von Teilen der Kirgisensteppe würden als Heimat ausscheiden.

c. Nordpontische These

Schon gegen Ende des vergangenen Jahrhunderts hat O. Schrader[38] in vorbildlich umfassender Weise zum Indogermanenproblem Stellung genommen und seine Ansicht in den folgenden Jahren nur wenig modifiziert. Wie der Titel seines Hauptwerkes schon anzeigt, versucht er die prähistorische und anthropologische Forschung in die linguistische einzubeziehen. Im übrigen ist er Anhänger der linguistischen Paläontologie. Die Annahme eines indogermanischen Urvolkes erscheint ihm als unbedingte Notwendigkeit. Aufgrund von Wortgleichungen entwirft er ein Bild von der Kultur und Umwelt der Indogermanen, wie wir es hier bereits kennengelernt haben, wobei er freilich etwas differenziert. Viehzucht und Ackerbau würden in indogermanische Urzeit zurückreichen, denn auch in der indoiranischen Gruppe gäbe es Gleichungen für Aussaat, Saatfeld, Sichel und Pflugschar. Die Namen für Esel und Kamel seien auf diese Gruppe beschränkt, der Löwe den noch vereinten Indoiraniern nicht bekannt gewesen. Der Tiger werde im Rigveda noch nicht, sondern erst im Atharvaveda genannt. Der Aal sei wohl schon seit eh und je im Schwarzen Meer heimisch. Die Kenntnis der Honigbiene lasse die Oxus- und Jaxartesländer sowie Turkestan als Heimat ausscheiden. Die Schildkröte sei in nordeuropäischen Ländern nicht zu Hause. Der Bär komme auch in Steppengebieten vor. Der Name des Lachses reiche für eine Gleichung nicht aus. Schrader kannte noch nicht sein Vorkommen bei den Tocharern. In Südrußland habe es Wald und Steppe gegeben. Die westlichen Indogermanen hätten Wald- und Steppengebiete bewohnt, die östlichen (Indoiranier) eine baumarme Steppe. Erstere hätten Ackerbau und Viehzucht getrieben, letztere seien Viehzüchter mit geringen Anzeichen von Ackerbau gewesen. Zusammenfassend heißt es auf Seite 527 seines Werkes: „Als Ausgangsländer der Indogermanen sind aus historischen und linguistischen Gründen die Gebiete im Norden und Westen des Schwarzen Meeres zu betrachten. Hier ist aber auch nach paläographischen, anthropologischen, prähistorischen und glottogonischen Gesichtspunkten die eigentliche Urheimat dieser Völker zu suchen."

Eine herbe Kritik an der Westthese liegt von E. Pulgram vor,[24] den wir schon kurz wegen seiner Ansicht eines falschen ethnischen Gebrauchs des Begriffs „Indoeuropäer" erwähnt hatten. Er spricht in diesem Zusammenhang von „pseudowissenschaftlichen Bemühungen". Es gäbe keinen sicheren Zeitpunkt für das Ansetzen des Urindogermanischen. Alle Lösungen liefen bestenfalls auf Vermutungen hinaus. Es sei ein Grundfehler, gemeinindogermanische Wörter mit urindogermanischen gleichzusetzen und darauf Schlußfolgerungen über Urvolk und Urheimat aufzubauen. Pulgram bezweifelt den Wert der linguistischen Paläontologie; die Gleichungen für Birke, Buche usw. würden nichts beweisen. Sprachen würden nicht von einem gemeinsamen Stamm aus wachsen. Der Ablauf der Zeit sei genug Ursache für sprachliche Änderungen. Die Suche nach einer „indoeuropäischen Kultur" und einer „indoeuropäischen Rasse" par excellence sei müßig. Er verweist auf Trockenheitsperioden in den osteuropäisch-asiatischen Steppen und vermutet eine neolithische Wanderung von Ost nach West. Die Urheimat sei am ehesten in der Mitte zwischen den entferntesten indoeuropäischen Völkern und eher nördlich als südlich vom Kaspischen und Schwarzen Meer anzunehmen. Die Ansicht Pulgrams läuft damit auf die Nordpontische These hinaus.

Die Meinung von P. Thieme, die Heimat der Gemeinsprache habe im Gebiet der Lachsflüsse gelegen, kann nach W. Merlingen[39] nicht als bewiesen angesehen werden. Schlüsse ex silentio (Fehlen von Wein, Öl, Löwe usw.) seien nun einmal keine Schlüsse. Auch die Anhäufung von solchen Schlüssen würde nicht zum Ziel führen. Die Wörter für Zypresse, Öl, Ölbaum, Wein und Weinstock sowie Esel müßten nicht fremde Lehnwörter sein. Das griechische Wort für Wein, voinos, könne nach Alois Walde (Latein. etymolog. Wörterbuch) und Walde-Pokorny (Vergleich. Wörterbuch d. indogerman. Sprachen I, 226) auf einfachste Weise aus dem Indogermanischen hergeleitet werden, nämlich aus einer Wurzel uoi-, uei-, die „drehen, biegen, winden" bedeute, also ursprünglich ein Rankengewächs bezeichne. Damit wäre die Kenntnis des Weines bei den Indogermanen nicht zu widerlegen. Die alte Meinung von O. Schrader über ein Heimatgebiet nördlich des Schwarzen Meeres mit Einschluß eines größeren oder geringeren Teiles des Donautals komme damit wieder zu ihrem Recht.

Zu jenen, die sich auf ein bestimmtes Siedlungsgebiet nicht festlegen und daher am ehesten im Zusammenhang mit der Nordpontischen These genannt werden können, gehört H. Kronasser.[40] Auch er lehnt die linguistische Paläontologie ab, muß aber zugeben, daß seine extrem negative Meinung in dieser Hinsicht nur von wenigen geteilt wird. Immerhin sind einige seiner Äußerungen bemerkenswert. Die lange Zeitspanne zwischen der Grundsprache und dem Beginn der Einzelsprachen ließe keine Unterscheidung zwischen Erb- und Lehnwörtern zu. Sehr problematisch sei auch die angenommene Völkertrennung. Was hier aber besonders interessiert, ist seine Kritik an Thieme. Letzterer ziehe im Bann seiner „Nordthese" die Weingleichung überhaupt nicht in Betracht, lasse aber die nur vereinzelten Gleichungen für Tanne und Schildkröte gelten. Bedenklich seien auch die Gleichungen für Espe, Biene und Ziege, ganz unglaubwürdig die Gleichung für Lachs in bezug auf die Grundsprache. Thieme arbeite mit dem Grad der Wahrscheinlichkeit und suche sich Dinge heraus, die in Norddeutschland beheimatet wären.

d. Ostthese

Einer der entschiedensten Vertreter der Ostthese ist Wilhelm Brandenstein, der in mehreren Arbeiten seine Ansicht über das Indogermanenproblem dargelegt hat. Von den zwei bekanntesten[41] soll uns die erste hier kurz beschäftigen. Das Fundament seiner Ausführungen bildet der von ihm vermeintlich herausgefundene Bedeutungswandel verschiedener Bezeichnungen. Man könnte da mehrere Bedeutungsstufen erkennen. Dafür ein paar Beispiele, ausgehend von Wörtern, die für die Gemeinsprache zu erschließen sind.

*agros bedeute im Arischen (Indoiranischen) „Flur, Gefilde, Trift," in den übrigen indogermanischen Sprachen aber „Acker". Das Arische vertrete damit die ältere Bedeutungsstufe.

*opos heiße im Arischen „wichtige Handlung", in den übrigen Sprachen „körperliche Arbeit", vielleicht sogar „Ackerbauarbeit". Auch hier liege im Arischen wieder die ältere Bedeutungsstufe vor.

*melg- habe im Arischen den Sinn von „abwischen, abstreifen," in der Einheit der übrigen Sprachen dagegen „melken". Die ältere Bedeutungsstufe habe wieder das Arische.

Brandenstein zieht daraus sehr weitreichende Schlüsse. Er meint, das Arische hätte eine gewisse Sprachentwicklung der einheitlichen Gesamtheit der übrigen Indogermanen nicht mehr mitgemacht, sei also zu einem früheren Zeitpunkt ausgeschieden und repräsentiere damit einen älteren Entwicklungsstand. Die Sprache vor der Trennung nennt er „frühindogermanisch", die nach ihr „spätindogermanisch", die Zeit aber, in der sich die Sprache der erschlossenen „Grundsprache" nähere, „protindogermanisch". Alle Elemente, die auch im Arischen zu finden sind, seien frühindogermanisch. Bezeichnungen, die sich auf „gebirgige Steppe" bezögen, seien älter als die für „sumpfiges Gelände", und Ausdrücke im Sachbezirk „kontinentales Klima" wären älter als solche für „ozeanisches Klima". Auf solcher Basis entwickelt er ein dreistufiges Kulturbild. Die erste protindogermanische Stufe gehört allein dem Pflanzensammlertum. Im Frühindogermanischen gäbe es noch nichts von einer Jägersprache. Selbst in der Spätstufe bestünden noch keine Anzeichen einer besonderen Jagdausübung. Die frühindogermanische Zeit kannte aller Wahrscheinlichkeit nach Fische überhaupt nicht; jedenfalls fehlte der Begriff „Fisch". Die zweite Kulturstufe der frühindogermanischen Zeit beinhalte ein Hirtennomadentum. Lebensraum sei die nordwestliche Kirgisensteppe gewesen, welche die südlichen Ausläufer des Uralgebirges umfasse, worauf Bezeichnungen für den Sinnbezirk „Berg", „Fels", „Steppe", also gebirgige Steppe, hinweisen würden. Es hätte noch keine Seßhaftigkeit bestanden; daher auch das Fehlen aller Bezeichnungen für Ackerbau im Arischen. Die in der Kirgisensteppe lebenden Frühindogermanen wären in erster Linie Kleinviehzüchter (Schaf, Ziege) gewesen, erst in zweiter Linie Rind- und Pferdezüchter. Das Hausschwein hätte ihnen noch gefehlt, denn das Wort *sūs bezeichne das Wildschwein. Wahrscheinlich hätte es auch noch keine Milchwirtschaft gegeben, da das Wort „melken" noch fehle. Das Pferd sei noch nicht Reittier gewesen, aber es gab bereits den zweirädrigen Wagen. Mit Ackerbau sei nur in den ersten Anfängen zu rechnen. In frühindogermanischer Zeit hätte man noch in Zelten oder zeltähnlichen Behausungen aus Holz oder Fell gewohnt.

Die dritte Kulturstufe, der Pflugbau, sei erst infolge einer Wanderung erreicht worden. Ein großer Teil der Indogermanen wäre aus der Kirgisensteppe nach Westen bis in das östliche Vorland der Rokitnosümpfe gezogen, während ein Teil zurückblieb und sich zu den Ariern (Indoiraniern) entwickelte.

Mit dieser Trennung beginne eine neue, die spätindogermanische Zeit. Die Auswanderer seien in den Bereich der hochentwickelten europäischen Ackerbaukulturen gelangt und hätten sich dort eine eigene Ackerbauterminologie geschaffen, die auf einen größeren kulturellen Fortschritt weise. Brandenstein versucht das anhand des Bedeutungswandels nach seiner eingangs erwähnten Methode zu belegen. Dafür nur drei Beispiele. Das Wort *seiti mit der ursprünglichen Bedeutung „entsendet, wirft" nehme die Bedeutung „sät" an. Aus dem frühindogermanischen Wort *ārom „freies Land" entwickle sich mit *ārā- die Bedeutung „pflügen". Aus einer entsprechend frühen Bezeichnung *meleti mit der Bedeutung „reibt körperlich auf" wäre die Bedeutung „zerstößt, zerreibt Korn" erwachsen. Keramik könnte weder für die früh- noch für die spätindogermanische Zeit nachgewiesen werden. Damit würden alle mittel- und norddeutschen Keramikprovinzen des älteren und mittleren Neolithikums [etwa 4000 bis 2500 v. Chr.] als indogermanischer Siedlungsraum entfallen. Der Mangel an Tongefäßen bewiese auch das Nomadentum; das wichtigste Material der Frühindogermanen sei das Holz gewesen.

Nach Brandenstein ist also die nordwestliche Kirgisensteppe Urheimat der Indogermanen.

Die Folgerungen sind so schwerwiegend und auf so schwachem Fundament errichtet, daß die Kritik schon hier zu Wort kommen soll. Einer der schärfsten Kritiker Brandensteins ist der von uns bereits genannte H. Kronasser. Dieser erklärt[42] zu der Behauptung Brandensteins, das Indoiranische weise durchweg den älteren Stand der Bedeutungsentwicklung auf, während die übrige Gesamtheit zu einer jüngeren Bedeutungsstufe fortschritt[43]: „Diese ungeheuerliche Behauptung entspricht nicht im entferntesten der Wirklichkeit; es kann nicht nachdrücklich genug davor gewarnt werden." Brandenstein sei hier schon im Jahre 1939 von F. Specht widerlegt worden. Er läßt dann das Beispiel von *agros folgen. Es wird nachgewiesen, daß *agros auch in den europäischen indogermanischen Sprachen zunächst nur das freie Gebiet im Gegensatz zur Siedlung bedeutet hat. Auch sei schon 1935 durch J. Bloch das ai. Wort sīra-

42

„Pflug" in der Bedeutung „Säpflug" erkannt worden, so daß der Begriff „säen" bereits einer vorliterarischen Epoche des Indischen geläufig war.

Aus diesen wenigen Beispielen geht schon hervor, daß das gesamte Bedeutungswandelgebäude Brandensteins ohne festes Fundament dasteht und seine darauf aufbauenden Schlüsse unhaltbar sind. Nach seiner Meinung hat zur Zeit der Einwanderung von Indogermanen nach Europa dort eine nichtindogermanische Bevölkerung mit einer hoch entwickelten Bauernkultur gelebt. Es erscheint undenkbar, daß die Einwanderer in diesem Fall nicht wenigstens einen erheblichen Teil der nichtindogermanischen Ackerbauterminologie übernommen hätten. Und die Behauptung, den Indogermanen wäre noch im älteren und mittleren Abschnitt der Jungsteinzeit die Töpferei unbekannt gewesen, muß geradezu als absurd bezeichnet werden.

Als weiterer Vertreter der Ostthese soll Hermann Güntert zu Wort kommen. Seine Ansicht hat er besonders in zwei Arbeiten dargelegt.[44] Angelpunkt seiner Ausführungen ist die germanische Lautverschiebung, welche infolge ihrer Besonderheit gegenüber anderen indogermanischen Sprachen auf ein fremdes Substrat hinweisen würde. [In der ersten germanischen Lautverschiebung, die von dem Dänen Kristian Rask erkannt wurde und deren Name von Jakob Grimm stammt, sind mit Ausnahmen nach bestimmten Lauten die alten indogermanischen Konsonanten p, t und k „verschoben" worden. p(ph) wurde zu f, t(th) zu dem aus dem Englischen bekannten th und k zu einem dem ch entsprechenden Laut.] Unter Berufung auf den Prähistoriker E. Wahle nimmt Güntert daher an, die Germanen gingen auf eine Überschichtung nichtindogermanischer Ureinwohner durch indogermanische Kriegerhirten zurück. Nach Lehnwortbeziehungen zu ostasiatischen Sprachen seien die ältesten Wohnsitze der Indogermanen in Mittelasien zu suchen. Das für das Germanische zu erschließende Wort für Pferd, *mar-k-os, stamme u. a. daher. Es gäbe sehr altertümliche indogermanische Sprachelemente im Koreanischen, enge Beziehungen zu den finnisch-ugrischen Sprachen und eine Beeinflussung des indogermanischen Zehnersystems durch das semitisch-babylonische Zwölfersystem. Die Indogermanen müßten in grauer Vorzeit Nachbarn der Mongolen im Nordosten, der Finno-Ugrier im Nordwesten und der sumerisch-babylonischen Kultur im Südwesten gewesen sein. In seiner Arbeit über den Ursprung der Germanen sagt Güntert auf Seite 116 über die Urheimat der Indogermanen: „Die Gegenden nördlich des Kaspischen Meeres und Aralsees, die Kirgisensteppe, das Gebiet westlich zur Wolga hin, östlich bis zum Nordrand des Tienschan-Gebirges dürfte als älteste Ausbreitungszone der indogermanischen Kriegerhirten in Betracht kommen."

Über das Zahlensystem versuchte schon gegen Ende des vergangenen Jahrhunderts Johannes Schmidt der Urheimat der Indogermanen auf die Spur zu kommen.[45] In den germanischen Sprachen werde das indogermanische Dezimalsystem von einem Duodezimalsystem durchkreuzt. Die 12, die 60 und die 120 bildeten je einen Abschnitt innerhalb dieses Systems. Nun hätten die sumerischen Babylonier ein Rechensystem, das auf der Zahl 60 beruhe: den sossos = 60, den saros = 60 mal 60 oder 3600. Die griechischen Astronomen hätten dieses System, das u. a. auch zu den Persern gelangt sei, übernommen. Auf germanischem Gebiet hätte die 60 so stark eingegriffen wie sonst nirgends auf indogermanischem Boden. Die Germanen müßten daher ursprünglich weiter nach Süden und Osten gesessen haben. Da die europäischen Indogermanen viel stärker vom Sexagesimalsystem beeinflußt seien als die Inder, müßten sie einst dem babylonischen Kulturbereich viel näher gewesen sein und aus Asien stammen, möglicherweise vom Pamirplateau. Die nach Westen wandernden europäischen Indogermanen seien in den Einflußbereich Babyloniens geraten, während dieser Einfluß die östlichen Indogermanen (Arier) nicht erreichte.

Merkwürdigerweise hat die auch Schmidt bekannte Tatsache, daß selbst die finnischen Syrjänen hinter 60 einen Einschnitt machen, nicht zur Vorsicht gegenüber seinen so weit reichenden Schlüssen veranlaßt.

Einen vermittelnden Standpunkt in der Urheimatfrage nimmt Alfons Nehring ein. Da er aber auch Forschungsergebnisse anderer Wissenszweige stark berücksichtigt und vor allem auf Beziehungen des Indogermanischen zu Fremdsprachen eingeht, bietet er willkommene Gelegenheit zur Überleitung auf das nächste Kapitel. Zwei Arbeiten sind es, die hier zu nennen wären.[46] Uns soll zunächst sein umfangreiches Werk über die indogermanische Kultur und Urheimat beschäftigen. Einleitend handelt es über Substrate und Entlehnungen. Sein Satz: „Eine Erscheinung kann aber auch unindogermanisch und trotzdem urindogermanisch sein", weist schon auf die nach seiner Meinung bestehende Möglichkeit einer Misch-Sprache hin. Er erwähnt S. Feist, der bereits im Jahre 1910 diese Auffassung vertreten hat.[47] Des weiteren werden E. Forrer und C. Uhlenbeck zitiert, die zwei Komponenten im Indogermanischen erkannt haben wollen. Für Nehring ergeben sich daraus bereits Beziehungen des Urindogermanischen zur kaukasischen und kleinasiatischen Sprach- und Kulturwelt. Beziehungen des Indogermanischen zum Uralischen (Finno-Ugrischen mit Einschluß des Samojedischen) seien ebenfalls nicht von der Hand zu weisen, doch erachtet er die Annahme einer Urverwandtschaft, wie B. Collinder sie sehe,[48] nicht als zwingend. Versuche, Beziehungen zwischen dem Indogermanischen und dem Altaischen (Türkischen, Mongolischen und Mandschu-Tungusischen) aufzuzeigen, wären bisher ohne Erfolg geblieben. Verbindungen zwischen dem Indogermanischen und dem Semitischen seien zwar vorhanden, aber noch nicht hinreichend geklärt. Auffallend sei die Einteilung der Nomina nach sexualen Gesichtspunkten, wie sie gemäß den Ausführungen von W. Schmidt[49] nur beim Indogermanischen und Hamito-Semitischen vorkomme. Das Finno-Ugrische besitze kein grammatisches Geschlecht; damit würde die Urheimat der Indogermanen eher nach Südosten verlagert und südlich von den Uraliern zu suchen sein. Wegen der Beziehungen zu Uraliern, Altaiern [?] und Semiten sei sie in der Gegend zwischen Ural und Kaspisee im Osten, Kaukasus und Schwarzem Meer im Süden, den Karpaten im Westen und Mittelrußland im Norden anzunehmen. Nehring widerspricht Güntert und nähert sich der Auffassung von O. Schrader. Nehrings Äußerungen über vorgeschichtliche Kulturen sind weitgehend überholt. Die Anstöße für Viehzucht bei den Indogermanen sieht er im wesentlichen aus dem asiatischen Raum kommen. Die Gerste und einige Hülsenfrüchte sind nach ihm kaukasisch-kleinasiatischer, Weizen, Hirse und Hafer asiatischer, der Flachs westlicher Herkunft. Die Gleichungen für den Ackerbau würden sich mit wenigen Ausnahmen auf die europäischen Indogermanen beschränken. Letztere waren demnach Ackerbauern, die Arier dagegen hätten den Pflanzenbau höchstens in Form des Hackbaus gekannt. Was Nehring über Hausbau und Siedlung äußert, ergibt keine näheren Hinweise auf die indogermanische Heimat. Seine recht umfangreichen weiteren Ausführungen schöpfen aus dem Bereich der Ethnologie. Die Bezeichnungen für Birke, Bär, Gans, Pferd und Wolf sind ihm verdächtig, asiatischer Herkunft zu sein. Schließlich hält er es für denkbar, daß ein aus Asien zugewandertes Volkstum die indogermanische Herrenschicht gebildet hat.

Aus Nehrings Arbeit über die Problematik der Indogermanenforschung sind nur einige Gesichtspunkte zu erwähnen. Er hält den Versuch von Thieme, den Namen des Lachses auch für das Arische zu erweisen, für verfehlt. Das nichtindogermanische Baskische enthalte eine kaukasische Komponente. Im neolithischen Europa hätte es keine Kulturen gegeben, die in allen wichtigen Elementen der urindogermanischen Kultur entsprächen. Daraus wäre zu schließen, daß es in jener Zeit in Europa noch keine Indogermanen gab. Es bestehe der Verdacht auf einen Einfall aus Asien am Ende der Jungsteinzeit. Dem widerspricht etwas eine andere Formulierung, wonach in einer gewissen Periode der Vorzeit die Gesamtheit der indogermanischen Völker um die kaspische Senke nach Asien im Osten und nach Europa im Westen geströmt sei.

e. Beziehungen zu Fremdsprachen

Beziehungen des Indogermanischen zu Fremdsprachen waren schon von Nehring angeschnitten worden. E. Meyer[50] betont die große Verschiedenheit von Indogermanisch und Altaisch. Hier seien noch keine näheren Verbindungen glaubhaft gemacht worden. Anders stünde es um die indogermanischen und finno-ugrischen Sprachen, die fast stets Nachbarn gewesen seien und deshalb Elemente voneinander übernommen hätten. Eine erhebliche Bedeutung wird den Beziehungen des Indogermanischen zum Hamito-Semitischen beigemessen. Sie gehörten mit Sicherheit in irgendeiner Weise zusammen. Der allgemeine Sprachbau in Wortbildung, Flexion und Syntax sei sehr verwandt. Sie seien vor allem die einzigen Sprachen der Welt, die voll flektierend sind und ein grammatisches Geschlecht besitzen. Dazu käme eine bedeutende Anzahl von Wortgleichungen. Er widerspricht Nehring, wenn dieser Indogermanen und Semiten irgendwo in Asien benachbart wissen will. Dort sei das Indogermanische vom Semitischen immer durch einen Gürtel mediterraner und vorderasiatischer Sprachen getrennt gewesen. Semitische Sprachen einerseits und das Altägyptische als Vertreter des hamitischen Schwesternzweiges der semitischen Sprachen andererseits seien uns seit dem frühen 3. Jahrtausend v. Chr. bekannt. Demnach müßte die Herausbildung der großen Sprachgruppen spätestens im 4. Jahrtausend abgeschlossen gewesen sein, möglicherweise aber auch bedeutend früher. Wir kämen damit für irgendwelche wahrscheinlichen Zusammenhänge zwischen Indogermanisch und Hamitosemitisch bis in die ältere Steinzeit zurück. Die Verbindungen würden von Nordafrika über das Mittelmeer laufen, was im Jungpaläolithikum [etwa 40 000 bis 8000] auch archäologisch zu belegen sei. Alle drei jungsteinzeitlichen mitteleuropäischen Kulturen, Bandkeramik, Schnurkeramik und Nordkreis, seien indogermanisch. Die Herausbildung der indogermanischen Sprachgruppe reiche tief in die ältere Steinzeit zurück. In so frühe Zeit wären auch die kulturellen Verbindungen mit asiatischen Völkern zu verlegen. Damit löse sich der bisher so störende Gegensatz zwischen den für europäische und den für asiatische Heimat sprechenden Argumenten. Es bestünde kein Gegeneinander, sondern ein sich ergänzendes Nacheinander.

Auch nach A. Scherer[51] führt uns die Frage nach einer Verwandtschaft des Indogermanischen mit anderen Sprachstämmen in ferne Vergangenheit. Übereinstimmungen bestünden zwischen dem Indogermanischen und dem Semitischen in der

Flexion und im grammatischen Geschlecht. Es gäbe aber auch große Unterschiede. Besser vergleichbar seien das Indogermanische und das Finno-Ugrische. Um die Beweiskraft zu erhöhen, werde das Samojedische hinzugezogen, das mit den letztgenannten Sprachen das Uralische bilde. Scherer verweist in diesem Zusammenhang auf die Forschungen von Anderson, Wiklund, Paasonen und Collinder. Sie hätten mancherlei Übereinstimmungen herausgefunden, und dennoch würde Collinder[48] die Annahme einer Urverwandtschaft zwischen Indogermanisch und Uralisch nur als Arbeitshypothese gelten lassen. Scherer stören insbesondere auch die großen Unterschiede bei den Zahlwörtern. [Das finnische Wort für „drei“, „kolme“, mutet in der Tat wie aus einer anderen Welt an.] Scherer glaubt daher Übereinstimmungen am ehesten durch Sprachmischungen deuten zu sollen. Es seien tiefgreifende und alte Beeinflussungen des einen Sprachstammes durch den anderen anzunehmen. Möglicherweise stünde auch das Indogermanische vermittelnd zwischen dem Uralischen und den nordkaukasischen Sprachen. In diesem Zusammenhang weist er auf die Forschungen von C. Uhlenbeck[52] hin. Letztere Sprachen gehörten nämlich zu den wenigen, die ein grammatisches Geschlecht kennen würden.

G. Neckel[53] wendet sich gegen die Auffassung, wonach aus den germanischen Lautverschiebungen auf die Einwirkung eines fremden Substrats zu schließen sei, mit den Worten: „Es gilt jedoch allgemein, daß aus dem Laut- und Formensystem einer Sprache niemals ein sicherer Schluß auf ein sprachliches Substrat zu gewinnen ist." Er fügt hinzu: „Bisher ist im gesamten altgermanischen Raum, vom mittleren Skandinavien bis nach Mitteldeutschland, kaum ein einziger See-, Fluß-, Berg- oder sonstiger Naturname aus alter Zeit nachgewiesen, der nicht ohne Schwierigkeit aus indogermanischem Sprachmaterial erklärbar wäre." Die Richtigkeit seiner Aussage vorausgesetzt, müßte die germanische Urheimat (Abb. 1) auf altindogermanischem Boden liegen. Dagegen gibt Neckel unter Hinweis auf das im Griechischen vorkommende Wort „thalatta" (Meer), das aus der vorindogermanischen pelasgischen Sprache stamme, die

Möglichkeit einer Substratwirkung in bezug auf den Wortschatz zu.

Eine wichtige Arbeit über Substratprobleme liegt von J. Pokorny vor.[54] Er bejaht zunächst mit H. Hirt die Möglichkeit von Sprachveränderungen durch Substrateinwirkung. Was das Germanische betrifft, so weist er auf die Linguisten Meillet, Feist und Güntert hin, die eine Substratwirkung für diese Sprache annehmen. Er hält die damit verbundene Problematik aber für schwieriger als diese und insbesondere die Ausführungen von Güntert im Zusammenhang mit der ersten germanischen Lautverschiebung für verfehlt. P. Kretschmer[55] habe bereits mehrfach die Möglichkeit innersprachlicher Ursachen betont und solche z. B. für ähnliche Erscheinungen im kretischen Dialekt des Griechischen des 5. bis 2. Jahrhunderts v. Chr. nachgewiesen. Nach Neckel stünde die altgermanische Syntax (Lehre vom Satzbau), die weitgehend mit der lateinischen übereinstimme, dem indogermanischen Urtypus sehr nahe. Pokorny nimmt für das Urgermanische mit Sicherheit noch keinen Verfall der indogermanischen Flexion an. Er verweist auf die späte Überlieferung des Germanischen und meint, der Verfall der Flexionsendungen sei im Germanischen sehr jung. Dennoch seien Spuren eines proto-uralischen Substrats vorhanden, die wohl auf die ursprünglich nichtindogermanische (finnougrische) Bevölkerung Mittel- und Nordskandinaviens zurückgingen. Auffällig sei die schon im Gotischen sichtbare Zerstörung des indogermanischen Tempussystems, die nach seiner Meinung auf ein finno-ugrisches Substrat zurückgeht, das infolge der Ausbreitung der Germanen über die nordische Urheimat hinaus wirksam wurde. Die Zahl der aus dem Indogermanischen nicht ohne weiteres deutbaren Worte sei im Germanischen jedoch sehr klein. Rein sprachlich lägen nur geringe Anhaltspunkte für ein Substrat vor.

Für das Irische, also eine keltische Sprache, glaubt Pokorny die Einwirkungen eines nordafrikanischen (hamitischen) Substrats nachgewiesen zu haben. Das Baltische und das Slawische enthielten deutlich Elemente eines finno-ugrischen Substrats, z. B. im Gebrauch des Instrumental als Prädikatskasus, der im Finnischen durch den Essiv ausgedrückt würde, um ein zufälliges oder vorübergehendes „Sein" zu bezeichnen. Litauisch: „szitas źalnerius dar akrutu" = „Dieser Söldner noch Rekrut-mit"; russisch: „on byl bolnym" = „er war krank". Das litauische Beispiel ist besonders bedeutsam, weil man hier Rückschlüsse auf eine ehemalige Besiedlung Litauens durch Finno-Ugrier und damit gleichzeitig auf eine bestimmte neolithische Kultur, die nordeurasische oder kammkeramische, die allgemein als finno-ugrisch angesehen wird, ziehen kann. Ähnliche Substratwirkungen gäbe es im Indoiranischen, das jahrhundertelang Nachbar des Finno-Ugrischen gewesen sei.

In einem Kapitel „Die Illyrier und die Sprache der Bandkeramiker" folgt Pokorny u. a. den Ausführungen des verstorbenen britischen Prähistorikers G. Childe, der seiner Meinung nach das Nichtindogermanentum der Bandkeramiker [frühe neolithische Bauern in Zentraleuropa, Abb. 12; 13] nachgewiesen hätte. Im Illyrischen ließen sich deutliche Spuren nichtindogermanischen Namenguts nachweisen. Ferner glaubt Pokorny, auch im nördlichen Urheimatgebiet der Illyrer [gemeint ist die Lausitzer Kultur, Abb. 1] nichtindogermanisches Sprachgut gefunden zu haben. Er führt es in der Hauptsache auf die ursprünglich bandkeramische Besiedlung jenes Raumes zurück und vergleicht die Sprache der Bandkeramiker mit dem Etruskischen Italiens. Möglicherweise seien daneben für ein nichtindogermanisches Substrat auch die Träger der Glockenbecherkultur verantwortlich zu machen, die um 1900 v. Chr. von Spanien nach Mitteleuropa vorgestoßen wären. Zentraleuropa käme also als Urheimatgebiet der Indogermanen kaum in Betracht. Schließlich erklärt er noch, es ließen sich in den Wohnsitzen fast aller indogermanischen Völker bzw. deren Sprachen nichtindogermanische Substrate nachweisen. In einem weiteren Kapitel nimmt Pokorny zur Frage eines Substrats im ältesten Indogermanischen Stellung. Die Selbständigkeit und Unabhängigkeit des indogermanischen Einzelworts weise auf den Typus der anreihenden Sprachen hin. Andererseits gäbe es aber auch kennzeichnende Merkmale eines unterordnenden Typus wie z. B. die Voranstellung des Attributs in Bildungen wie griechisch akro-polis. In einem anderen Aufsatz heißt es, der anreihende Typus wäre in den afrikanischen, der unterordnende im Finno-Ugrischen zu finden. Es gäbe aber auch wichtige Übereinstimmungen mit gewissen Kaukasussprachen (dreifaches grammatisches Geschlecht und Tempussystem). In ganz Westeuropa und auf den britischen Inseln bestünden deutliche strukturelle Spuren einer atlantischen Sprachschicht. Sie hingen mit einer Besiedlung dieser Länder durch mediterrane Völker aus Nordafrika (Libyer, Berber) in der jüngeren Steinzeit zusammen (westischer Kulturkreis).[56] In einer dritten Abhandlung befindet sich die Formulierung, die älteste indogermanische Grundsprache sei bereits „durch Mischung mindestens zweier verschiedener Sprachstämme" entstanden, wovon der eine mit Sicherheit das Finno-Ugrische wäre.[57] In seiner erstgenannten Arbeit über die Substrattheorie erklärt er abschließend auf Seite 212: „Aus den obigen Untersuchungen können wir den Schluß ziehen, daß als Urheimat der Indogermanen vor der Völkertrennung (ca. 2400 v. Chr.) die weiten Landstriche zwischen Weser und Weichsel und über diese hinaus bis nach Weißrußland und Wolhynien anzusprechen sind." Hier widerspricht sich Pokorny, denn er hatte an anderer Stelle erklärt, das Gebiet der [frühbronzezeitlichen] Aunjetitzer Kultur [im Bereich der Lausitzer Kultur (Abb. 1), also im ostdeutsch-polnischen Raum gelegen] käme für eine Urheimat kaum in Betracht!

Wie schon kurz angedeutet, treten für eine durch Mischung entstandene indogermanische Grundsprache auch der niederländische Linguist Uhlenbeck[52] und der schweizerische Sprachforscher Forrer[58] ein. Der erste unterscheidet einen A-Komplex und einen B-Komplex innerhalb des Indogermanischen, wobei A auf Beziehungen zum uralaltaischen Sprachstamm, B am ehesten auf die kaukasischen Sprachen hinweise. Forrer will im Hethitischen und den beiden anderen ihm nahe stehenden Sprachen Kleinasiens [Luvisch und Palaisch] eine alte Entwicklungsstufe des Indogermanischen erkannt haben, der die einfachere Entwicklungsstufe des Finno-Ugrischen vergleichbar sei. Er spricht von einer Gruppe von S-M-Sprachen, in denen der Nominativ auf S, der Akkusativ auf M laute. Das Indogermanische sei aus einer Mischung mit einem das grammatische Geschlecht besitzenden fremden Bestandteil hervorgegangen, der aber nirgendwo unvermischt zu fassen sei.[59]

Über Beziehungen des Indogermanischen zu fremden Sprachen berichtet Band II der Festschrift für H. Hirt, herausgegeben von A. Arntz, in einer ganzen Reihe von Aufsätzen. Die Frage nach Verbindungen zwischen Indogermanisch, Semitisch und Sumerisch wird von A. Schott erörtert.[60] Als Ergebnis ist zu verzeichnen, daß gewisse Beziehungen zum Semitischen zwar nicht von der Hand zu weisen, aber auch nicht sehr überzeugend sind.

G. Lacombe und R. Lafon nehmen zum Verhältnis des Indogermanischen zum Baskischen Stellung.[61] Danach ist das Baskische keine indogermanische Sprache, aber es sei immerhin eine Verwandtschaft denkbar. Der Wortschatz des Baskischen enthalte hamito-semitische oder afrikanische und kaukasische Elemente, zu denen später andere hinzugekommen seien, darunter keltische, lateinische, romanische und germanische.

Von H. Jensen liegen mehrere Aufsätze vor. Für uns ist seine Abhandlung über das Verhältnis von Indogermanisch und Uralisch die wichtigste.[62] Jensen führt die maßgeblichen Linguisten auf, die sich mit diesem Thema befaßt haben, und legt ihre Meinungen dar. Es überwiegt die Ansicht von einer anzunehmenden Urverwandtschaft bzw. man hält sie für wahrscheinlicher als das Gegenteil. Als einer der ersten, der Urverwandtschaft angenommen hat, wird N. Anderson mit einer schon 1879 erschienenen umfangreichen Arbeit[63] erwähnt. Ihm stimmte besonders K. B. Wiklund mit einem Aufsatz in Le Monde Oriental I von 1906 zu, der auch Ergänzungen enthielt. Als weitere Befürworter werden O. Schrader, H. Sweet, H. Pedersen, E. Kieckers, St. Mladenov, C. Uhlenbeck, B. Collinder und H. Sköld genannt. Das ist schon eine beachtliche Reihe, die aufhorchen läßt. Auch nach Jensen, der einiges Material dazu liefert, ist eine Urverwandtschaft in gewissem Grade wahrscheinlich. Von Anzeichen, die auf eine Urverwandtschaft deuten, sind Lehnbeziehungen, vor allem zwischen Arisch und Uralisch, zu trennen.

Eine weitere Arbeit behandelt das Verhältnis zwischen Indogermanisch und Altaisch,[64] zu dem die türkische, mongolische und mandschu-tungusische Sprache gehört. Die große Mehrzahl der Linguisten bestreitet eine erkennbare Verwandtschaft. Das nimmt auch nicht wunder, nachdem selbst ein Zusammenhang zwischen Uralisch und Altaisch nicht als gesichert angesehen werden kann.

Von einigem Interesse ist die Frage nach dem Verhältnis zwischen Indogermanisch und Dravidisch,[65] der Sprache eines Großteils der vorarischen Bewohner Indiens. Die hier festgestellten Übereinstimmungen gehen nachweislich auf ein gegenseitiges Lehnsverhältnis zwischen Alt- bzw. Mittelindisch und Dravidisch zurück. Es liegt also keine Verwandtschaft vor.

Mit der Frage des Verhältnisses von Indogermanisch und Ligurisch befaßt sich ein Aufsatz von H. Krahe.[66] Vorsichtig sondiert er die Möglichkeiten einer Erfassung des Ligurischen überhaupt. Aufgrund antiker Nachrichten hat sich das Ligurische in Italien nach Nordosten bis in die Po-Ebene erstreckt, nach Süden bis in die Gegend von Rom. Ferner waren das Westalpengebiet mit Marseille und möglicherweise sogar Corsika und ein Teil der Pyrenäenhalbinsel ligurisch besiedelt. Von der Sprache ist wenig Sicheres überliefert; man ist in der Hauptsache auf Ortsnamen angewiesen. Typisch ligurisch sind Ortsnamen auf -asco und -asca. Man muß nach Krahe das eigentliche Ligurische, das vorindogermanisch sei, von einem durch eine indogermanische Sprache überschichteten Ligurisch unterscheiden.

f. Eigennamenforschung

Von großer Bedeutung für die Beantwortung der Frage nach der Urheimat der Indogermanen ist die Eigennamenforschung im weitesten Sinn, insbesondere die Gewässer-, Gelände- und Orts- oder Siedlungsnamenkunde. Wir hatten schon bemerkt, daß sich vor allem Gewässer und Geländenamen trotz mehrfacher ethnischer Überschichtung über sehr lange Zeiträume erhalten können. So entstehen Sprachschichten, welche die Linguisten bei günstigen Voraussetzungen alters- und bevölkerungsmäßig (ethnisch) bestimmen können. Auf diese Weise läßt sich feststellen, welche ethnischen Gruppen in welchen Siedlungsräumen nacheinander gelebt haben. Dabei kann auch ein negativer Befund eine gewisse Aussagekraft erlangen. Eine Reihe von Aussagen soll den Wert dieser Methode beleuchten, nachdem sie bisher nur kurz gestreift werden konnte. Einer der bedeutendsten deutschen Linguisten auf dem Gebiet der Ortsnamenkunde ist Hans Krahe.

Schließen wir hier zunächst einmal an die von Krahe genannten nichtindogermanischen ligurischen Ortsnamen an, die eine ursprünglich fremdsprachige Besiedlung Südfrankreichs, Norditaliens und Spaniens anzeigen. In einem 1950 erschienenen Aufsatz[67] berichtet er über nichtindogermanische vorgriechische Ortsnamen in Griechenland und der Ägäis mit den Leitsuffixen -inthos, -anthos, -ynthos, -assos und -ēnai. Sie gehören nach ihm zu einem ägäisch-ostmediterranen Namengut, das von Sizilien, Unteritalien, Balkanhalbinsel, Ägäis, Kleinasien und Syrien mit Ausläufern nach Spanien und Nordafrika verbreitet ist. Dieser Raum scheidet also ebenso wie der ligurische als indogermanisches Heimatgebiet aus. [Bei den Suffixen -ēnai und -inthos muß man freilich Bedenken anmelden, da sie in gleicher oder ähnlicher Art auch im Baltischen vorkommen.]. Sicher nichtindogermanisch sind auch die auf -igi und -cerda endenden Ortsnamen in Nordafrika und Spanien, die den iberischen Siedlungsraum kennzeichnen. Mit einem ersten merklichen Einströmen von Indogermanen im Osten dieses Raumes darf man für die Balkanhalbinsel (Griechen) und für Kleinasien (Hethiter) kaum vor 2000 v. Chr. rechnen.[68] Der Zeitpunkt der Einwanderung einer arischen Gruppe nach Indien ist noch umstritten. Die Angaben reichen von der Mitte des 3. Jahrtausends bis zum 1. Jahrtausend v. Chr.[69] Da die Inder über Sprachdenkmäler erst um die Mitte des 2. Jahrtausends v. Chr. in Vorderasien zu fassen sind,[70] werden sie nach Indien wohl erst nach dieser Zeit gelangt sein.

Auf die große Bedeutung der Eigennamenforschung weist auch A. Scherer hin. Nichtindogermanische Gewässer-, Gelände- und Siedlungsnamen würden im Bereich der Alpen, in Frankreich von Süden her bis in die Gegend von Seine und Marne, in Belgien und auf den britischen Inseln vorkommen und damit eine ursprünglich nichtindogermanische Besiedlung Westeuropas beweisen.[71] Dazu kommt die bereits erwähnte, von M. Vasmer[36] aufgrund von Eigennamen erwiesene ursprüngliche Besiedlung des europäischen Nordrußland durch Finno-Ugrier (vgl. Abb. 5), die auch Nordskandinavien umfaßt. E. Meyer[72] führt zusammenfassend die nach übereinstimmender Meinung der Linguistik für eine ursprünglich nichtindogermanische Besiedlung in Frage kommenden Gebiete auf:

Das gesamte Mittelmeergebiet südlich der großen Gebirgszüge und der Vordere Orient. Hier herrschten einmal die hamito-semitischen Sprachen Nordafrikas und des südlichen Vorderen Orients, andererseits eine Vielfalt mediterraner (Abb. 5), kleinasiatischer und vorderasiatischer Sprachen, von denen nicht sicher sei, ob sie mehreren Sprachgruppen angehörten oder — wahrscheinlicher — eine letztlich einheitliche große Sprachfamilie bildeten. Von ihnen existierten nur Trümmer: das Baskische in Nordspanien, die Kaukasussprachen sowie das Werschikische und Buriskische im Hindukusch. Von Hause aus nichtindogermanisch sei auch Westeuropa bis über den Rhein einschließlich Großbritanniens, Nordeuropa einschließlich Skandinaviens und das Gebiet der finno-ugrischen Völker [das europäische Nordrußland]. Ausscheiden würden auch Nord-, Ost- und Südasien, wo stets andere Völker gelebt hätten.

Die Probe aufs Exempel müßte der Raum liefern, in dem die älteste faßbare Eigennamenschicht indogermanisch gewesen ist. Hier soll nun wieder zunächst H. Krahe zu Wort kommen. Von ihm liegen mehrere Arbeiten auf diesem Gebiet vor, von denen die wichtigsten genannt sein mögen.[73] Krahe will in einem weiten Raum, von den britischen Inseln im Westen bis zum Baltikum im Osten, von Skandinavien im Norden bis Italien im Süden eine Schicht indogermanischer Gewässernamen gefunden haben, die in ihrer Art voreinzelsprachlichen Ursprungs und bereits in der zweiten Hälfte des 2. Jahrtausends v. Chr. geprägt gewesen sein muß. Das Urhebertum dieser von ihm „Alteuropäische Hydronymie" genannten Gewässernamenbildungen sei nicht im gesamten Indogermanentum, sondern im Bereich des späteren Germanischen, Keltischen, Illyrischen, Venetischen, Italischen und Baltischen, am Rand auch des Slawischen, zu suchen. Diese Gewässernamen stellten nördlich der Alpen das älteste noch erhaltene Sprachgut dar (vgl. Abb. 5). In Südfrankreich und den Mittelmeerländern seien sie sekundär eingeführt worden und hätten hier älteste Schichten überlagert. Besonders wichtig wäre die Feststellung, daß die älteste Schicht der als besonders zählebig bekannten Gewässernamen nördlich der Alpen indogermanisch ist. Schon vor Jahren schrieb H. Krahe dem Verfasser auf Anfrage: „Nichtindogermanisches nördlich der Alpen gibt es überhaupt nicht." Im übrigen äußert sich Krahe nicht direkt zu der Frage, ob diese Namenschicht im küstennahen Westeuropa und auf den britischen Inseln als sekundär oder als primär zu betrachten ist.

Zu dem Begriff „Alteuropäische Hydronymie" Krahes hat in neuerer Zeit insbesondere der Göttinger Linguist Wolfgang P. Schmid kritisch Stellung genommen.[74] Seine Ausführungen in dem an zweiter Stelle genannten Aufsatz gipfeln in der Feststellung, der Terminus „alteuropäisch", „Alteuropa" sei kein Sprachbegriff, sondern eine Bezeichnung der Onomastik (Bezeichnungsweise). Es wäre zweifelhaft, wann man einen Namen „alteuropäisch" nennen darf. Wichtig sei die Festlegung des Alters der alteuropäischen Hydronymie, die nach Krahe in den Zeitraum zwischen Gemeinsprache und den Einzelsprachen einzureihen ist. Die Rekonstruktion Krahes ergäbe nichts anderes als das, was wir als Indogermanisch zu betrachten gewohnt sind. Da „alteuropäisch" kein Sprachbegriff sei, beinhalte er auch nicht, „daß in einem bestimmten Gebiet, in welchem Namen dieses Typus vorkommen, nur diese Namen möglich sind". Wer freilich einen anderen Typus festgestellt zu haben glaubt, hätte die Beweislast. Nach Schmid sind die „alteuropäischen" Namen in die Mitte des 2. Jahrtausends v. Chr. zu datieren.[74a] Seine Angabe, Krahe hätte sie in die Mitte des 2. Jahrhunderts v. Chr. gesetzt, beruht offenbar auf einem Druckfehler. Da ist das Wort Jahrhundert mit dem Wort Jahrtausend vertauscht. Sehr bedeutsam ist der Hinweis von Schmid, in Thrakien, also im Großbereich der unteren Donau (Abb. 2), gäbe es eine Reihe von Namen jenes alteuropäischen Typs. Selbst in Südrußland (Ukraine) seien die Griechen und Skythen bereits auf Gewässernamen gestoßen, die sich aus dem Wortschatz der alteuropäischen Hydronymie erklären ließen. Dazu paßt ausgezeichnet, daß nach Georgiev die Flußnamen auf dem Balkan durchweg aus dem Indogermanischen abgeleitet werden können.[75]

Die weite Verbreitung alteuropäischen (indogermanischen) Namenguts auch im östlichen Europa geht aus einer Arbeit von J. Udolph, einem Schüler Schmids, hervor. Da liest man wörtlich: „Es ist nun schon seit Jahren kein Geheimnis mehr, daß die älteste Schicht der Gewässernamen zumindest in Mitteleuropa (aber auch in weiten Teilen der Balkanhalbinsel und Osteuropas) durch eine Reihe von Gemeinsamkeiten in sich verbunden ist. Dieses Stratum, das man „Alteuropäische Hydronymie" nennt, läßt sich nach letzten Untersuchungen auch in Polen nachweisen."[76] Zum Gesamtproblem des Indogermanischen aber meint W. P. Schmid: „Indogermanisch ist ein aus dem Sprachvergleich gewonnenes Konstrukt, nach dessen Realität man vergebens gesucht hat und suchen wird."

g. Die Zeit der Grundsprache

Die Frage nach der Zeitspanne oder dem Zeitpunkt, in dem die noch im wesentlichen ungegliederte oder nur mundartlich verschiedene Grundsprache bestanden hat, ist nicht ohne weiteres zu beantworten und wird auch nicht einheitlich beurteilt. Hier nur einige Beispiele.

E. Meyer[77] ist der Ansicht, die zu erschließende Grundsprache spiegele das Kulturbild des Neolithikums [etwa 4000 bis 1800 v. Chr.] wider. Die Herausbildung der indogermanischen Völkergruppe aber sei im Mesolithikum [etwa 8000 bis 4000 v. Chr.] oder noch früher anzusetzen. Auch nach J. Pokorny[78]

57

liegt die zuletzt erschließbare indogermanische Gemeinschaft innerhalb des Neolithikums, und A. Nehring meint, [79] die Endperiode der Jungsteinzeit dafür angeben zu können. Dagegen erklärt A. Scherer,[80] die Grundsprache hätte zu ihrer Entwicklung zweifellos lange Zeiträume beansprucht. H. Kronasser wiederum betont die anzunehmende große Zeitspanne zwischen der Grundsprache und den Einzelsprachen.[81] Am deutlichsten nimmt zu diesem Fragenkomplex H. Krahe Stellung. Seine bereits aus den vierziger Jahren stammende Formulierung[82] sei hier wörtlich wiedergegeben:

„Zeitlich ist die letzte Auflösung der indogermanischen Grundsprache nicht zu spät anzusetzen. Das Hethitische und das Indische zum Beispiel sind uns schon aus dem 2. vorchristlichen Jahrtausend bekannt. Beide stellen damals bereits ganz scharf ausgeprägte sprachliche Individualitäten dar, die sehr weit voneinander verschieden sind und die, um solche charakteristischen Züge gewonnen haben zu können, bereits eine außerordentlich lange Periode selbständiger Entwicklung hinter sich haben müssen. Das bedeutet aber, daß sie sich schon viele Jahrhunderte, wo nicht Jahrtausende früher aus dem Verbande der idg. Grundsprache gelöst haben müssen. Etwa noch um 3000 v. Chr. von einer idg. Grundsprache oder gar von einem idg. „Urvolk" zu sprechen — wie das heute noch vielfach geschieht —, ist gänzlich absurd; und schon allein aus diesem Grunde sind manche auf die Indogermanen bezügliche Konstruktionen der Prähistorie und Rassenforschung hinfällig.“ Später[83] hat Krahe dann noch das Griechische hinzugefügt und erklärt, diese drei Sprachen hätten schon um die Mitte des 2. Jahrtausends ein durchaus eigenes Gepräge. Sie unterschieden sich unter sich schon in kennzeichnender Weise wie auch gegenüber der erschlossenen Grundsprache. Letztere wäre daher viel älter als das Ende des Neolithikums. Nach Krahe müßte demnach die Zeit der Grundsprache vor dem Neolithikum anzusetzen sein. Die Linguisten neigen denn auch heute dazu, eher ein höheres als ein geringeres Alter der Grundsprache anzunehmen.

h. Stellungnahme

Die Wortgleichungen für Schnee, Winter usw. setzen unbestritten eine Heimat in gemäßigter bis kühler Zone voraus. Die Gleichungen für Flora und Fauna bezeugen das gleiche und darüber hinaus eine wald- und gewässerreiche Gegend mindestens für einen Großteil der Indogermanen. Eine Ausschließliche Steppenheimat kann schwerlich in Betracht kommen. Dafür sprechen auch die Gleichungen, die eindeutig auf ein Bauerntum schließen lassen, das schon in die Jungsteinzeit gehört. Es läßt sich hier aber erkennen, daß der östliche Zweig der Indogermanen, die Indoiranier (Arier), den Ackerbau nicht in dem gleichen starken Maß betrieben haben wie die übrigen Indogermanen, sondern ganz vorwiegend Viehzüchter gewesen sind. Die auf den Ackerbau bezüglichen Gleichungen fallen hier wesentlich magerer aus, und das ist doch wohl kein Zufall. Der Reichtum der nach Indien einwandernden arischen Gruppen bestand in großen Rinderherden. Wenn besonders das Rind im Rigveda nach E. v. Eickstedt geradezu schwärmerisch besungen und verehrt wird,[84] so weist das allein schon auf eine sehr bedeutende Viehzucht bei den Ariern hin. Nun pflegt aber die Umwelt die Lebensweise in sehr erheblichem Maße zu bestimmen. Bei Küstenbewohnern wird man kaum mit intensivem Ackerbau rechnen können, Wald wird die Jagd fördern, Gegenden mit fruchtbarem Boden und günstigem Klima den Ackerbau, Graslandschaften, seien es nun Steppen oder Halbsteppen, die Viehzucht begünstigen. Die erkennbare Bevorzugung der Viehzucht bei den Indoiraniern dürfte daher wohl auch als Hinweis auf eine Heimat zu deuten sein, die wenig Wald und viel Grasland besaß, also mehr oder minder steppenhaft war (vgl. dazu Abb. 4 und 15). Von diesem Standpunkt aus gesehen, käme für die Arier am ehesten das Gebiet nördlich und nordöstlich des Schwarzen Meeres oder gar das östlich daran anschließende in Betracht.

Aufgrund der sonst aus den Wortgleichungen erschlossenen Umwelt, vor allem aber aufgrund der Eigennamenforschung, wie sie etwa in der alteuropäischen Hydronymie zum Ausdruck kommt, wäre die Heimat der übrigen Indogermanen in

Mitteleuropa nördlich der Alpen bis etwa zum Rhein im Westen und Südskandinavien im Norden anzusetzen. Das Gebiet der germanischen Urheimat (Abb. 1) muß wohl als indogermanisch mit einbezogen werden, nachdem ein nichtindogermanisches Substrat im Germanischen in Verbindung mit fehlenden nichtindogermanischen Eigennamen in jenem Raum kaum zu begründen ist.[85]

Die Vertreter der Westthese können also sehr gewichtige Fakten für die Annahme einer zentraleuropäischen Heimat ins Feld führen. Nun haben wir aber innerhalb der Westthese zwei etwas voneinander abweichende Auffassungen zu unterscheiden. Die eine bezieht das nordpontische Gebiet, das europäische Südrußland, in die Heimat mit ein, die andere, als deren Hauptvertreter P. Thieme gelten kann, schließt das betreffende Gebiet aus. Thieme stützt sich dabei besonders auf die Namen der Buche und des Lachses, die den nach Osten vordringenden Indogermanen verlorengegangen seien bzw. auf andere Objekte übertragen wurden. Das ist natürlich durchaus eine Möglichkeit, aber keine zwingende. Man muß A. Scherer[86] wohl zustimmen, wenn er das Buchenargument als beweiskräftig nicht gelten läßt. W. Merlingen und H. Kronasser aber können wir nichts wirklich Überzeugendes entgegnen, wenn sie das Lachsargument ablehnen. Auch A. Nehring hält Thiemes Versuch, den Namen des Lachses für das Arische zu erweisen, für mißglückt. Dagegen kann man das Fehlen einer tropischen Flora und Fauna im Heimatgebiet schwerlich bestreiten, selbst wenn es sich hier um Schlüsse e silentio handelt. Besonders gewürdigt muß die Bemerkung von H. Kronasser werden, daß Thieme die Weingleichung nicht in Betracht zieht, während der Weinname nach einem Hinweis von W. Merlingen doch gut aus dem Indogermanischen erklärt werden kann. Demnach ist die Wahrscheinlichkeit, daß mindestens ein Teil der Indogermanen den Wein gekannt hat, groß. Die Karte von St. E. Mann, die auch die Nordgrenze des Weinvorkommens bezeichnet (Abb. 4), läßt das deutlich werden. Eine Begrenzung der Grundsprache auf den Raum der Lachsströme westlich der Buchengrenze ist damit kaum plausibel zu machen. So kommt es denn, daß auch H. Krahe trotz einigen Lobes für Thieme dessen Versuch einer engeren Begrenzung der indogermanischen Heimat auf das Gebiet westlich der Buchenlinie im ganzen wohl mit Recht als nicht gelungen erachtet.

Die Vertreter der nordpontischen These versuchen das Heimatgebiet auf einen anderen Raum zu begrenzen. O. Schrader waren zu seiner Zeit manche der heutigen Erkenntnisse nicht geläufig, vor allem unser Wissen aufgrund der Eigennamenforschung. Vermutlich hätte er nach dem jetzigen Forschungsstand auch Zentraleuropa in das Heimatgebiet mit einbezogen. Die kritischen Bemerkungen von E. Pulgram sind großenteils überspitzt, so, wenn er erklärt, der Name „Indoeuropäer" würde fälschlich ethnisch gebraucht. Seine Meinung, die Urheimat sei am ehesten in der Mitte zwischen den entferntesten indoeuropäischen Völkern zu suchen, kann man nur als grobe Schätzung und damit nicht als überzeugend erachten. Ähnlich ist die Kritik W. Merlingens an der Westthese zu werten. Mit dem Hinweis, die Namen für Zypresse, Öl, Wein usw. brauchten keine fremden Lehnwörter zu sein und der Weinname ließe sich zwanglos aus dem Indogermanischen deuten, kann man noch keine ausschließliche nordpontische Heimat wahrscheinlich machen. Was er Thieme bezüglich seiner auf die Lachsströme begrenzte Heimat ankreidet, muß auch für ihn selbst in bezug auf den nordpontischen Raum gelten. Die Annahme einer auf das europäische Südrußland beschränkten Heimat findet in den Fakten keine hinreichende Stütze.

Die Ausführungen W. Brandensteins, eines namhaften Vertreters der Ostthese, waren bereits als unhaltbar bezeichnet worden. Der Ansicht H. Günterts aber, wonach die erste germanische Lautverschiebung auf ein fremdes Substrat im Germanischen hinweise, wird von anderen bedeutenden Linguisten widersprochen. Da es offenbar auch an nichtindogermanischen Eigennamen im urgermanischen Bereich fehlt, könnten etwaige Fremdbestandteile im Germanischen höchstens aus der ursprünglich finno-ugrischen Nachbarschaft in Skandinavien zu erklären sein. Jedenfalls haben die Argumente Günterts in dieser Hinsicht keine wirkliche Beweiskraft. Ein Einfluß des sumerisch-babylonischen Zwölfersystems auf das indogermanische Zehnersystem, wie ihn H. Güntert und J. Schmidt annehmen, ist zwar rein theoretisch denkbar, aber doch ganz unwahrscheinlich. Es wäre mehr als merkwürdig, wenn sich allein das aus zwölf Monaten bestehende Jahr nicht auch selbständig in einem Nebenzählsystem niedergeschlagen hätte. Dazu bedurfte es keines fremden Einflusses. Auch A. Scherer zweifelt hier fremden Einfluß an. Dazu kommt, daß ausgerechnet bei den Germanen das Zwölfersystem nach J. Schmidt stärker durchschlägt als bei den Indern im Osten, was ihn veranlaßt, die Ursitze der Germanen weit im Südosten zu suchen. Folgerichtig weitergedacht, müßte demnach die Heimat der Inder weiter von Vorderasien entfernt gewesen sein, als die der Germanen, was doch wohl kaum zutreffen kann. Selbst wenn sich das Zwölfer- oder Sexagesimalsystem auf orientalischen Einfluß zurückführen ließe, muß das nicht in Asien geschehen sein; der nordpontische Raum würde dafür ausreichen. Auf dem Weg, den Güntert und Schmidt einschlagen, läßt sich eine asiatische Heimat nicht wahrscheinlich machen, geschweige denn beweisen. Wir werden überhaupt allgemein zwischen beweisstarken, beweisschwachen und beweislosen Argumenten unterscheiden müssen. Um die letzteren handelt es sich hier; sie sind höchstens als Hinweise, nicht aber als Beweise anzusprechen.

A. Nehring ist geneigt, Anstöße zur Viehzucht bei den Indogermanen aus dem asiatischen Raum herzuleiten, einen Teil des Pflanzenbaues ebendaher, einen anderen speziell aus dem kleinasiatisch-kaukasischen Bereich. Auch die Namen einiger Tiere sind ihm asiatischer Herkunft verdächtig. Er könnte damit vielleicht recht haben, nur fehlen die Beweise. Auch für ein aus Asien zugewandertes Volkstum, das die indogermanische Herrenschicht gebildet habe, gibt es keine konkreten Anhaltspunkte. Ganz abwegig aber ist seine Meinung, in Europa hätte es keine neolithische Kultur gegeben, die in allen wichtigen Elementen der urindogermanischen Kultur entsprechen würde. Die Wortgleichungen passen durchaus zu den kulturellen Verhältnissen des jungsteinzeitlichen Zentraleuropa. Seine Ansicht

von der Möglichkeit eines durch Sprachmischung zustande ge-
kommenen Indogermanischen leitet auf die Diskussion über
Fremdspracheinwirkungen über.

In der Auseinandersetzung über die Frage der Beziehungen des
Indogermanischen zu anderen Sprachen spielen das Uralische
und das Hamito-Semitische die Hauptrolle. Diese beiden
Sprachzweige sind es auch allein, die deutliche Vergleichsmög-
lichkeiten bieten. Vergleiche mit anderen Fremdsprachen haben bisher zu keinen faßbaren Ergebnissen geführt und brauchen hier daher nicht erörtert zu werden. Die starken Beziehungen des Indogermanischen zum Uralischen, insbesondere
zum Finno-Ugrischen, sind allgemein anerkannt. Unterschiedlicher Meinung ist man nur über die Frage, wie diese Beziehungen zu bewerten sind. Handelt es sich um Urverwandtschaft
oder um Substratwirkungen oder nur um Übereinstimmungen
aufgrund langer nachbarlicher Verbindungen? Finno-ugrische
Substrate liegen nach Pokorny im Baltischen und Slawischen
vor. Sie wären durch eine indogermanische Überschichtung
finno-ugrischer Gruppen durchaus zu erklären. Die Aufnahme
indogermanischer Lehnwörter durch finnische Sprachen ist
klar zu erkennen, wenn auch die meisten offenbar aus dem Indoiranischen und nur wenige aus der Grundsprache stammen.
Aber darüber hinaus gibt es Erscheinungen, die aus nachbar-
schaftlichen Beziehungen allein schwer zu erklären sind. Es bestehen auch Übereinstimmungen oder wenigstens Ähnlichkeiten im Sprachbau, etwa in der Konjugation. Hier ein Beispiel
für das Präsens des Hilfsverbs „sein" im Finnischen:

ich bin:	minä	olen
du bist:	sinä	olet
er ist:	hän	on
wir sind:	me	olemme
ihr seid:	te	olette
sie sind:	he	ovat

Besonders die Formen der ersten und zweiten Person Pluralis
erinnern so sehr an das Indogermanische, daß man sie eher auf
eine Urverwandtschaft denn auf nachbarliche Kontakte zu-

rückführen möchte. Eine solche Urverwandtschaft müßte natürlich sehr weit zurückliegen.

Etwas schwächer erscheinen die Beziehungen zwischen Indogermanisch und Hamito-Semitisch, aber auch hier sind sie nach überwiegender Auffassung der Linguistik noch so deutlich, daß alte Zusammenhänge angenommen werden müßten. Der Ansicht von E. Meyer, diese Zusammenhänge reichten bis in die ältere Steinzeit zurück, kann man durchaus zustimmen. Wie wir noch sehen werden, lassen sich da vor allem auch Verbindungen über anthropologische Kriterien herstellen. Ein Nachweis bestehender enger Verbindungen zwischen Indogermanisch und Finno-Ugrisch einerseits sowie Indogermanisch und Hamito-Semitisch andererseits würde sehr aufschlußreiche Aspekte bezüglich der indogermanischen Urheimat eröffnen. Das gilt besonders für den Fall einer bestehenden gemeinsamen Urverwandtschaft. Dann käme als Heimatgebiet ein Raum zwischen den Bereichen des Finno-Ugrischen und des Hamito-Semitischen an erster Stelle in Betracht. Wir können die Annahme Uhlenbecks und Forrers, das Indogermanische sei eine Mischsprache gewesen, durchaus entbehren. Das Indogermanische muß mit anderen Sprachen verwandt sein, da es schwerlich als eine völlig isoliert dastehende Sprache betrachtet werden kann. Mit Sicherheit hat es in grauer Vorzeit einen Teil einer größeren Spracheinheit gebildet, aus der es sich langsam herausdifferenzierte. Wenn also Übereinstimmungen mit anderen Sprachen zu erkennen sind, hat die Annahme einer Herkunft aus gemeinsamer Wurzel den Vorrang. Zusätzliche spätere gegenseitige Beeinflussungen werden dadurch nicht ausgeschlossen. Wenn eine Spracheinheit sich in Einzelsprachen auflöst, ist es nur natürlich, daß in einer Einzelsprache bestimmte Elemente der Einheitssprache bewahrt, andere abgebaut werden. Andere Einzelsprachen werden dasselbe tun, aber kaum mit den gleichen Sprachelementen. Auf diese Weise kommt eine interne Differenzierung zustande, die zu immer weiterer Sonderung der betreffenden Sprachen führt. Wenn es also einige gleiche Sprachelemente im Indogermanischen und Finno-Ugrischen, andere in der erstgenannten Sprache und dem

Hamito-Semitischen gibt, so braucht das nicht auf gegenseitige oder einseitige Beeinflussung zurückzugehen, sondern kann der Ausdruck einer Herkunft aus gemeinsamer Wurzel sein. Indogermanisch, Finno-Ugrisch und Hamito-Semitisch können sehr wohl aus einer gemeinsamen Wurzel erwachsen sein, und die Wahrscheinlichkeit, daß dem so ist, muß hoch veranschlagt werden. Aus der gleichen Wurzel dürften auch die im nördlichen Mittelmeerraum einst beheimateten mediterranen Sprachen wie das Baskische, Ligurische, Etruskische sowie die pelasgischen Sprachen des östlichen Mittelmeerraums stammen. Es gibt Linguisten, welche mit Nachdruck die Ansicht von einer ursprünglich einheitlichen Sprache der ganzen Menschheit vertreten, und sie können sich dabei teilweise sogar auf parallel laufende Erkenntnisse der Prähistorie und Anthropologie stützen. Wir brauchen hier nicht so weit zu gehen, müssen aber erkennbaren Übereinstimmungen in den genannten Sprachen Rechnung tragen. Und da ist die Annahme einer Urverwandtschaft durchaus vertretbar, wenn auch im einzelnen noch nicht zu beweisen. Ebenso wenig zu beweisen ist aber auch ein Mischsprachcharakter des Indogermanischen, wenngleich die Möglichkeit hier nicht bestritten wird. Es gibt genügend Beispiele für Mischsprachen. Wir nennen hier nur das Hethitische, das unter wesentlicher Beibehaltung des indogermanischen Sprachbaues seinen Wortschatz großenteils aus der Sprache der Vorbewohner Kleinasiens schöpfte.

Wir kommen damit zur Frage der Existenz eines Substrats, die J. Pokorny in bezug auf das Illyrische aufwirft. Er macht für ein angeblich nichtindogermanisches Substrat im Illyrischen die Träger der neolithischen bandkeramischen Kultur Mitteleuropas (Abb. 12; 13) verantwortlich. Andere Linguisten wie H. Krahe sprechen sich gegen das Vorhandensein eines Substrats aus. Wenn die Träger der bandkeramischen Kultur Nichtindogermanen gewesen wären, müßten wir nicht nur im Illyrischen, sondern auch in den anderen Sprachen Zentraleuropas ein gleiches Substrat antreffen. Ferner wären in Mitteleuropa nicht wenige unindogermanische Gewässer- und Geländenamen zu erwarten. Das ist aber nicht der Fall. Wir können daraus eigentlich nur den Schluß ziehen, daß die Bandkeramiker Indogermanen gewesen sind. Wenn sich dennoch einige Namen dieser Art als nichtindogermanisch herausstellen sollten, könnten sie auf die Träger der Glockenbecherkultur zurückgeführt werden, die gegen Ende des Neolithikums nach Mitteleuropa vordringen. Welche Bedeutung der Nachweis von Substraten erlangen kann, ist offensichtlich. So wäre es von größtem Wert, wenn sich im Irischen ein hamitisches Substrat nachweisen ließe, wie das J. Pokorny behauptet.

Der unschätzbare Wert der Eigennamenforschung wurde schon betont. Bestätigt sich die bisherige Aussage der auf diesem Gebiet führenden Linguisten, daß die älteste Gewässernamenschicht Mitteleuropas nördlich der Alpen indogermanisch ist (Abb. 5), dann kann an einer ursprünglichen Besiedlung jenes Raumes durch Indogermanen kaum ein Zweifel aufkommen. Sofern die alteuropäische Hydronymie tatsächlich von der Nordsee im Nordwesten bis zur Ukraine im Südosten zu verfolgen ist, hat das entscheidende Bedeutung für die ethnische Zuweisung der neolithischen Kulturen im gleichen Gebiet. Wären die Indogermanen in einem jüngeren Abschnitt der Jungsteinzeit von Asien nach Mitteleuropa zugewandert, müßten wir die alten indogermanischen Gewässerbezeichnungen nicht im zentraleuropäischen, sondern im asiatischen Raum vorfinden. Da das aber nicht der Fall ist, kann man aus linguistischen Erwägungen eine asiatische Heimat bisher jedenfalls nicht plausibel machen. Hier handelt es sich um beweiskräftige Fakten, die man nicht achtlos beiseite tun darf. Die alteuropäische Hydronymie bleibt eine starke Stütze für eine europäische Heimat der Indogermanen.

Was nun die Frage des Alters der indogermanischen Grundsprache betrifft, so ist zweifelsohne denen zuzustimmen, die ein hohes Alter für gegeben erachten. Da es um die Mitte des 2. Jahrtausends v. Chr. bereits nachweislich selbständige indogermanische Sprachen und damit Völker gegeben hat, muß die Zeit der Grundsprache weit zurückliegen. Die Sprache ist ein Spiegelbild der Zivilisation. Je schneller letztere fortschreitet, um so schneller verändert sich die Sprache. Nachdem der kulturelle Fortschritt um so langsamer vonstatten geht, je weiter wir in die Vorzeit eindringen, werden wir für die Differenzierung der indogermanischen Grundsprache lange Zeiträume ansetzen müssen. Nach dem archäologischen Befund ist z. B. mit der Existenz des indogermanischen Baltischen schon um 2000 v. Chr. oder sogar etwas früher zu rechnen. Danach hat es ungefähr tausend Jahre bis zum Beginn einer Aufgliederung des Baltischen in ein Westbaltisch (Prußisch = Altpreußisch) und ein Ostbaltisch (Litu-Lettisch) gewährt. Aber etwa weitere tausend Jahre werden erforderlich gewesen sein, bis eine Verständigungsmöglichkeit zwischen West- und Ostbaltisch nicht mehr gegeben war, sich also zwei baltische Völker gebildet hatten.[17] Die Aufspaltung der Balten in zwei Völker hätte demnach rund 2000 Jahre in Anspruch genommen. Nehmen wir das als Maßstab für das Indogermanische, so ergäbe sich etwa folgende Situation: Um die Mitte des 2. Jahrtausends v. Chr. bestehen nachweislich bereits drei indogermanische Völker allein aufgrund von Sprachdenkmälern, Griechisch, Indisch und Hethitisch. Nachdem das Baltische schon um 2000 v. Chr. existiert haben dürfte, wird man auch für jene Sprachen mindestens das gleiche Alter anzunehmen haben, d. h., um diese Zeit sind bereits mehrere selbständige Sprachen des Indogermanischen vorhanden. Für deren Loslösung aus der Grundsprache bis zur vollendeten Selbständigkeit sind weitere 2—3000 Jahre zu veranschlagen. Wir würden damit auf eine Zeit zwischen 4000 und 5000 v. Chr. für den Beginn einer Aufspaltung der Grundsprache kommen. Die Einheit der Grundsprache läge demgemäß vor diesem Zeitpunkt. Nachdem das Hamito-Semitische und das Uralische im Neolithikum über große Räume hinweg verbreitet sind, wäre das auch für die indogermanische Grundsprache denkbar und sogar in gewissem Grade wahrscheinlich. Sie könnte schon um 4—5000 v. Chr. von der Nordsee bis zum Schwarzen Meer oder sogar darüber hinaus verbreitet gewesen sein. Zutreffendenfalls müßte man bereits in jener Zeit mit einer wenn auch geringen Differenzierung innerhalb des Indogermanischen rechnen. Für die Dauer dieser kaum gegliederten Grundsprache muß ebenfalls eine lange Zeitspanne angenommen werden. Man sollte daher eine seit

4—5000 v. Chr. in Auflösung befindliche Grundsprache von einer davor liegenden, kaum differenzierten unterscheiden und das auch durch entsprechende Bezeichnungen zum Ausdruck bringen. Es wird hier für erstere der Name „späte Grundsprache", für letztere die Bezeichnung „frühe Grundsprache" geprägt. Die Träger der frühen Grundsprache möchten wir „Urindogermanen", die der späten „Altindogermanen" nennen. Die Anfänge der frühen Grundsprache oder Ursprache werden mit großer Wahrscheinlichkeit in die vor 8000 v. Chr. liegende jüngere Altsteinzeit (Jungpaläolithikum) zurückreichen; wie weit, ist einstweilen nicht zu entscheiden. Die Ausbildung des Indogermanischen setzt einen langen Entwicklungsprozeß voraus, die Loslösung von einer älteren großen Spracheinheit, die vermutlich während der älteren Stufen des Jungpaläolithikums (etwa 40 000 bis 15 000 v. Chr.) bestanden hat.[87a] In der letzten Stufe des Jungpaläolithikums, dem Magdalénien (etwa 15 000 bis 8 000 v. Chr.), könnte die Aussonderung des Indogermanischen erfolgt sein. Wenn seine deutlich erkennbaren Verbindungen zum Finno-Ugrischen und zum Hamito-Semitischen nicht trügen, müßten auch die letztgenannten Sprachen aus jener großen Spracheinheit hervorgegangen sein. Gegebenenfalls wären dann allein aus geographischen Gründen die mediterranen Sprachen (Abb. 5) hier mit einzubeziehen. Die Verbreitung jenes großen Sprachkomplexes würde den Namen „ureuropäisch" rechtfertigen, wenngleich der Nordrand Afrikas durch das Hamitische mit erfaßt ist und das Semitische nach Asien hineinreicht. Das bisher noch hypothetische Ureuropäische wäre nach dieser Darstellung der Urquell auch des Indogermanischen. Das folgende Schema, das natürlich nur als Versuch gewertet werden kann, mag das verdeutlichen.

Etwa zwischen 40 000 und 15 000 v. Chr.:
Existenz einer großen Spracheinheit in Europa und südlichen Randgebieten, das Ureuropäische.
Zwischen 15 000 und 10 000 v. Chr.:
Lösung des späteren Indogermanischen aus dem Ureuropäischen.

68

Etwa ab 10 000 v. Chr.:
Frühe Grundsprache des Indogermanischen (Urindogermanisch).

Etwa seit 5 000 oder 4 000 v. Chr.:
Zerfall der frühen Grundsprache und Beginn der späten Grundsprache (Altindogermanisch).

Um 2 000 v. Chr.:
Indogermanische Einzelsprachen.

Die Aufstellung soll erkennen lassen, wie weit schätzungsweise der Beginn des Indogermanischen zurückliegt. Sie läßt auch die Bemerkung von W. P. Schmid verstehen, daß man nach seiner „Realität vergebens gesucht hat und suchen wird". Vielleicht können andere Disziplinen wie Prähistorie und Anthropologie in manchen Punkten weiterhelfen, trotz einiger Skeptiker. So meint W. Merlingen, ein Zusammenhang mit irgendwelchen Bodenfunden werde kaum jemals herzustellen sein . . ., „zumal es nicht einmal sicher ist, ob das Volk dieser Ausgangssprache Bodenfunde hinterlassen hat"[88]. Und auf die Spitze treibt H. Kronasser die Kritik, wenn er über das Ergebnis der Zusammenarbeit von Linguistik und Prähistorie u. a. als von „Seifenblasen" spricht.[89] Dagegen hatte der hervorragende Linguist Rudolf Meringer schon um die Jahrhundertwende die Bedeutung der Vorgeschichtsforschung und der Rassenkunde für die Lösung des Indogermanenproblems so formuliert: „Nur mit Hilfe der physischen Anthropologie, sowie der Praehistorie, die aber beide noch mit großen häuslichen Schwierigkeiten zu kämpfen haben, kann es einstens gelingen, eine befriedigende und begründete Antwort auf die Frage nach der Kultur und den Ursitzen der Indogermanen zu erlangen. Die Antwort, welche die Sprache allein gibt, kann nicht befriedigen."[90]

Die „häuslichen Schwierigkeiten", von denen im obigen Zitat die Rede ist, können inzwischen als überwunden betrachtet werden. Vor Eintritt in eine Erörterung der prähistorischen Forschung seien die Ergebnisse der Sprachforschung zur Heimat- und Herkunftsfrage in einer Reihe von Punkten dargelegt, wie sie sich dem Verfasser aufgrund bedeutsamer Fakten ergeben (vgl. Abb. 5).

1. Die Heimat muß in einer Zone gemäßigten bis kühlen Klimas gelegen haben.
2. Sie hat sich über Gebiete mit Wald und Gewässern, daneben aber auch über wald- und gewässerarme Räume erstreckt.
3. Die Indogermanen waren schon im Neolithikum eine Völkerschaft mit einer beachtlichen bäuerlichen Kultur, in der je nach Klima und Umwelt der Ackerbau oder die Viehzucht im Vordergrund standen.
4. Im Neolithikum gab es von Nordeuropa bis Nordafrika mehrere Sprachzonen: in Mittel- bis Nordskandinavien[90a] und Nordrußland die finno-ugrischen Sprachen, im nördlichen Mittelmeerraum die mediterranen Sprachen, im Norden Afrikas bis nach Vorderasien den hamito-semitischen Sprachstamm. Alte nichtindogermanische Eigennamen kennzeichnen auch das westeuropäische Küstengebiet. In dem dazwischen befindlichen restlichen Raum, von der Nord- und Ostsee im Norden bis zu den Alpen und dem Balkan im Süden sowie der Ukraine im Osten ist die älteste Gewässernamenschicht indogermanisch. Fremde Eigennamen fehlen dort oder sind sekundär.
5. Das Fehlen nichtindogermanischer Eigennamen im mittleren und östlichen Europa in Verbindung mit dem Vorhandensein altindogermanischer Gewässernamen läßt den Schluß zu, daß die neolithischen Kulturen in jenem Raum indogermanisch waren.
6. Die erkennbaren Beziehungen des Indogermanischen zum Finno-Ugrischen und zum Hamito-Semitischen legen für diese und die mediterranen Sprachen die Annahme einer Verwandtschaft nahe, die in den älteren Teil des Jungpaläolithikums zurückreicht und auf einer großen Spracheinheit, dem Ureuropäischen, beruht.
7. Die Anfänge des Indogermanischen können auf die Zeit um 10 000 v. Chr. geschätzt werden.
8. Seit etwa 4—5000 v. Chr. ist mit dem Beginn des Zerfalls der frühen Grundsprache und fortschreitender Auflösung in Einzelsprachen zu rechnen. Die Zeitspanne des Zerfallsprozesses wird als „späte Grundsprache" bezeichnet.

9. Um 2000 v. Chr. besteht bereits eine Anzahl von indogermanischen Einzelsprachen.

10. Die linguistischen Fakten sprechen sehr für eine zentral- bis osteuropäische Heimat der Indogermanen; eine asiatische ist bisher nicht zu erkennen, insbesondere nicht eine ausschließlich asiatische.

2. Prähistorie (Vorgeschichtsforschung)

a. Die siedlungsarchäologische Methode

Der „linguistischen Paläontologie" entspricht in der Vorgeschichtsforschung die „siedlungsarchäologische Methode" oder „Kulturgruppenforschung". Sie wurde schon gegen Ende des vergangenen Jahrhunderts im wesentlichen von dem Senior der deutschen Prähistorie, Gustaf Kossinna, entwickelt. Die Prähistorie kann anhand von Bodenfunden Kulturgruppen feststellen. Jede Kultur besteht aus einer ganzen Anzahl von Kulturelementen. Das sind etwa Keramikformen, Verzierungsstile, Waffen, Gerät, Schmuck, aber auch Haustypen, Befestigungsanlagen, Grabarten. Bei der Kartierung solcher Kulturelemente eines bestimmten Zeitabschnitts ergibt sich in vielen Fällen eine Ballung in einem begrenzten Raum. Bei einzelnen Elementen (Abb. 6) spricht man von einer Fundprovinz. Kommen weitere Kulturbestandteile hinzu (Abb. 7), die auf eine komplette Kultur schließen lassen, haben wir eine Kulturprovinz vor uns. Das massierte Auftreten einer ganzen Anzahl von Kulturelementen im gleichen Raum kann aber nur bedeuten, daß die Träger jener Kulturelemente in engem Kontakt miteinander standen. Die Existenz einer Kulturprovinz setzt damit das Bestehen einer Verkehrsgemeinschaft höheren Grades voraus. Letztere bedingt aber auch eine Sprachgemeinschaft. Wir gelangen somit über die Feststellung archäologischer Kulturprovinzen zum Nachweis der Existenz von Sprachgemeinschaften und damit von Volkstumseinheiten. Kossinna formulierte seine Ansicht im Jahre 1895 vor der Deutschen Anthropologischen Gesellschaft in Kassel so: „Scharf umgrenzte archäologische Kulturprovinzen decken sich zu allen Zeiten mit bestimmten Völkern oder Völkerstämmen". Heute benutzt man neben dem Ausdruck „Kulturprovinz" auch Bezeichnungen wie „Kulturkreis", „Formenkreis", „Kulturgruppe" oder auch vereinfacht „Kultur".[91]

Die an sich einleuchtende Methode Kossinnas war und ist einer heftigen Kritik ausgesetzt von seiten anderer Disziplinen, aber auch innerhalb der Prähistorie selbst. Dafür gibt es mancherlei Gründe. In der Praxis sind die von Kossinna geforderten „scharf umgrenzten Kulturprovinzen" nicht gerade die Regel. Durch nachbarlichen Kontakt, Handel, Kultureinflüsse, Überschichtungen usw. sind die Kulturgrenzen oft unscharf oder gelegentlich geradezu unkenntlich. Dazu erschweren Fundlücken in weniger erforschten Gebieten notwendige Schlußfolgerungen. Eine besondere Schwierigkeit bietet die Beantwortung der Frage nach dem Volkstum der betreffenden Kulturträger. Hier gibt es für den Prähistoriker im wesentlichen nur die Möglichkeit, eine dem Volkstum nach bekannte Kultur in frühere Zeiten zurückzuverfolgen. Solange ein Kulturwandel, ein Umbruch, nicht festzustellen ist, wird man vom gleichen Volkstum ausgehen können. Im anderen Fall ist mit einem ethnischen Wechsel der Kulturträger zu rechnen. Aber auch ein Kulturwandel kann unter Umständen intern begründet sein, also ohne Bevölkerungswechsel erfolgt sein. Einigermaßen sichere Schlüsse sind dort möglich, wo eine ältere Kultur fließend in eine jüngere übergeht, deren Volkstum bekannt ist. Alle Zweifelsfälle machen die Zusammenarbeit der Prähistorie mit anderen Disziplinen, insbesondere mit der Linguistik, erforderlich und da vor allem auf dem Gebiet der Eigennamenforschung. Daneben ist eine Verbindung mit der Anthropologie, der Völkerkunde, der Historie und der Geographie anzustreben.

Was die Kritik betrifft, so müssen wir unterscheiden zwischen der Methode an sich und ihrer Handhabung. Fehler sind im allgemeinen nicht in der Methode selbst begründet, sondern in der Weise, wie sie eingesetzt wird. Nicht zuletzt ist es Kossinna selbst gewesen, der sie etwas leichtfertig angewendet und dadurch in Mißkredit gebracht hat. Es gibt heute eine Reihe von Stellungnahmen zur Kulturgruppenforschung, die von Anerkennung bis zu strikter Ablehnung reichen. Der Verfasser ist von der Brauchbarkeit der siedlungsarchäologischen Methode überzeugt, sofern sie nur mit gebotener Vorsicht und Umsicht angewendet wird, und hat das auch begründet.[92] Hier seien noch einige Hinweise gegeben.

Eine wichtige Voraussetzung für die Feststellung einer Kulturprovinz bildet ein ausreichender Fundstoff, möglichst verbunden mit einer gleichmäßigen intensiven Durchforschung des betreffenden Kulturraumes. Besondere Probleme werfen Mischkulturen auf, die durch Überschichtungen oder über Kultureinflüsse entstehen können. Beispiel: Die Träger der Kultur A mit der Sprache a stoßen in das Gebiet der Kultur B mit der Sprache b vor, und es bildet sich die Mischkultur AB. Die Sprache der Träger der Kultur AB ist dann nur unter günstigen Umständen und im allgemeinen — wenn überhaupt — nur in Verbindung mit der Linguistik zu ermitteln. Besondere Vorsicht ist in Grenzbereichen geboten, in denen sich häufig Kulturen überschneiden. Hier kommt es auf eine sehr gründliche Untersuchung der Kulturelemente an. Es gibt handelsfreundliche, handelsneutrale und handelsfeindliche Kulturbestandteile, die eine unterschiedliche Beurteilung erfordern. Auch Sonderfällen ist Rechnung zu tragen. Eine von ihrem eigenen Kulturherd A räumlich isolierte Kulturgruppe A 1 kann infolge enger nachbarlicher Beziehungen zur Kultur B von dieser derart überfremdet werden, daß sie mehr oder weniger statt als A 1 jetzt als B in Erscheinung tritt. Nehmen wir einmal an, A 1 hätte ursprünglich aus den Elementen a bis k bestanden, B aus m bis z. Durch starken Einfluß von B werden in A 1 die Elemente a, c, e, g, i und k aufgegeben und durch die Bestandteile r bis w von B ersetzt. Dann ist aus der Kultur A 1 im wesentlichen die Kultur B geworden, ohne daß eine ethnische Veränderung bei A 1 stattgefunden hätte. Ein vergleichbarer Fall liegt im Verhältnis der Kultur der prußischen Schalauer (A 1) zur kurischen Memelkultur (B) an der unteren Memel seit der Römischen Kaiserzeit, also seit der Zeitwende, vor.

Hier kann die Linguistik u. a. über bestimmte Gewässernamenbildungen nachweisen, daß die Träger von A 1 nicht Kuren, sondern Prußen waren.[93] Der Prähistoriker muß also die Kulturbestandteile sorgfältig sondern. Nachdem im Kulturbereich (Raum) von A 1 außer den vielen Elementen von B auch die B-fremden Bestandteile b, d, f und h vorkamen, bestand keine Berechtigung zu einer ethnischen Gleichsetzung der Gebiete A 1 und B.

Solche und ähnliche Fälle haben die Kritik an der siedlungsarchäologischen Methode geradezu herausgefordert. Aber diese Methode hat sich bei umsichtigem Einsatz bereits vielfach bewährt, und es besteht keine Notwendigkeit, sie in Bausch und Bogen zu verdammen. Man muß sich nur darüber im klaren sein, daß mit ihrer Hilfe ohne Zusammenarbeit mit anderen Disziplinen nur ein Teil der Fälle und eher der kleinere gelöst werden kann. So darf man dem Leningrader Archäologen Leo S. Klejn im ganzen zustimmen, wenn er in einem Aufsatz, der am Schluß eine umfangreiche Schrifttumsliste zu methodischen Fragen bringt, trotz erheblicher Kritik an der Siedlungsarchäologie Kossinnas zuletzt erklärt: „Die vollständige Berücksichtigung und die weitere Herausarbeitung des positiven Beitrages, den Kossinna in die Wissenschaft hineingetragen hat, sowie die Diskussion, die durch die Kritik an der Gesamtlehre Kossinnas hervorgerufen wurde, werden dazu beitragen, unsere Wissenschaft vor dieser neuen Ketzerei, vor der Ketzerei des Hyperkritizismus, zu bewahren."[94]

Neben der Auffassung von einem „Zusammenbruch ethnischer Interpretationen unserer Formenkreise nach Kossinnascher Prägung"[95] gibt es also andere, positivere.

b. Datierung und Kulturperioden

Eine der Grundfragen der Urgeschichtsforschung ist die Frage nach der Zeitbestimmung vorgeschichtlicher Funde.

Wir haben hier zwischen einer relativen und einer absoluten Chronologie zu unterscheiden. Die relative Chronologie ergibt sich etwa aus der Abfolge übereinander liegender Kulturschichten bzw. aufgrund von Nachbestattungen in Grabanlagen. Wesentlich schwieriger ist die absolute Altersbestimmung. Verhältnismäßig leicht erscheint sie noch in jenen Fällen, da in einem „geschlossenen Fund", z. B. einem Grab, neben vorgeschichtlichen Funden datierte Altsachen einer bereits historisch bekannten Kultur auftreten. Eine ungefähre Festlegung kann über die Datierung geologischer Schichten gegeben sein, in denen vorgeschichtliche Funde enthalten sind. Geologische Schichten können außerdem über die bestehende Pflanzen- und Tierwelt Auskunft geben. In neuerer Zeit machen chemische und physikalische Untersuchungsmethoden von sich reden. Dazu gehört der Fluortest, mit dessen Hilfe das Alter von Knochen für einen eng begrenzten Raum bestimmt werden kann. Verbreitete Anwendung findet die von dem amerikanischen Physiker Libby entwickelte Radiokarbon-Methode (C 14-Methode),[96] über die man das Alter organischer Stoffe (Holz, Knochen) aufgrund des Gehalts an radioaktivem Kohlenstoff mit dem Atomgewicht 14 festlegen kann. Das in Organismen gespeicherte C 14 reduziert sich in einem festen Zeitraum jeweils um die Hälfte („Halbwertzeit"). Ging man zunächst von einer 5568 Jahre währenden Halbwertzeit aus, so hat sich inzwischen diese Zeitspanne durch genauere Untersuchungen auf 5730 Jahre erhöht. Inzwischen wurde auch herausgefunden, daß der Radiokarbongehalt der Luft gewissen Schwankungen unterworfen ist. Dazu kommen u. U. Unregelmäßigkeiten durch Verunreinigungen des zu untersuchenden Objekts. Man gibt daher zusätzlich zu dem errechneten Alterswert für jeden einzelnen Fall einen auf diesen bezogenen Unsicherheitswert mit plus und minus an. Diese Methode bietet bisher für einen Zeitraum von 50 000 Jahren die beste Möglichkeit zur absoluten Altersbestimmung, wenngleich auch hier eine gewisse Skepsis angebracht erscheint.

Liegen die angegebenen Voraussetzungen für eine absolute Altersbestimmung nicht vor, ist die Prähistorie auf Kombinationen und Schätzungen angewiesen.

Die grobe Stufeneinteilung nach Steinzeit, Bronzezeit und Eisenzeit darf als bekannt vorausgesetzt werden. Dazu gibt es wieder Untergliederungen. Für das Indogermanenproblem ist erst die jüngere Altsteinzeit (Jungpaläolithikum), die noch während der Eiszeit (Pleistozän) und zwar ungefähr zu Beginn der letzten Vereisung (Würm-Eiszeit), vor etwa 40 000 Jahren, einsetzt, von Bedeutung. Abb. 8 vermittelt eine Übersicht zur Kulturabfolge seit dem Beginn des Jungpaläolithikums. Letzteres setzt sich kulturell von den vorausgehenden Stufen des Alt- und Mittelpaläolithikums durch das Aufkommen von schmalen Flintklingenabschlägen („Klingenkultur"), Knochen- und Horngerät, durch erste Kunstäußerungen (Malerei, Zeichnungen, Plastiken) sowie durch eine neue Menschenform, den Homo Sapiens, ab. Zwischen 10000 und 8000 v. Chr. (neuerdings arbeitet man mit letzterer Zahl) beginnt die mittlere Steinzeit, das Mesolithikum, eine Übergangsphase zur Jungsteinzeit. Durch den Rückzug des Eises tritt eine weitgehende Veränderung von Flora (Abb. 9) und Fauna ein. Kennzeichnend für diese Kulturstufe ist das erste Erscheinen von Keramik, eine erste Haustierhaltung (Hund) sowie eine fortschreitende Seßhaftigkeit des Menschen. Die Jungsteinzeit, das Neolithikum, tritt durch mehrere Errungenschaften hervor. Dazu gehören Pflanzenanbau, erweiterte Haustierhaltung, Seßhaftigkeit und Steinschliff. Der Zeitpunkt des Beginns der Jungsteinzeit ist gebietsweise verschieden. Während man z. B. für Vorderasien aufgrund der C 14-Methode bereits seit etwa 6000 v. Chr. mit einem vollen Neolithikum rechnen muß, trifft das für Zentraleuropa erst für die Zeit zwischen 4500 und 4000 v. Chr. zu.

Um 1800 v. Chr. wird das Neolithikum in Mitteleuropa durch die Bronzezeit abgelöst, nachdem schon um die Mitte des 3. Jahrtausends v. Chr. das Kupfer als Werkstoff vereinzelt neben den Stein getreten war („Steinkupferzeit").

Um 800 v. Chr. beginnt die Eisenzeit.

Über alle wichtigen Fragen zur Vorgeschichtsforschung unterrichten Handbücher.[97] Dort findet man auch reichhaltige Literaturhinweise zu Spezialthemen, die hier verständlicherweise nicht in so großem Umfang angezeigt werden können.

c. *Zum Kulturbild Mitteleuropas während des Neolithikums*

Mindestens für die ältere Hälfte der Jungsteinzeit vermutet man einen noch bestehenden räumlichen Zusammenhalt der Indogermanen. Nachdem der Süden und der hohe Norden Europas zunächst als nichtindogermanisch ausscheiden, Zentraleuropa aber wegen der dort vorhandenen altindogermanischen Gewässernamen eines Indogermanentums verdächtig ist, bedarf es zum besseren Verständnis der zu erörternden Thesen einleitender Vorbemerkungen über das Kulturbild jenes Raumes.

Man unterscheidet dort vier große Kulturbereiche mit bestimmten eigenen Prägungen. Es sind dies der westlich des Rheins befindliche Westkreis, der von Südskandinavien bis in die norddeutsche Tiefebene hineinreichende Nordkreis oder Nordische Kreis, der südlich daran grenzende Donauländische oder bandkeramische Kreis und der den Nordosten Europas einnehmende Nordeurasische oder kammkeramische Kreis, der seine Namen nach der Verbreitung bzw. von grübchenförmigen oder kammstempelartigen Eindrücken auf seiner Keramik (Abb. 42, unten) erhalten hat.

Die drei erstgenannten haben ein Bauerntum, der kammkeramische im wesentlichen noch ein Jäger- und Sammlertum als Träger. Der Westkreis, von dem auf Abb. 14 die Cortaillod-Kultur als Sondergruppe aufgeführt ist, darf wohl als nichtindogermanisch aus unserer Betrachtung ausscheiden. Das gleiche gilt zunächst auch für die nordeurasische Kultur (Abb. 14). Ein etwaiges Indogermanentum bleibt damit auf den Donaukreis und den Nordkreis beschränkt.

Der donauländische oder bandkeramische Kreis[98] trägt seine Namen aufgrund der Verbreitung bis in den Donauraum hinein (Abb. 12—13) bzw. nach bandförmigen Verzierungen auf seiner Irdenware (Abb. 10). Die Anfänge dieser Kultur liegen zwischen 4500 und 4000 v. Chr. Mit ihr verwandt ist die Cucuteni-Tripolje-Erösd-Kultur nordwestlich des Schwarzen Meeres (Abb. 13—15). Die Bevölkerung beider Gruppen bewohnte große Pfostenhäuser (Abb. 11) in dörflichen Niederlassungen. Die Toten wurden gewöhnlich als Hocker (Schlafstellung) in Flachgräbern bestattet.[99] Auf die ältere Phase der Linienbandkeramik (Abb. 10) folgen die Stichbandkeramik und die Rössener Kultur (Abb. 16, Mitte).[100] Ihre Verbreitung ist auf Abb. 14 ungetrennt durch Schrägschraffur gekennzeichnet. Während der frühen Stufe der bandkeramischen Kultur verharrt der anschließende Norden, der Bereich des Nordkreises, noch in mesolithischen Traditionen (Tardenois-Kultur auf Abb. 13). Es zeichnet sich aber bereits in der Ertebölle- oder Ellerbek-Kultur (Abb. 20) ein Kern des späteren Nordkreises ab (Abb. 13). Seit einer mittleren Phase der Bandkeramik tritt dann auch die neolithische „Nordische Trichterbecherkultur" des Nordkreises (T-Zeichen auf Abb. 14) in Erscheinung.[101] Ein häufig bei ihr vorkommendes Gefäß in Trichterbecherform (Abb. 16, unten; 24, Mitte rechts) hat der Kultur den Namen gegeben. Beispiele anderer Formen zeigen außer Abb. 24 die Abb. 21 sowie 22, Mitte und unten. Streitäxte verschiedener Form (Abb. 24, oben) setzen möglicherweise eine alte Tradition fort. Die Trichterbecherkultur weitet ihren Bereich allmählich auf Kosten jüngerer Gruppen der Bandkeramik nach Süden und Südosten aus (Abb. 14 und 25). Wurzelverwandt ist wohl die Michelsberger Kultur[102] (Abb. 14 und waagerechte Schraffur auf Abb. 25). Besonders nahe steht sie einer mitteldeutschen Sondergruppe der Trichterbecherkultur, der Baalberger Kultur (Abb. 26, unten).[103]

Die Toten wurden in der frühen Phase in Erdgräbern und zwar im nördlichen Bereich in gestreckter Lage, in der Baalberger Gruppe dagegen als Hocker (Abb. 26, rechts) beigesetzt. Im küstennahen Norden setzt sich dann das aus Westeuropa übernommene Großsteingrab (Megalithgrab), zunächst in Gestalt des Dolmen (Abb. 23, oben), später in der Form des Ganggrabes (Abb. 23, unten) als Familien- oder Sippengrab durch. In der Baalberger Kultur erscheint erstmals in Mitteldeutschland das aus Erde aufgeschüttete Hügelgrab.

Einen relativ späten Zweig der Trichterbecherkultur, welche sich in ihrem jüngeren Abschnitt in verschiedene Gruppen gliedert, stellt die Kugelamphorenkultur[104] dar, die ihre Toten als Hocker in Steinkisten bestattet (Abb. 26, oben). Die Verbreitung reicht von Mitteldeutschland über Ostdeutschland und Polen bis in die westliche Ukraine (Kreiszeichen auf Abb. 14). In den letzten Abschnitt des Neolithikums (teilweise zeitgleich mit der Kugelamphorenkultur) gehört die schnurkeramische Kultur, oft kurz Schnurkeramik genannt (Abb. 27—36). Den Namen erhielt sie von der bei ihr sehr häufig vorkommenden Schnurverzierung der Irdenware. Ein weiteres besonderes Kennzeichen dieser Kultur sind die überaus zahlreichen Streitäxte (Abb. 28 und 30, unten), welche ihr auch den Namen „Streitaxtkultur" eingetragen haben. Leitformen der Keramik bilden schnur- oder strichverzierte Amphoren (Abb. 27, 1 und 6; 29, 1; 30, oben Mitte) und Becher (Abb. 27, 2 und 4; 29, 5—8; 30, oben links und rechts).

Die Schnurkeramiker bestatteten ihre Toten als Hocker (Abb. 32) in Grabhügeln (Abb. 31) oder Flachgräbern, in bestimmter Ausrichtung (Abb. 33) und mit verschiedener Armhaltung (Abb. 43, unten). Die Kultur gliedert sich in mehrere Gruppen. Eine Kerngruppe ist zweifellos die in Sachsen-Thüringen in geballter Menge auftretende Saaleschnurkeramik oder sächsisch-thüringische Kultur,[105] deren Altsachen aus den Abb. 27 und 28 deutlich werden. Besonders bemerkenswert sind die geradezu in Massen gefundenen facettierten Streitäxte, von denen Abb. 28 nur eine kleine Auswahl zeigt. Eine andere wichtige Gruppe ist die „Einzelgrabkultur",[106] deren Verbreitung sich im wesentlichen mit dem späteren altgermanischen Siedlungsgebiet (Abb. 1) deckt. In einer fortgeschrittenen Phase der Entwicklung erfolgt eine besonders nach Osten und Südosten gerichtete Expansion mit Kulturelementen des „Ausbreitungshorizonts", der durch kurzhalsige Amphoren, bestimmte Bechertypen und durch sogen. „A-Äxte" gekennzeichnet ist (Abb. 30). Es bilden sich im Norden die Bootaxtkultur,[107] im Südostbaltikum die Haffküstenkultur (Abb. 29),[108] aus der zwei Siedlungen mit Pfostenhäusern bekannt geworden sind (Abb. 34—35), um die obere Wolga die Fatjanovo-Kultur[109] und im Bereich des mittleren Dnjepr die Dnjepr-Kultur oder Mitteldnjepr-Kultur (Abb. 36).

Die Dnjepr-Kultur enthält auch starke Elemente der östlich benachbarten Ockergrabkultur (Abb. 14; 36; 45),[110] so genannt nach der Verwendung von Ocker (eisenoxydhaltige Erde) zum Bestreuen der Bestatteten, die in einer frühen Phase in gestreckter Lage, später in Hockstellung (Abb. 43, oben) unter Hügeln entweder in einfachen Gruben (Abb. 40) oder in Nischengräbern, „Katakomben", beigesetzt wurden (Abb. 41). Danach spricht man auch von einer Gruben- bzw. Katakombengräberkultur. Daneben gibt es die Bezeichnung „Kurgankultur", bezogen auf die Hügelgrabsitte.

Die Irdenware besteht aus rund- bis flachbodigen Gefäßen mit Grübchenreihen oder Schnureindrücken (Abb. 40—41). Besonders kennzeichnend sind sogen. Hammerkopfnadeln (Schmucknadeln oder Gewandhaften) aus Knochen (Abb. 40, 3). Kupfergerät oder -schmuck ist nicht selten (Abb. 40, 5, 7, 8).

Ockergrabkultur und schnurkeramische Kultur spielen im Zusammenhang mit dem Indogermanenproblem eine große Rolle, und wir werden uns mit dem Verhältnis dieser beiden Kulturen zueinander später noch zu befassen haben.

Gegen Ende des Neolithikums (um 1900 v. Chr.) erscheint in Mitteleuropa eine aus Südwesteuropa stammende Zivilisation, die Glockenbecherkultur (Abb. 38),[111] welche ihren Namen von glockenförmigen Bechern herleitet (Abb. 37). Mit ihr treten plötzlich Menschen eines hier bisher fremden Rassentyps[112] auf, der sich durch erhebliche Körpergröße, Derbheit und ein steil abfallendes Hinterhaupt zu erkennen gibt. Er ist offenbar an den vorderasiatischen (armenoiden) Typus anzuschließen und bildet wohl die Wurzel der dinarischen Rasse. Armschutzplatten (Abb. 37, rechts) weisen diese Menschen als geübte Bogenschützen aus, und man hat schon die Vermutung geäußert, ihr Vorstoß nach Mitteleuropa hätte die Expansion der Schnurkeramiker wenn nicht ausgelöst, so doch gefördert. Die Glockenbecherleute waren mit an Sicherheit grenzender Wahrscheinlichkeit keine Indogermanen.

Mitteleuropa bietet während der Jungsteinzeit somit das Bild einander sich ablösender Kulturen und besonders Mitteldeutschland eine bunte Folge von Kulturgruppen, wie das allein aufgrund von Nachbestattungen in Sachsen-Thüringen offenbar wird (Abb. 39).

d. Nordkreisthese

Ein Teil zumal der älteren Prähistoriker sah den Nordkreis unter Ausschluß der Bandkeramik als die Wiege der indogermanischen Völker an. Zu ihnen zählte auch der Verfasser.[108] Dabei spielte die angenommene Verbindung von Nordkreis und nordischer Rasse eine wesentliche Rolle.

Ein früher Vertreter der These war Gustaf Kossina.[113] Seine wiederholt geäußerten Ansichten sind heute verständlicherweise überholt und bedürfen daher keiner besonderen Stellungnahme. Zu den vorsichtigsten Vertretern der Nordkreisthese gehörte Hans Seger mit seinem Aufsatz in der Hirt-Festschrift.[114] Seine Ausführungen beinhalten weniger einen Nachweisversuch als ein abwägendes Erörtern verschiedener Auffassungen. Immerhin tritt er für eine Entstehung der Trichterbecherkultur aus dem vorausgehenden Mesolithikum des Nordens ein und leitet das namengebende Gefäß dieser Kultur von dem frühneolithischen „Urbecher" (Abb. 21, oben Mitte) her. Die Großsteingrabkultur müsse nicht auf der Einwanderung einer fremden Bevölkerung beruhen. Die Bandkeramik und die Michelsberger Gruppe wären wahrscheinlich nichtindogermanisch. Die schnurkeramische Kultur erscheine gegenüber der Trichterbecherkultur irgendwie fremd, doch sei sie nicht aus dem Osten, etwa von der nomadenhaften Ockergrabkultur, herzuleiten. Sie hätte sich im Gegenteil von Mitteleuropa nach Südosten ausgebreitet. Er verwirft deshalb auch die von dem polnischen Prähistoriker T. Sulimirski im Jahre 1933 aufgestellte These einer letztlich östlichen Herkunft der Schnurkeramik und bezeichnet dessen Ausführungen[115] als eine Anhäufung höchst anfechtbarer Behauptungen und handgreiflicher Irrtümer. Seger verweist auch darauf, daß die Schnurkeramiker in festen Häusern wohnten und Bauern waren. Rassisch seien sie mit nordischen und fälischen (dalischen) Anteilen den Trichterbecherleuten sehr ähnlich. Seit dem während der jüngeren Ganggrabzeit erfolgten Verschmelzungsprozeß zwischen Trichterbecherkultur und Schnurkeramik hätte es im Norden keine Umschichtung der Bevölkerung gegeben. Es bestünde dort mindestens seit dem Ende der Jungsteinzeit eine Siedlungskontinuität, und die Germanen müßten dort beheimatet sein.

Die Darstellung Segers läuft damit auf die Annahme eines Indogermanentums des Nordkreises hinaus.

Als weiterer Vertreter der Nordkreisthese soll der polnische Prähistoriker W. Antoniewicz kurz zu Wort kommen. Er betont, für ein Indogermanentum kämen die Trichterbecherkultur, die Kugelamphorenkultur und die Schnurkeramik, bäuerliche Zivilisationen, in Betracht.[116] Für nichtindogermanisch hält er die Bandkeramik, die Kammkeramik und die südrussische Kurgankultur. Letztere sei eine relativ junge Erscheinung und gehöre zu einem nomadisierenden Hirtenvolk. Eine Ableitung der Schnurkeramik von der Steppenkultur sei schon aus chronologischen Gründen nicht möglich. Die Trichterbecherkultur, die Kugelamphorenkultur und die Schnurkeramik hätten sich von Nordwesten her über die polnischen Gebiete nach Osten und Südosten ausgebreitet und auf diesem Wege andere Kulturelemente aufgenommen. Der Schnurkeramik sei eine besondere Expansionskraft eigen gewesen. So sei es auch gegen Ende des Neolithikums zu einer Kreuzung der Schnurkeramik mit der Steppenkultur (Ockergrabkultur) im Kiewer Gebiet gekommen. Den Beweis für die schnurkeramische Ausbreitung nach dem Osten sieht Antoniewicz in einem chronologischen Aspekt: die Schnurkeramik sei umso jünger, je weiter man nach dem Osten komme; in der Ukraine falle ihre Datierung in das Ende des Neolithikums und an den Anfang der Bronzeepoche. Man müsse in diesem West-Ost gerichteten Vorstoß eine Wanderbewegung der Indogermanen sehen. Zu beachten ist sein Hinweis, dieser Vorstoß sei möglicherweise durch das Eindringen des Glockenbechervolkes nach Mitteleuropa beschleunigt worden.

Beschließen wir die nur beispielhafte Aufzählung mit Walther Schulz. In seiner Arbeit „Die Indogermanenfrage in der Vorgeschichtsforschung; Völkerbewegungen während der jüngeren

Steinzeit (3. Jahrtausend v. Chr.)"[117] erklärt er, die Ergebnisse der Vorgeschichtsforschung allein reichten für die Feststellung der indogermanischen Urheimat nicht aus; es sei die Zusammenarbeit mit der Sprach- und Rassenforschung notwendig. Von den für ein Indogermanentum gewöhnlich in Anspruch genommenen Kulturen, der nordischen (Trichterbecherkultur), der schnurkeramischen und der bandkeramischen, wäre letztere wohl als nichtindogermanisch anzusehen. Auch die teilweise mit der Bandkeramik in Verbindung gebrachte neolithische Yang-shao-Kultur in China (Abb. 3), die O. Menghin für tocharisch halte, hätte in dieser Beziehung keine Beweiskraft. Schulz wendet sich gegen die Auffassungen von Wahle, Güntert und Sulimirski, wonach Europa durch einen Einbruch östlicher Steppennomaden indogermanisiert worden wäre. Die nordische Kultur würde nicht in Westeuropa, sondern im Mesolithikum des Nordens wurzeln. Er sieht letztlich in der Bevölkerung Mitteleuropas der mittleren und älteren Steinzeit die direkten Vorfahren auch der Schnurkeramiker. Das sei auch anthropologisch zu belegen. Von hier aus hätten sich die als Indogermanen zu betrachtenden Träger der nordischen Kultur und der Schnurkeramik weithin nach dem Osten ausgebreitet.

e. Zentraleuropäische These

Der spanische Archäologe Pedro Bosch-Gimpera hat in seinem 1960 in Mexico in spanischer Sprache und 1961 in Paris unter dem Titel „Les Indo-européens, Problèmes archéologiques" erschienenen Buch das Indogermanenproblem aus einer umfassenderen Sicht dargestellt. Eine Kurzfassung erschien 1961 in Berlin in dem „Bericht über den V. internationalen Kongreß für Vor- und Frühgeschichte in Hamburg 1958", S. 130 ff.[118] mit zehn Abbildungen in Kartenform, wovon die Abbildungen 2, 3, 5 und 8 hier übernommen sind (Abb. 47—48). Schließlich kam eine Zusammenfassung der Ergebnisse heraus.[119] Einleitend heißt es da, es handle sich noch weitgehend um Hypothesen. Erst bei einer Zusammenarbeit von Archäologie, Sprachwissenschaft und Geschichte seien befriedigende Ergebnisse zu erwarten. Auch seien anthropologische Elemente einzubauen. Beim Erscheinen der Indogermanen im Licht der Geschichte zu Anfang des 2. Jahrtausends v. Chr. hätten diese schon eine lange Vergangenheit hinter sich. Die Archäologie könne sie nur bis zum Beginn des Neolithikums zurückverfolgen; ihre Wurzeln aber lägen im Mesolithikum. Da aber sei es archäologisch schwierig, indogermanische Völker zu erkennen. Und die Wurzeln jener mesolithischen Gruppen lägen noch weiter zurück, im Paläolithikum. Es sei müßig, den Ursprung dieser Völkergruppen im Paläolithikum nachweisen zu wollen. Es wäre zu vermuten, daß eine Völkerbildung im Mesolithikum eingesetzt hätte. Die Gruppenbildung, welche zur indogermanischen Welt führte, werde im Neolithikum sichtbar (Abb. 47, oben), zunächst im Bereich von Bandkeramik und Trichterbecherkultur. Ein weiteres Bildungszentrum wäre auf der polnischen Hochebene in Verbindung mit der Pontusregion zu suchen. Nach einer Übergangszeit sei es zu den indoeuropäischen Sprachbildungen gekommen. Im 3. Jahrtausend sei ein „Kristallisationsprozeß" bei den mit der donauländischen Kultur in Verbindung stehenden Gruppen zum Abschluß gekommen. Es heißt dann weiter (vgl. dazu Abb. 47, unten): „Die nordische Kultur, deren älteste Schichten sich von denen der indoeuropäischen Völker unterscheiden, scheint infolge des Eindringens der ältesten indoeuropäischen Gruppe (der Trichterbecherleute) . . . einen Indoeuropäisierungsprozeß durchzumachen, der sich progressiv verstärkt." Es ist dann noch von einem „pontisch-kaukasischen Völkerverband" die Rede, aus dem sich nördlich des Kaukasus eine Gruppe herauskristallisiere, welche die noch nicht differenzierte Gruppe der Indoiranier sein werde. Und schließlich spricht Bosch-Gimpera von einem Eindringen von Steppenvölkern ins Zentrum Europas, was hier zu neuen Formationen führte, Kugelamphorenkultur und Schnurkeramik (dazu Abb. 48, oben). Für die mittlere Bronzezeit (um 1200 v. Chr.) ergibt sich für ihn die auf Abb. 48, unten dargestellte Situation.

Den Abb. 47 und 48 ist zu entnehmen, daß sich indogermanische Verbände in einem breiten Nordwest-Südost gerichteten Streifen von der Nordsee bis zum Schwarzen Meer, fortschreitend von Nordwesten nach Südosten, seit dem frühen Neolithikum herauszubilden beginnen. Dieser Raum wäre als das Ursprungsgebiet der Indogermanen anzusehen und damit Zentral- bis Südosteuropa die Heimat.

f. Ostthese

Eine der älteren Stützen dieser These ist Ernst Wahle, der bereits in seinem 1932 erschienenen Buch „Deutsche Vorzeit" für eine östliche Herkunft der Indogermanen eintrat. Im Jahre 1954 nahm er erneut in einem im Handbuch der Deutschen Geschichte Bd. I in Stuttgart veröffentlichten und später von H. Arntz übernommenen Artikel zu diesem Problem Stellung.[120] Nach längeren Ausführungen über die Geschichte der Forschung und Hinweisen auf die Meinung von Vertretern der Nordkreisthese heißt es: „Neben diese mehr und mehr von einem politischen Wunschbild bestimmte Richtung tritt in den letzten Jahrzehnten eine andere . . ." Man sei jetzt auf ein Ausgangsgebiet in der eurasischen Steppe gekommen. Der Zustand der neolithischen Bauernvölker in Mitteleuropa wäre gegen Ende der Steinzeit durch die Einwanderung der Indogermanen geändert worden. So komme es, daß die Indogermanen des europäischen Zweiges den Ackerbau kannten. Aber kultische Dinge wie die Opferung des Pferdes wiesen auf eine innerasiatische Hirtenkultur und zeigten damit eine nomadische Komponente des Urvolkes: „Bezeichnend für ein der offenen Steppe entstammendes Volk ist der Kult der Sonne und des Sonnengottes." Wahle verweist ferner auf den Gegensatz zwischen den „älteren" Großsteingräbern der Trichterbecherkultur und den „jüngeren" Einzelgräbern der „Streitaxtleute", von denen die Schnurkeramiker eine Teilerscheinung darstellten. In Griechenland fehle es noch an deutlichen Zeugnissen eines von der Steppe her erfolgten Einbruchs. Das weiß Wahle auch zu erklären: „Andererseits muß beobachtet werden . . ., daß insbesondere das langsame Übergreifen einer in der Steppe beheimateten Zivilisation auf die von Bauernvölkern besiedelten Gebiete nicht nachweisbar ist." Aus dem Einzelgräberkreis könnten im bronzezeitlichen Mitteleuropa drei Fundprovinzen abgeleitet werden: Germanen, Kelten und Nordillyrier.

Eine aus ganz anderer Quelle erwachsene Ansicht von einer östlichen Herkunft der Indogermanen stellt die des österreichischen Prähistorikers Richard Pittioni dar.[121] Sie soll hier ihrer Besonderheit wegen kurz erwähnt werden. Pittioni, ursprünglich ein Verfechter der Nordkreisthese, wurde nach dem Erscheinen der Arbeiten von W. Brandenstein[41] völlig anderer Meinung. Überzeugt von der Richtigkeit des von Brandenstein falsch ausgelegten „Bedeutungswandels" verschiedener Wörter, wonach das Arische (Indoiranische) einen älteren Entwicklungsstand des Indogermanischen repräsentiere, verfiel er auf den Gedanken, die nordeurasische (kammkeramische) Kultur oder mindestens ihren Westteil den Indogermanen zuzusprechen. Nun ist man sich in der Forschung seit langem einig, daß die Nordeurasier keine Indogermanen gewesen sind. Ja, es gibt wohl kaum eine Kultur, die mit größerer Sicherheit Nichtindogermanen zugewiesen werden kann, und keine, die wie diese einen Anspruch auf Zuweisung zur uralischen Völkerfamilie erheben kann. Freilich, wir haben kein absolutes Beweismittel, um einen Teil der nordeurasischen Kultur von einem Indogermanentum auszuschließen. Sollten wir aber einen Teil der kammkeramischen Kultur als indogermanisch anerkennen, würden wir damit der siedlungsarchäologischen Methode einen tödlichen Schlag versetzen. Glücklicherweise besteht nicht der geringste Anlaß dazu. Der Fall zeigt, welche Folgen es haben kann, wenn ein Angehöriger der einen Disziplin der Aussage eines Vertreters einer anderen zu wenig Kritik entgegenbringt.

In der jüngeren Forschung wird die Ostthese mit besonderem Nachdruck von der aus Litauen stammenden, an der Harvard-Universität in den USA sehr intensiv tätigen Prähistorikerin Marija Gimbutas vertreten. Ihren Ausführungen müssen wir etwas weiteren Raum gewähren. Schon in ihrem umfangreichen Werk über die frühe Vorgeschichte Osteuropas[122] war sie für eine östliche Herkunft der Indogermanen eingetreten. 1963 erschien dann der Aufsatz „The Indo-Europeans: Archeological Problems" in American Anthropologist Bd. 65, Nr. 4, der in deutscher Übersetzung in das Werk von Scherer[123] aufgenommen wurde. Anlaß für diesen Artikel waren die von uns genannten Arbeiten von Bosch-Gimpera. Vor allem bemängelt sie, daß letzterer den Raum östlich der unteren Wolga außer acht gelassen habe. Man müsse zunächst von einer frühen Nachbarschaft der Indoeuropäer zu den finno-ugrischen, kaukasischen und semitischen Sprachfamilien ausgehen. Ferner seien das Tocharische und das Altindische nahe verwandt mit dem Baltischen und Slawischen auf der einen und dem Griechischen, Thrako-Phrygischen und Armenischen auf der anderen Seite. Die nahe Sprachverwandtschaft stehe im Widerspruch zu dem von Bosch-Gimpera für die frühen Indogermanen angenommenen großen Gebiet. Nach ihrer Meinung könnten so unterschiedliche Kulturen wie die Bandkeramik, die Trichterbecherkultur, Tripolje und die nordpontische Kultur[123a] nicht gemeinsam indogermanisch gewesen sein. Eine Wanderung der Tocharer vom nordkarpatischen Raum bis nach Zentralchina sei unglaubhaft. Im übrigen wäre die Zuweisung des Holzkammergrab = Andronovo = Tazabagjab-Blocks (Abb. 45) an indoiranische Völker durch dessen fernere Entwicklung wohlbegründet. Archäologische Funde würden eine starke Ost-West-Strömung aus den eurasischen Steppen der zweiten Hälfte des 3. Jahrtausends bezeugen, die zur Zerstörung der neolithischen Kulturen Europas und der frühbronzezeitlichen Kleinasiens geführt hätten.

Nach Ausführungen über die Dnjepr-Donez-Kultur (vgl. dazu das Gefäß Abb. 42, oben), die von ihr nach einem wichtigen Fundort „Mariupol-Kultur" genannt wird, und die „transkaukasische Kupferzeit-Kultur" wendet sie sich ihrem Lieblingsthema, der „Kurgan-Kultur", zu, die man gewöhnlich als „Ockergrabkultur" zu bezeichnen pflegt. Diese Kultur sei von der unteren Wolga bis zum oberen Jenissei verbreitet (Abb. 44). Ihre Anfänge reichten weit zurück. Spätestens seit dem 4. Jahrtausend gäbe es südlich des Aralsees eine Keramik in Gestalt eiförmiger Gefäße, die sich nach Norden verbreitet habe. Hinweise auf Ackerbau und Viehzucht würden für das 4. und frühe 3. Jahrtausend fehlen. Dann folgt die Aussage: „Dies ist die Gegend, wo Pferdezucht erstmalig aufgetreten sein muß." Bisher seien 3—4 Phasen der Kurgan-Kultur festgestellt worden, die in das 3. Jahrtausend zu datieren wären. Die Kurganleute werden als langköpfig, hochwüchsig, graziler und beträchtlich schmalgesichtiger als die angeblich groben osteuropäischen Menschen der nordpontischen Kultur vom Crô-Magnon-Typ geschildert. Die Kurganbevölkerung [angeblich Crô-Magnon-Typus mit schmalem Gesicht][123b] der unteren Wolga, in Kasachstan und bis zu den Steppen von Minussinsk gehörte dem gleichen rassischen Typ an (Hinweise auf Debets 1948 und Ginsburg 1956). Nach Osten hätte die Kurgankultur in der Afanasjevo-Kultur Verwandtes bis zum oberen Jenissei (Abb. 45), die in die zweite Hälfte des 3. Jahrtausends oder an sein Ende und den Beginn des 2. Jahrtausends zu setzen sei. Die in mehrere Varianten gegliederte Kurgan-Kultur habe damit ein ungeheueres Gebiet eingenommen (Abb. 44).

Etwa zwischen 2400 und 2300 v. Chr. erschiene sie nördlich des Schwarzen Meeres, und die dortige Mariupol-Kultur ginge in ihr auf. Auch anthropologisch sei dieser Wechsel zu belegen. Dazu seien neue Grabsitten festzustellen, Einzelbestattungen in Hocklage unter Hügeln, umgeben von einem Steinkranz. Nachgewiesen wären das gezähmte Pferd und verschiedene Arten von Wagen. Auch das Kaukasusgebiet sei von der Kurgan-Kultur überflutet worden. Zwischen 2400 und 2200 v. Chr. seien Elemente der Kurgan-Kultur, darunter Streitäxte und schnurverzierte Keramik, in der Westukraine, an der Westküste des Schwarzen Meeres, in Rumänien, Bulgarien, Nordostungarn und Nordjugoslawien aufgetaucht. Diese Ausbreitungswoge sei wohl auch verantwortlich für Zerstörungen in Griechenland um 2300—2200 v. Chr. und für das Erscheinen neuer Kulturelemente in Troja II und Anatolien, wo sie mit den indoeuropäischen Luviern und Palaiten in Verbindung zu bringen wären. Gimbutas beruft sich in diesem Zusammenhang auf James Mellaart[124], nach welchem die auf der Peloponnes, Kreta, West- und Südanatolien vorkommenden Namen mit -ss- und -nd- auf die indogermanischen Luvier und Verwandte zurückgingen. Die Theorie von einer Ausdehnung der donauländischen Kultur nach Griechenland und Anatolien fände archäologisch keine Stütze. Auch in rassischer Hinsicht sei im Ostbalkanraum eine Veränderung festzustellen: einem mediterranoiden Typ wäre ein graziler cromagnoider Kurgantyp gefolgt.

Ein anderer Ausbreitungsweg der Kurgan-Kultur (vgl. dazu Abb. 46, auf der diese Kultur als PIT-GRAVE-STEPPE CULTURE und die Trichterbecherkultur als FIRST NORTHERN CULTURE bezeichnet sind) führe von den pontischen Steppen den Dnjepr und die Desna aufwärts nach Mittelrußland, wodurch es zur Ausbildung der Fatjanovo-Kultur komme. Weitere Züge gingen nördlich der Alpen und Karpaten nach Zentral- und Nordeuropa, wo sie sich in der Streitaxt- oder schnurkeramischen Kultur niederschlugen, die wiederum das schnelle Ende der Trichterbecherkultur besorgte.

Zurückkehrend zu linguistischen Fragen wird erklärt, nur die Kurgankultur biete das richtige Spiegelbild der aus dem Indogermanischen erschließbaren Zivilisation. Für keine der anderen Kulturen träfe das zu, und das sei der Hauptgrund, weshalb jene nicht indogermanisch gewesen sein könnten. Die s c h n e l - l e A u s b r e i t u n g der Kurgan-Kultur erkläre z. B. auch die erstaunlich nahe Verwandtschaft zwischen Altindisch und Litauisch. [Sperrung durch Verfasser].

In einer jüngeren Arbeit[125] hat Gimbutas ihre Ansicht etwas gewandelt. Man liest da nichts mehr von einem riesigen geschlossenen Ursprungsgebiet, das von der unteren Wolga bis zum Jenissei gereicht hätte, wie dies auf Abb. 44 dargestellt ist, sondern es heißt da einleitend: „Das (indirekt erschlossene) Ursprungsgebiet erstreckte sich vom Donez und dem Gebiet der unteren Wolga im Westen über das Steppengebiet des Aralsees und wahrscheinlich bis zum Balkasch-See im Osten. Im 3. Jahrtausend v. Chr. siedelten die Kurganleute bis zum oberen Jenissei-Becken." Ihre Formulierungen „indirekt erschlossen" und „wahrscheinlich" sind doch wohl so zu verstehen, daß die frühere Darstellung nicht mehr aufrecht erhalten wird. Das gleiche ist wohl aus der besonderen Nennung des Jenissei-Raumes mit einer zusätzlichen Zeitangabe anzunehmen. Dagegen wiederholt sie ihre Meinung von der Ausbreitung der Kurgan-Kultur gemäß Abb. 46 mit dem damit verbundenen Entstehen der schnurkeramischen Kultur. Nachdem früher von einer schnellen Ausbreitung die Rede war, hört sich das jetzt ganz anders an (a. a. O. Seite 470): „Wann die Kurgan-Leute nach Mittel- und Nordeuropa eindrangen, kann noch nicht mit Sicherheit gesagt werden." Dann werden die der Schnurkeramik vorausgehenden Kulturen aufgezählt, und es heißt weiter: „Die oben genannten Kulturgruppen wurden gestört und verschwanden, um der ‚Schnurkeramischen', ‚Streitaxt'- oder ‚Einzelgrabkultur' zu weichen. Dabei liegen keine Anzeichen einer plötzlichen Zerstörung vor: die Kurgan-Leute sickerten eher im Verlauf einer beträchtlichen Zeitspanne ein." Nach Ausführungen über die Umwandlung der dortigen Kulturen liest man: „Das überzeugendste Argument für das Eindringen der Kurgan-Kultur in das Reich der Trichterbecherkultur ... ist jedoch das Erscheinen der bezeichnenden Bestattungssitten (Einzelgrab unter Hügeln) und die Hinwendung zu stärkerer Viehzucht." Gimbutas unterscheidet vier Perioden der Kurgan-Kultur. Die frühesten Gräber der Periode I in Gestalt von Gruben gäbe es an der unterten Wolga und von wenigen Fundplätzen im Dnjepr-Becken. Es bestünden erste Kontakte zur Dnjepr-Donez-Kultur. Auf Seite 459 liest man: „Die Verzierung der Keramik durch Schnureindrücke ist sehr wahrscheinlich von der Dnjepr-Donez-Kultur übernommen worden, die Streitaxt dagegen während der dritten Kurgan-Periode aus der anatolischen oder transkaukasischen Kultur als steinerne Nachahmung einer Kupferaxt und war den ältesten Horizonten der Kurgan-Kultur völlig unbekannt."

Die Wirtschaft beruhe auf Viehzucht und Bodenbau. Die wichtigsten Haustiere wären sei dem 4. Jahrtausend v. Chr. bekannt.

g. Altsteinzeitthese

Von den wenigen Vertretern dieser These sei hier Herbert Kühn zitiert, weil er seinen Standpunkt am deutlichsten dargelegt hat, und zwar in einem Vortrag auf dem internationalen Kongreß für Vor- und Frühgeschichte des Jahres 1932 in London.[126] Kühn schließt zunächst einmal die Gebiete aus, die nach seiner Meinung für das indogermanische Heimatgebiet nicht in Betracht kommen. Es verbleibt ihm der weite Raum vom Rhein im Westen, Skandinavien im Norden, dem Iran im Süden und etwa dem Don im Osten. Es gäbe kein neolithisches indogermanisches Urvolk; im Neolithikum seien die indogermanischen Völker bereits gespalten. Schon aufgrund ihrer Verbreitung kämen als indogermanische Urkulturen nicht in Betracht: die Glockenbecherkultur, die Michelsberger Kultur, die nordische Megalithkultur, die Bandkeramik, die Kammkeramik und die Schnurkeramik. Dagegen hätte Europa im Paläolithikum noch ein einheitliches Gesicht. Während der letzten Eiszeit gäbe es dort die franko-kantabrische Kultur [Aurignacium und Magdalénium auf Abb. 8] und das Capsien [in Nordwestafrika beheimatet]. Ersteres umfasse Mitteleuropa mit dem Osten bis zum Don, aber auch Südfrankreich, Nordspanien sowie Südengland, letzteres aber habe die späteren nichtindogermanischen Gebiete wie Spanien und Italien inne. Im Mesolithikum wäre ein Wandel in der Verbreitung eingetreten. Das Magdalénien sei am Ende der Eiszeit nach Norden gerückt, das Capsien aber habe als Tardenoisien mit Mikrolithen [Kleinststeingeräte] Frankreich und England besetzt und sei auch weit nach Norden vorgedrungen. Im mittleren, östlichen und nördlichen Europa hätte sich die Kultur mit Magdalénien-Tradition durchgesetzt. Bandkeramik, Megalithkultur und Schnurkeramik würden an das Paläolithikum anknüpfen. Alle diese Kulturen, die sich durch lange Klingenabschläge auszeichneten, würden im Magdalénien wurzeln. Das wiesen auch die indogermanischen Sprachen aus, welche auf eine Urwurzel zurückgingen, die nur im Paläolithikum gelegen haben könne.

Kühn faßt seine Thesen in neun Punkte zusammen, von denen hier die wichtigsten wiedergegeben werden:

1. „Die Sprachforschung war im Irrtum, wenn sie das ungeteilte Volk im Neolithikum suchte. Es gehört nicht ins Neolithikum, sondern ins Paläolithikum und Mesolithikum."

2. „Die Leute der franko-kantabrischen Kultur, Aurignacien bis Magdalénien, sind das ungeteilte Volk der Indogerma-

nen, vermehrt im Mesolithikum um die vom Eis freien Räume des Nordens, vermindert um die geschlossenen Gebiete des Tardenoisien: Frankreich, Süddeutschland, England."

3. „Das Capsien mit dem folgenden Tardenoisien ist die nichtindogermanische Bevölkerung Europas. Sie dringt am Ende der Eiszeit stark vor, ist im Hochneolithikum eingeschränkt auf Frankreich, England und die drei südlichen Halbinseln. Dieses Gebiet gerade ergibt sich sprachlich als urnichtindogermanisch."

4. „Als die beiden Hauptzweige erwachsen aus den epipaläolithischen Kulturen des Paläolithikums mit Klingen und manchmal mit Harpunen die nordische Kultur ... und zweitens die Bandkeramik. Aus der Bandkeramik entstehen in Verbindung mit Glockenbecherleuten (nichtindogermanisch) die Kelten, in Verbindung mit Michelsbergern die Italiker (Terremaren), in Verbindung mit Schnurkeramikern die Griechen. Aus der östlichen Gruppe erwachsen die Arier (Iranier und Inder), die ursprünglich Kontakt mit den Slaven hatten."

6. „Die Ursitze sind das gesamte Gebiet von Südskandinavien bis zu den Alpen, vom Rhein bis zum Don ..."

9. „Die von der Linguistik erschlossene Ursprache und Urkultur der Indogermanen erfaßt nicht diese frühesten Zeiten, sie legt vielmehr verschiedene Zeiten ungeschieden durcheinander, ohne die Epochen klar zu trennen."

Die Altsteinzeitthese Kühns stellt keine absolute Neuheit dar. H. Seger weist darauf hin,[127] daß Sophus Müller schon zwanzig Jahre vor Kühn eine ähnliche These vertreten habe. Neuerdings nimmt die Zahl derer zu, die ein Urindogermanentum in der Altsteinzeit suchen. Wir werden uns im nächsten Kapitel mit diesem Thema noch zu beschäftigen haben.

h. Stellungnahme

Die in den vorausgehenden Kapiteln aufgeführten Thesen widersprechen teilweise der Forderung nach einer festen Basis als Ausgangspunkt. Die Prähistorie kann nur dann eine Kultur ethnisch (sprachlich) bestimmen, wenn sie entweder die Hilfe der Linguistik in Anspruch nimmt oder wenn sie eine Kultur direkt ohne erkennbaren Bruch einem später bekannten Volkstum zuweisen kann. Der letztere Fall ist für die schnurkeramische Streitaxtkultur gegeben. Die schnurkeramische Sondergruppe der Haffküstenkultur läßt sich mit den indogermanischen Balten verbinden (Abb. 1 und 36).[108] Aus der schnurkeramischen Einzelgrabkultur Schleswig-Holsteins und Dänemarks[106], die auf Abb. 36 nicht besonders bezeichnet ist, aber ungefähr den Raum des Germanischen Kreises (Abb. 1) einnimmt, muß das germanische Volk erwachsen sein. Es gibt keine andere Deutungsmöglichkeit. Die Scheu mancher Prähistoriker, die Kultur der mittleren Bronzezeit jenes Raumes (Abb. 1) den Germanen zuzuweisen, ist unbegründet. Wäre diese Kultur nicht germanisch, dann würde das in der Folgezeit erkennbare Germanentum in Jütland, auf den dänischen Inseln und in Südschweden ein Rätsel sein. Es gibt keine Anzeichen dafür, daß Germanen dorthin zu irgendeiner Zeit eingewandert sind. Der Bereich der unteren Elbe bildete schon im Mesolithikum eine gewisse Kulturgrenze. Nördlich davon befand sich der durch Kernbeile und Scheibenbeile gekennzeichnete Nordkreis, südwestlich davon der etwas anders geartete Nordwestkreis, dem solche Beile fehlen.[128] In diesem Zusammenhang ist die Feststellung von H. Kuhn von Bedeutung, wonach es zwischen dem „Germanischen Kreis" und der „Rheinischen Gruppe" eine aufgrund von Leitsuffixen und Ortsnamen erfaßbare indogermanische Sprache gegeben haben muß[129], die zwischen dem Germanischen und dem Keltischen einzuordnen wäre. Damit bliebe für das Urgermanische südlich der Unterelbe kein Raum, und auch sonst käme ein außerhalb des „Germanischen Kreises" gelegenes Gebiet schwerlich in Betracht. Der betreffende bronzezeitliche Formenkreis muß also germanisch gewesen sein. Der enge räumliche Zusammenhang dieses Kreises und seine kulturelle Verbindung mit der Einzelgrabkultur im Zusammenhang mit dem Fehlen jeglichen Kulturumbruchs in der Zwischenzeit rechtfertigen die Zuweisung der Einzelgrabkultur zu einem indogermanischen Volkstum. Der so aus archäologischer Sicht erkennbare Ursprung des Baltischen und Germanischen aus schnurkeramischen Gruppen bezeugt das

Indogermanentum der schnurkeramischen Kultur. Wenn Müller-Karpe[130] erklärt, nach U. Fischer [dem wir mehrere hervorragende Arbeiten über das mitteldeutsche Neolithikum verdanken] gehöre die Annahme eines Indogermanentums der Schnurkeramiker zu den „spekulativen Deutungen, die jenseits der Grenzen wissenschaftlicher Erkennbarkeit liegen und sozusagen einem jeden Freund der Vorgeschichte gestattet sein mögen", so liegt hier ein in etwas anderem Zusammenhang gebrauchtes irreführendes Zitat vor. U. Fischer [131] wendet sich dort gegen die Annahme eines alleinigen Indogermanentums der Schnurkeramik und sagt wörtlich: „Es können indogermanische Stämme ihre Träger gewesen sein." Im übrigen tritt er in jenem Artikel für einen autochthonen Ursprung der mitteldeutschen Schnurkeramik in ihrem Kerngebiet ein. Von einem alleinigen Indogermanentum der schnurkeramischen Kultur kann heute ernsthaft nicht mehr die Rede sein; dafür ist diese Kultur, deren Anfänge um 2300 v. Chr. liegen mögen, zu jung. Um zu einem Ur-Indogermanentum zu gelangen, müssen wir viel weiter zurückgehen. Der nächste Schritt sollte es daher sein, die Wurzeln der Schnurkeramik freizulegen und damit ihren Ursprung aufzuspüren.

Hier aber sind die Auffassungen immer noch geteilt. Nahm man früher im allgemeinen eine bodenständige Entwicklung aus dem Nordkreis an, so galt bald nach dem zweiten Weltkrieg die Ansicht von einer östlichen Herkunft der Schnurkeramik als allein diskutabel und die Auffassung von einer autochthonen Entwicklung aus dem Nordkreis für antiquiert. Wir haben Beispiele dafür im Kapitel über die Ostthese kennengelernt. Die Meinung von einer Ableitung der Schnurkeramik aus der südrussischen Ockergrabkultur („Kurgankultur") nahm überhand. Verfasser war einer der wenigen, die ihre Stimme gegen die neue Ansicht erhoben haben. In einer vergleichenden Analyse von schnurkeramischer Kultur und Ockergrabkultur legte er seine Auffassung dar.[132] Es erscheint angebracht, die dort dargelegte Gegenüberstellung der wesentlichen Kulturelemente hier in erweiterter Form zu erneuern. Ein Pluszeichen bedeutet dabei das Vorhandensein, ein Minuszeichen das Fehlen eines Kulturelements:

	Schnurke-ramik	Ockergrab-kultur
Amphoren (Abb. 27)..............	+	–
Schnurbecher (Abb. 27 oben r., unten l.)...............................	+	–
Eiförmige Gefäße (Abb. 40 und 41, oben)............................	–	+
Bündelzier (Abb. 27 unten r.; 29, l.)..	+	–
Zwischenzier (Abb. 30 oben links)...	+	–
Wickelschnur.....................	–	+
Kammstempel (Abb. 40, A)........,.....	–	+
Schnurtechnik (Abb. 27; 41, A)......	+	+
Streitäxte kennzeichnend (Abb. 28; 30)	+	–
Hammerkopfnadeln (Abb. 40, B 3)...	–	+
Knochenringscheiben..............	–	+
Kupfergerät (Abb. 40, B 7—8........	–	+
Gefurchte Röhrenperlen...........	–	+
Zahnanhänger	+	+
Hügelgrab.......................	+	+
Rückenhocker (Abb. 43, A—C, E)....	+	+
Nur Orientierung W—O (Abb. 33)...	+	–
Geschlechtsdifferenzierung.........	+	–
Gestreckte Rückenlage (Abb. 43, 5)...	–	+
Rhombenhocker (Abb. 43, 3)........	–	+
Armhaltung wie Abb. 43, 2.........	–	+
Armhaltung wie Abb. 43, E........	+	–
Rötelbettung	–	+

Die Aufstellung verrät eine weitgehende Differenz zwischen der schnurkeramischen und der Ockergrabkultur. A. Häusler, der durch seine perfekten Kenntnisse der russischen Sprache auch das einschlägige russische Schrifttum beherrscht, hat in mehreren Artikeln immer wieder die Unterschiedlichkeit beider Kulturen herausgestellt.[133] Trotzdem wird teilweise noch an der Meinung von einem Ursprung der Schnurkeramik aus der Ockergrabkultur festgehalten. Das kommt auch in Formulierungen wie „Kurgan-Streitaxt-Schnurkeramik-Kultur" und ähnlichen zum Ausdruck. Damit aber wird eine regelrechte Begriffsverwirrung in Szene gesetzt. Die Bezeichnung „Kurgan-kultur" darf weder mit dem Namen „Streitaxtkultur" noch mit dem Begriff „Schnurkeramik" gleichgesetzt werden. Die nur ganz vereinzelt in einer jüngeren Phase der „Kurgankultur" erscheinenden Äxte[134] rechtfertigen niemals den Namen „Streitaxtkultur". Es gibt im neolithischen Europa nur eine Kultur, die diesen Namen verdient: die schnurkeramische (Abb. 28 und 30). Mit dem Begriff „schnurkeramische Kultur" aber werden bestimmte Eigenheiten verbunden, von denen die Abb. 27—35 einen Eindruck vermitteln, mit dem Begriff „Ockergrabkultur" („Kurgankultur") ganz andere (Abb. 40—41). Die Schnur-verzierung, welche in verschiedenen Kulturen gebräuchlich ist, hat im Norden eine alte Tradition und bedarf nicht ihrer Herleitung aus der Ockergrabkultur. Eher wäre der umgekehrte Weg denkbar.

Wenn M. Gimbutas jetzt statt eines schnellen Vorstoßes der Kurgankultur nach dem Norden, wie er noch auf Abb. 46 dargestellt ist, ein lange dauerndes Einsickern annimmt, das zur Ausbildung der schnurkeramischen Kultur geführt hätte, und von letzterer als von einer „späten Variante der Kurgankultur" spricht, so findet das im archäologischen Fundstoff keine Stütze. Nicht viel besser steht es um ihre „überzeugendsten Argumente", dem Grabbrauchtum und der angeblichen Hinwendung zu stärkerer Viehzucht im Norden nach der vermeintlichen Einwanderung der Kurganleute.

Eine Hügelaufschüttung an sich ist nichts Neues; sie gibt es sogar häufig in der Megalithkultur über Steinkammern. Das erdaufgeschüttete Hügelgrab mit Einzelbestattung kommt vereinzelt bereits in der frühen Trichterbecherkultur des Nordens vor, wenn auch mit Bestattung in gestreckter Rückenlage. Die etwa der Dolmenzeit des Nordens entsprechende mitteldeutsche Baalberger Gruppe der Trichterbecherkultur (Abb. 39 und 26, unten) kennt schon die Einzelbestattung in Hocklage unter Erdhügel. Gewisse Übereinstimmungen zwischen Schnurkeramik und Ockergrabkultur bestehen lediglich in der Art der Bestattung als Rückenhocker und einem Teil der Armhaltungen (Abb. 43). Ähnliche Totenhaltungen gibt es aber auch in anderen Kulturen, so die Haltung A (Abb. 43) bereits in der älteren Boiankultur und in der nachfolgenden Gumelnitzakultur westlich des Schwarzen Meeres (Abb. 13 und 14). Und in der jüngeren Theißkultur (Abb. 14) werden die Toten teilweise sogar unterschiedlich nach Geschlechtern („geschlechtsdifferenziert") bestattet wie in der schnurkeramischen Kultur auch: die Männer als rechte Hocker, die Frauen als linke Hocker bei einer Orientierung (Ausrichtung) nach Osten.[135] Die Ockergrabkultur kennt weder die geschlechtsdifferenzierte Bestattung wie die Schnurkeramik noch hat sie die dort fast immer befolgte Totenorientierung um West-Ost bei Männern bzw. Ost-West bei Frauen und damit immer mit dem Blick nach Süden.

Wichtige Einzelheiten der Bestattungssitten sind also durchaus verschieden. Dazu kommt das Fehlen der Rötelstreuung (Ocker) in der schnurkeramischen Kultur. Man kann sich schwer vorstellen, daß solch ein bedeutendes Ritual der Ockergrabkultur bei einer Nordwanderung der Kurganleute von diesen aufgegeben worden sein soll. Das gleiche gilt für die Sitte der Anlage von Katakombengräbern, die der schnurkeramischen Kultur fehlen. Es ist auch kaum denkbar, daß die fast steinaxtlose Ockergrabkultur im Norden zu einer derart umfangreichen Streitaxtentwicklung geführt haben sollte. Das konnte sie auch gar nicht, denn die Streitaxttradition ist im Norden uralt.

Nach Lage der Dinge bezeugt der Fundstoff weder eine Einwanderung noch ein langsames Einsickern von Kurganleuten nach dem Norden. Deswegen aber sind Kontakte zwischen der schnurkeramischen und der Ockergrabkultur nicht nur nicht auszuschließen, sondern in gewissem Maße sogar wahrscheinlich. Mit Sicherheit hat die erwiesene Ausbreitung der Schnurkeramik zu solchen Kontakten geführt. Als Paradebeispiel kann hier die Dnjepr-Kultur (Abb. 36) gelten, welche Elemente beider Kulturen enthält. Darüber hinaus kann es schon vorher Kontakte durch Handelsbeziehungen gegeben haben, wie das für die Haffküstenkultur mit ihrem Bernsteinreichtum aus dem Fundstoff zu erschließen ist. Kontakte mit der mitteldeutschen Schnurkeramik beweist das berühmte Grab von Bleckendorf, Kr. Wanzleben.[136] Ein darin gefundener Becher empfiehlt die Zuweisung des Grabes zu einer späten Phase der Schnurkeramik, eine Hammerkopfnadel weist auf die Ockergrabkultur. Kupferbeigaben in Gestalt einer Speerspitze und eines Pfriemes bestätigen die relativ späte Zeitstellung und erinnern an die Glockenbecherkultur. Die für die schnurkeramische Kultur ungewöhnliche Lagerung und Orientierung des Toten, eines Mannes, als linksseitiger Rückenhocker in Richtung Nordnordost-Südsüdwest mit Blick nach Ostsüdost ließ Müller-Karpe an ein Grab der Glockenbecherkultur denken.[137] Dagegen spricht freilich etwas der anthropologische Befund. Der Schädel des Gerippes ist nach der Abbildung bei Behrens als typisch nordisch einzustufen, wobei aber die mediterrane Rasse, die der nordischen morphologisch sehr nahe steht, nicht ausgeschlossen werden kann. Die entlang dem Rumpf herunterhängenden Arme sind für die Schnurkeramik ungewöhnlich und eher in der Ockergrabkultur anzutreffen (ähnlich Abb. 43, 1 oben links). Nach diesem Befund könnte es sich auch um einen Angehörigen der letztgenannten Kultur handeln. Die in der Hammerkopfnadel zum Ausdruck kommende Beziehung würde damit ggf. auch in der Bestattungsform ihre Parallele besitzen. Das Grab von Bleckendorf ist wichtig für die Beurteilung der Frage nach einer Einwanderung von Ockergrableuten. Es beweist, daß ihre Kultur im Norden deutlich in Erscheinung getreten wäre, wenn eine Einwanderung vorgelegen hätte. Ein langsames „Einsickern" aber kann schwerlich aus der Ockergrabkultur eine schnurkeramische geschaffen haben.

Das andere, angeblich überzeugende Argument, die „Hinwendung zu stärkerer Viehzucht" im Norden aufgrund jener angenommenen Einwanderung, ist aus dem Fundstoff nicht zu erweisen. Eine starke Viehzuchtkomponente wird bereits der Trichterbecherkultur zugeschrieben. Sie besteht außerdem auch schon in der Bandkeramik.

Insgesamt gesehen kann also von einer Herleitung der schnurkeramischen Kultur aus der „Kurgankultur" keine Rede sein. Der gleichen Meinung sind außer A. Häusler auch andere Vertreter der Vorgeschichtsforschung von Rang. So erklärt K. J. Narr, die schnurkeramischen Kulturen könnten nicht schlechthin als eine Westgruppe der Kurgankultur angesehen werden; Keramik und Einzelheiten der Bestattungssitten zeigten zu große Unterschiede. Es könnte nur eine schwache Einwirkung der Kurgankultur erfolgt sein.[138] Und H. Müller-Karpe erklärt: „Nach alledem erscheint die früher vielfach vertretene Vorstellung, wonach in der Schnurkeramikkultur ein neues Volk in Erscheinung treten würde, nicht begründet und in dieser Form sicher unannehmbar."[139]

Da die schnurkeramische Streitaxtkultur indogermanisch war und die Träger der Ockergrabkultur für eine Indogermanisierung des nördlichen Mitteleuropa nicht in Betracht kommen, eine Einwanderung der Schnurkeramik aus einem anderen Bereich aber entfällt, muß letztere bodenständig (autochthon) aus dem Bereich der vorausgehenden Spätphasen der Trichterbecherkultur erwachsen sein. Die Voraussetzungen dafür sind durchaus gegeben. Verfasser hat schon in seiner Arbeit über die Haffküstenkultur[108] mit Nachdruck die Meinung vertreten, daß die keramischen Hauptleitformen der Schnurkeramik, die Amphore und der Becher, in den Ösenflaschen und Schnurbechern der Trichterbecherkultur Vorläufer besitzen und die häufigen senkrechten Bündelmuster auf den schnurkeramischen Amphoren (Abb. 27, unten rechts; 29, 1; 30, oben Mitte) auf der Trichterbecherware vorgezeichnet sind (Abb. 22, Mitte und unten; 24, Mitte links; 26, unten). Man kann es wohl auch kaum als Zufall deuten, wenn die mitteldeutsche Schnurkeramik besonders stark mit Amphoren ausgestattet ist in einem Raum, der vorher durch die zahlreichsten Amphoren der Trichterbecherkultur, der Baalberger Gruppe, gekennzeichnet war. Auch aus anthropologischer Sicht[140] gibt es keine nennenswerten Unterschiede zwischen der Bevölkerung der Trichterbecherkultur und den Schnurkeramikern, und besonders groß sind die Übereinstimmungen zwischen letzteren und den Baalbergern, bei denen häufig extrem nordische Typen vorkommen, wie Verfasser das auf Studienreisen immer wieder feststellen konnte.

Man hat früher großenteils angenommen, die Spätphasen der Trichterbecherkultur würden sich noch mit der Schnurkeramik überschneiden. Mit ein Grund für diese Annahme war das Erscheinen von Trichterbecherelementen in der schnurkeramischen Siedlungsware und hier besonders der Haffküstenkultur. Die Übereinstimmungen bei Verzierungsmustern sind teilweise geradezu verblüffend (vgl. Abb. 22, Mitte oben mit 22, oben links!). Der Hauptgrund hierfür ist die wesentlich langsamer laufende Entwicklung der groben Siedlungsware gegenüber dem feineren „Tafelgeschirr", das man vorwiegend in Gräbern antrifft. Die alten Trichterbecherelemente in der Haffküstenkultur sind deshalb nicht aus einer Kulturmischung zu erklären, sondern aus einem Nachleben alter Elemente innerhalb der gleichen Kulturentwicklung. Das würde dann aber nichts anderes als ein Herauswachsen der schnurkeramischen Kulturen aus Spätphasen der Trichterbecherkultur bedeuten. Verfasser hat seine Auffassung von einer Entwicklung der Schnurkeramik aus der Trichterbecherkultur im Jahre 1974 mit einer Reihe von Hinweisen erneut dargelegt und kann sich hier darauf beziehen.[141] Vorher war M. P. Malmer mit einer sehr umfangreichen Arbeit an die Öffentlichkeit getreten, in der er eine Menge Beweise für den Ursprung der schnurkeramischen Kultur aus der Trichterbecherkultur beigebracht hat.[142]

Ein besonderes Kapitel ist die Frage nach dem Verhältnis der Einzelgrabkultur Schleswig-Holsteins und Dänemarks zur Trichterbecherkultur. Hier nahm man früher teilweise an, die Träger der Einzelgrabkultur hätten die Trichterbecherleute im Gefolge einer Einwanderung überlagert und sich mit ihrer Kultur durchgesetzt. Dagegen sprechen aber schon aufeinanderfolgende Siedlungen beider Kulturen an mehreren Fundplätzen, darunter Heidmoor und Wolkenwehe, die keinerlei Anzeichen für Störungen oder gar Zerstörungen erkennen lassen. Das trifft für den gesamten Raum des Nordkreises zu, was ja auch Gimbutas im Gegensatz zu Zerstörungen im Bereich der Ägäis zugeben muß. Müller-Karpe betont daher mit Recht, alle bisherigen Befunde zeigten eine Abfolge von Trichterbecherkultur und Einzelgrabkultur im gesamten norddeutsch-skandinavi-

schen Verbreitungsgebiet und kein Nebeneinander.[143] Das teilweise Weiterbenutzen der Megalithgräber durch die Einzelgrä-
berleute spricht ebenfalls dafür, daß die alte Bestattungstradi-
tion neben der neu aufkommenden Einzelgrabsitte eine Weile
weiter fortlebte und hier keine neue Bevölkerung einen radika-
len Wandel schuf. Dasselbe war bei der Einführung des Mega-
lithgrabes im nordwestlichen Bereich der Trichterbecherkultur
zu bemerken, für die ebenfalls keine Anzeichen einer Einwanderung fremder Bevölkerungen vorlagen. Auch hier wurde eine Zeitlang das alte Erdgrab, teilweise sogar als Hügelgrab[144],
neben dem neuen Großsteingrab weiter benutzt.

Auch in der Wirtschaftsform sind keine Veränderungen festzustellen. Und bei einem Vergleich der Verbreitung von Trichterbecherkultur (Abb. 25) und schnurkeramischer Kultur
(Abb. 36) lassen sich die Kerngebiete beider Kulturen im wesentlichen zur Deckung bringen; es ist nur eine Ausweitung
der Schnurkeramik infolge ihrer Expansion zu erkennen.

Alle Anzeichen sprechen demnach für einen Ursprung der
Schnurkeramik aus der Trichterbecherkultur. Nachdem hier
kein Bevölkerungswechsel vorliegen kann, muß auch die
Trichterbecherkultur indogermanisch gewesen sein, ein
Schluß, der durch das Fehlen nichtindogermanischer Eigenna-
men in jenem Raum durchaus bestätigt würde.

Es erhebt sich nun die Frage, wie weit die Trichterbecherkultur in ältere Zeiten, in das Mesolithikum hinein, zurückver-
folgt werden kann. Nach den Feststellungen von H. Schwabedissen[145] (vgl. zum folgenden Abb. 17) bestehen Verbindungen
zwischen der Frühstufe der Trichterbecherkultur (Satruper
Stufe) und der vorausgehenden Stufe von Ellerbek-Ertebölle
(Abb. 20) in Schleswig-Holstein und Dänemark. Anzeichen für
einen Bevölkerungswechsel liegen am Übergang von der mittleren zur jüngeren Steinzeit nicht vor. Das gleiche gilt für die
Verbindung zur nächstälteren Stufe von Oldesloe-Gudenaa.
Von da ab wird die Beurteilung der Verhältnisse wegen eines
Fehlens von Keramik schwieriger. Es bestehen jetzt zwei räum-
lich und kulturell etwas unterschiedliche Gruppen: die schles-

101

wigholsteinisch-jütische Lyngby-Duvensee-Gruppe und die inseldänische Maglemose-Gruppe, die aber durch den gemeinsamen Besitz von Kern- und Scheibenbeilen miteinander verbunden sind. Dadurch zeichnet sich ein Nordkreis ab. Man darf daher vermutlich vom Beginn dieses Nordkreises an mit einer ethnisch nicht wesentlich verschiedenen Bevölkerung rechnen bzw. mit einer Bevölkerung, die im Laufe des Mesolithikums zu einer Einheit zusammenwuchs. Einige Bedeutung darf man dabei wohl der Verbreitung der Rengeweihbeile vom Lyngbytyp (Abb. 18, unten) beimessen (die kulturell mit Stielspitzen wie Abb. 18, oben verbunden sind), da sie bemerkenswerterweise den Raum der frühen Trichterbecherkultur einnehmen (Abb. 19). Vielleicht lassen sich später einmal genauere Verbindungen nachweisen. In diesem Fall hätten wir hier die ersten Anfänge einer „nordischen Kultur", also den Beginn des Nordkreises, vor uns und damit möglicherweise eine frühe indogermanische Gruppe.

Die Lyngbybeile müssen als Waffen, als Kampfbeile, angesehen werden, denn sie sind als Gerät, etwa zur Holzbearbeitung, ohne den späteren Steineinsatz unbrauchbar. Damit aber bestünde eine sehr alte Streitaxttradition im Norden.

Als bisheriges Ergebnis dürfen wir zusammenfassend feststellen, daß die Trichterbecherkultur indogermanisch gewesen sein muß und dies auch für das vorausgehende Mesolithikum jenes Raumes mindestens in seinem jüngeren Abschnitt in gewissem Grade wahrscheinlich ist. Eine Indogermanisierung durch die Ockergrabkultur kann hier schon aus chronologischen Gründen nicht stattgefunden haben, da die Ockergrabkultur nicht älter als die Trichterbecherkultur sein kann und ihre Ausbreitung auch nur in einer jüngeren Phase erfolgt sein könnte. Die Sachkultur schließt außerdem eine Herleitung der schnurkeramischen Kultur von der Ockergrabkultur („Kurgankultur") aus. Neben der Trichterbecherkultur und ihren Nachfolgekulturen können natürlich auch noch andere Zivilisationen indogermanisch gewesen sein, darunter auch die Ockergrabkultur. Dazu bedarf es aber einer Prüfung der archäologischen Situation.

Zur Annahme eines Indogermanentums der Kurgankultur gelangte Gimbutas aufgrund von linguistischen Indizien. Das von ihr angenommene weite Verbreitungsgebiet der Kurgankultur zwischen unterer Wolga und oberem Jenissei (Abb. 44) sei Ursache für die engen Beziehungen des Indogermanischen zu den finno-ugrischen, semitischen und kaukasischen Sprachen. Nun kann von engen Beziehungen zu den semitischen und kaukasischen Sprachen weniger die Rede sein als zu den finno-ugrischen. Dazu bedarf es aber keiner indogermanischen Urheimat zwischen unterer Wolga und Jenissei. Beziehungen zum Finno-Ugrischen würden sich sogar bei einer indogermanischen Heimat zwischen Nordsee und Schwarzem Meer wesentlich besser erklären und mindestens ebenso gut solche zum Semitischen und Kaukasischen. Dabei ist übrigens zu bedenken, daß ein direkter ursprünglicher Kontakt zwischen Indogermanisch und Semitisch geographisch schwer möglich ist und entsprechende Verbindungen eher über das Hamitische laufen. Eine Indogermanisierung des ägäisch-anatolischen Raumes durch Kurganleute ist aber ebenso problematisch wie eine entsprechende durch die Schnurkeramiker. Ein Indogermanentum der Ockergrabkultur kann auch daraus nicht abgeleitet werden. Selbst eine nicht zu leugnende Verwandtschaft zwischen Altindisch und Litauisch beweist kein Indogermanentum der Kurgankultur, denn das Baltische leitet sich aus der Sprache einer schnurkeramischen Gruppe her, während das Altindische nicht sichtlich einen solchen Ursprung hat.

Zur Aufhellung der Frage nach dem Volkstum der Kurgankultur bedarf es zunächst einer Klärung des Ursprungs und der ursprünglichen Verbreitung dieser Kultur. A. Häusler, der einen Ursprung aus mesolithischen Wurzeln im nordpontischen Raum vertritt, mag recht haben, aber beweisen läßt sich das jetzt noch nicht. K. J. Narr[146] erklärt dazu treffend, die Entstehung des Kurgankreises sei noch unklar. Die frühesten Funde dieser Kultur lägen nach bisheriger Kenntnis im Bereich des Dnjepr und der unteren Wolga. Anfangs scheine auch noch das Hügelgrab unbekannt gewesen zu sein. Die Frage einer Beteiligung der Dnjepr-Donez-Kultur müsse noch offen bleiben. Nun ist mindestens ein Mitwirken dieser Kultur allein vom Raum her durchaus wahrscheinlich, möglicherweise geht sogar der Kern der Ockergrabkultur auf die Dnjepr-Donez-Kultur (Abb. 42, oben) zurück. Narr erklärt dann ferner, mit Erwägungen über ein weiter östlich gelegenes Gebiet der Kurgankultur gelange man noch weitgehend in einen fundleeren Raum. Spuren der Kurgankultur am Aralsee und im Jenissei-Altai-Raum zählten nicht zu den typologisch ältesten nördlich des Schwarzen Meeres. Die Afanasjevo-Gruppe (Abb. 45) kann in der Tat nur als späterer Ausläufer der Kurgankultur betrachtet werden. Die dortigen Funde sprechen nicht für ein hohes Alter (Abb. 42, Mitte). Pfeilspitzen der abgebildeten Art würde man in Mitteleuropa eher in die frühe Bronzezeit denn in das Neolithikum setzen. So wird wohl das Ursprungsgebiet der Ockergrabkultur in dem auf Abb. 14 bezeichneten Raum zu suchen sein. Von da aus erfolgte später eine Ausbreitung besonders nach dem Osten, Süden und Westen. A. Häusler[147] spricht auch die anthropologische Seite der Afanasjevogruppe an: „Manche Anzeichen lassen auf eine Abstammung von der Ockergrabkultur (Kurgankultur) schließen ... Auch das anthropologische Material weist in die gleiche Richtung. In subneolithischer Zeit kommt es in Südsibirien zu einem Vordringen europider Elemente vom Westen her. Diese nehmen in ihrer Intensität vom Westen nach Osten kontinuierlich ab, und in einigen Gebieten, z. B. in Altai-Sajan und im Minussinsk-Tal sowie am Ob kommt es zu europid-mongoliden Mischformen. Die Träger der Afanasjevo-Kultur gehören vorwiegend einem cromagniden Typ an ... Das Schädelmaterial zeigt große Übereinstimmungen mit der Grubengrabkultur, so daß eine Einwanderung aus diesem Bereich angenommen werden kann. Daneben gibt es in der Afanasjevo-Kultur noch eine mongolide Komponente."

Gimbutas spricht von einem grazilen schmalgesichtigen Cromagnontyp, dem die Kurganleute angehören sollen. Dagegen vermerken andere Autoren einen gröberen Cromagnontyp bei der Kurganbevölkerung,[148] der auch durch Abbildungen belegt wird. Ohne Vorlage des gesamten Schädelmaterials läßt sich da kein sicheres Urteil fällen.

Eine Ausbreitung der Ockergrabkultur nach dem Osten wird auch durch die jüngere, bronzezeitliche, Andronovo-Kultur (Abb. 45), die offenbar in ersterer wurzelt, bestätigt. Der „Andronovo-Tazabagjab-Block" (Abb. 45) ist nach Gimbutas iranischen Völkern zuzuweisen, und dem wird man wohl zustimmen können. Zutreffendenfalls müßte dann auch die Ockergrabkultur (Kurgankultur) indogermanisch gewesen sein. Der arische (indoiranische) Sprachblock stellte nach unserem heutigen Wissen die größte indogermanische Sprachgruppe dar, aus der viele Völker bis hin zu den Skythen hervorgegangen sind. Ein umfangreiches Kulturgebiet muß für dieses Volkstum geradezu vorausgesetzt werden. Die Ockergrab- oder Kurgankultur erfüllt diese Voraussetzung. Und die bronzezeitliche Andronovokultur, welche kulturell wie anthropologisch mit der Kurgankultur verknüpft werden kann, wird auch von der sowjetischen Forschung als Ausgangszivilisation für spätere indogermanische Kulturen angesehen.[149] A. Häusler erklärt weiter: „Die iranischsprachigen Skythen gehen andererseits unzweideutig auf die zwischen Wolga und Dnjepr autochthone Ockergrabkultur zurück. Da nun weder die schnurkeramischen Becherkulturen auf die Ockergrabkultur zurückgehen, noch die Ockergrabkultur auf die schnurkeramischen Becherkulturen des Gebiets zwischen Nordsee und Dnjepr und beide Kulturareale unabhängig voneinander entstanden sind . . ., bleibt uns als Schlußfolgerung, daß die von der Indogermanistik nachgewiesenen Zusammenhänge der indogermanischen Sprachen spätestens bereits im Spätneolithikum vorgelegen haben müssen. Sie umfaßten zumindest das Territorium zwischen Nordsee und Wolga/Südural. Damit kommen wir zu der bereits von H. Kühn im Jahre 1932 geäußerten Auffassung, daß die sprachliche Gemeinschaft der Indogermanen auf das Paläolithikum zurückgehen dürfte . . ., die später von A. J. Brjusov in ähnlicher Weise formuliert wurde."[150] Dem kann man wohl im wesentlichen zustimmen, wobei freilich eine direkte Verbindung der Skythen mit der Ockergrabkultur noch problematisch erscheint.

Die Ockergrabkultur ist mit einem hohen Grad von Wahrscheinlichkeit die Kultur der Ur-Indoiranier, die sich später in

Inder und Iranier aufgliedern und letztere wiederum in eine Anzahl von iranischen Gruppen. Die von Gimbutas vertretene These eines Ur-Indogermanentums der Kurgankultur, durch deren Ausbreitung nach dem Westen und Norden die anderen indogermanischen Völker entstanden wären, ist unhaltbar und ihre Weitergabe durch eine Laienliteratur[151] bedauerlich. Die Träger der Ockergrabkultur waren nur e i n e indogermanische Gruppe, wenn auch eine große.

Der Linguistik erwächst die Aufgabe, nach indogermanischen bzw. indoiranischen Eigennamen im Bereich der Kurgankultur zu suchen und deren Alter möglichst zu fixieren.

Wenn der Nordkreis und die Ockergrabkultur indogermanisch waren, dann wird dasselbe für die Bandkeramik allein von der geographischen Lage her in gewissem Grade wahrscheinlich. Bosch-Gimpera hat denn auch die „ersten indogermanischen Bildungen" in der Trichterbecherkultur und der Bandkeramik sehen wollen (Abb. 47, oben). Auffallen muß dabei die zeitliche Gleichsetzung beider Kulturen ebenso wie die Trennung von Ertebölle und Trichterbecherkultur. Noch auffallender und kaum vertretbar erscheint die Trennung von „nordischer Megalithkultur" als nichtindogermanischer und Trichterbecherkultur als indogermanischer Zivilisation, die er merkwürdigerweise den Ostindogermanen zuweist (Abb. 47, unten). Die weiteren, nach Südosten fortschreitenden „Bildungen" mögen sich vielleicht in solcher oder ähnlicher Weise vollzogen haben, allein es mangelt an Beweisen. Seine Darstellung des Vorstoßes der „Steppenvölker" nach dem Westen und der Untergräber [ältere Stufe der Einzelgrabkultur] in das Gebiet der vermeintlich nichtindogermanischen Megalithkultur (Abb. 48, oben) ist nach unserer Auffassung unzutreffend. Problematisch auch das Erscheinen der frühgriechischen Achäer, der Hethiter und Luvier aus archäologischer Sicht.

Das Kernproblem bleibt die Frage nach dem etwaigen Indogermanentum der donauländischen Kultur (Bandkeramik). Letztere wird in ihrer jüngeren Phase von Kulturen des Nordkreises einschließlich der Schnurkeramik überlagert, wobei besonders im Bereich der Tripoljekultur die Ockergrabkultur mitwirkt. Die donauländischen Kulturen lösen sich dadurch großenteils auf und entziehen sich damit einer Verbindung zu gesicherten indogermanischen Gruppen. Eine gewisse Möglichkeit zur Feststellung des Volkstums der Bandkeramik könnte der Balkanraum bieten. Die Starčevo-Körös-Kultur (Abb. 13) ist mittelmeerisch-anatolisch geprägt und insofern mit ziemlicher Sicherheit nichtindogermanisch. In ihrer jüngsten, der dritten Entwicklungsstufe treten erstmalig Spiralmuster auf, die einen Einfluß aus dem bandkeramischen Norden, der sich nach Süden fortzusetzen scheint, anzeigen könnten. Die neolithische Sesklo-Kultur Thessaliens ist noch ohne Spiral- und Mäanderverzierung. Sie wird von der Dimini-Kultur abgelöst, die sich bereits durch Spiralen und Mäander auszeichnet. V. Milojčić[152] spricht geradezu von einer aus dem Norden kommenden Diminiwanderung. F. Schachermeyr sagt dazu: „Das ältere Neolithikum Griechenlands und damit vor allem die Sesklo-Kultur müssen wir als vorindogermanisch ansprechen. Als spätneolithisch-kupferzeitlich können wir dann aber bereits deutliche Einflüsse von Norden, aus dem Bandkeramischen Kreise feststellen. So vor allem in Thessalien, wo die Diminikultur mit ihren befestigten Siedlungen auf das Eindringen fremder Eroberer hinweist und die Bemalung der Keramik mit ihren Spiral- und Mäanderelementen vom Norden entlehnt ist ... " Nach Schachermeyr ist der Bandkeramische Kreis „blutsmäßig bereits nordisch-indogermanisch beeinflußt". Die Verzierungselemente würden von einer Zuwanderung entsprechender Volkselemente getragen. Die Zuwanderung sei aber nicht so stark gewesen, daß bereits von einer sprachlichen Indogermanisierung die Rede sein könne. Die eigentliche Indogermanisierung sei erst zu Ende des 3. Jahrtausends v. Chr. erfolgt.[153] In dieser Epoche besteht aber keine direkte Verbindung zu einer bandkeramischen Kultur, da diese als selbständige Kultur gar nicht mehr existiert. Damit bleibt uns vorerst ein archäologischer Nachweis des Volkstums der Bandkeramik versagt. Auf der anderen Seite gibt es keinen Beweis gegen ein Indogermanentum der donauländischen Kultur. Dafür spricht besonders die Lage dieser Kultur zwischen den als sicher indogermanisch erachteten Kulturen des Nordkreises und der Ockergrabkultur. Dafür spricht außerdem besonders deutlich das Fehlen nichtindogermanischer Eigennamen im Bereich der viele Jahrhunderte währenden Bandkeramik. Man muß daher wohl, wenn auch unter Vorbehalt, von einem indogermanischen Volkstum der Bandkeramiker ausgehen.

Waren aber diese Kulturen bzw. mindestens die beiden erstgenannten indogermanisch, dann muß ein Ur-Indogermanentum in einer weit zurückliegenden Epoche, wohl noch vor dem Mesolithikum, gesucht werden. Wir begegnen damit wieder der Altsteinzeitthese von H. Kühn. Auch Verfasser ist von der Existenz eines Ur-Indogermanentums während eines späteren Abschnitts des Jungpaläolithikums überzeugt, wie das schon aus sprachlichen Erwägungen betont wurde. Die Schwierigkeit besteht aber darin, das auf archäologischem Wege deutlich zu machen. In dieser frühen Zeit ist die Prähistorie zur Unterscheidung von Kulturen neben Erzeugnissen der Kunst auf die Form von Stein- und Knochengeräten sowie die Technik ihrer Herstellung angewiesen. Ähnliche Erfordernisse haben aber sicher oft zu ähnlichen Formbildungen und Techniken geführt. Dazu kommt die noch großenteils bestehende unstete Lebensweise, wobei die Lebensräume auch noch teilweise sommers und winters wechselten. Außerdem ist mit erheblichen Fundlücken zu rechnen, die irreführende Verbreitungsbilder zur Folge haben können. So kann denn in der fraglichen Zeit mit der Möglichkeit einer deutlichen Trennung von Formenkreisen oder gar Kulturen nur in bescheidenem Umfang gerechnet werden. Das findet auch seinen Ausdruck in recht unterschiedlichen Verbreitungskarten oder gar in einer Scheu, solche überhaupt zu erstellen. Wenn wir im folgenden zwei Verbreitungskarten aus einer relativ neuen tschechischen Veröffentlichung wiedergeben,[154] so ist damit keine Wertung verbunden. Es kommt uns darauf an zu prüfen, ob in vorneolithischer Zeit eine kulturelle Einheit zu finden ist, die den Indogermanen zugeschrieben werden könnte.

Gehen wir in das Mesolithikum zurück, so erkennen wir statt einer Einheit eine ganze Anzahl von Gruppen (Abb. 49). Aber auch im Jungpaläolithikum ist noch keine kulturelle Einheit vorhanden (Abb. 50).[155] Zwar können wir von einer gewissen Grundschicht ausgehen, der Kultur des Aurignacien, aber hier gibt es bereits einige Unterschiede zwischen einer westlichen und einer östlichen Prägung. Aus dem westeuropäischen Aurignacien entwickelt sich das Magdalénien, von dem bei H. Kühn die Rede ist. Nach seiner Meinung breitet es sich nach Norden und Osten aus, nachdem es im Westen von dem nordafrikanischen Capsien verdrängt oder überlagert wird. Das eigentliche Magdalénien erreicht nach Osten aber nur Mitteleuropa bis Böhmen. Östlich davon bahnen sich zwar ähnliche Entwicklungen an („Magdalenoides Gravettium" auf Abb. 8), aber eine Gleichsetzung mit dem westlichen Magdalénien erscheint durchaus problematisch. Selbst wenn also die Träger des westlichen Magdalénien Indogermanen gewesen sein sollten, was zweifelhaft bleibt, müßte das für die östlichen Nachbargebiete bis zum Don nicht auch so sein. Mit der umgekehrten Möglichkeit ist ebenfalls zu rechnen. Die Indogermanen können auch aus einem östlichen Aurignacien erwachsen sein, vielleicht unter Mitwirken eines westlich geprägten Magdalénien. Wenn H. Kühn also von einem einheitlichen Gesicht spricht, das Europa noch im Paläolithikum gehabt habe, dann kann sich das nur auf diese Grundschicht des Aurignacien beziehen, aus der verschiedene lokale Gruppen hervorgehen (Abb. 8 und 50). In welcher dieser Gruppen eine ethnische Einheit steckt, die wir als proto- oder auch urindogermanisch bezeichnen dürfen, bleibt durchaus ungewiß.

Wir müssen einstweilen bekennen, daß die prähistorische Forschung heute noch nicht in der Lage ist, eine befriedigende Antwort auf die Frage nach der Urkultur und damit nach dem genaueren Entstehungsgebiet der Indogermanen zu erteilen. Mit dem Voranschreiten der Forschung in Verbindung mit einer Vermehrung der Quellen und einer Verfeinerung der Methoden dürfte das einst möglich sein. Bei der anzunehmenden weiten Verbreitung des gesuchten Komplexes darf aber auch nur mit einer relativen kulturellen Einheit gerechnet werden. Es könnte sein, daß wir an der Quelle des Indogermanischen nicht eine einheitliche Kultur A, sondern bereits die räumlich gegliederten Gruppen A 1, A 2 und A 3 antreffen, um nur einige Möglichkeiten anzudeuten. Diese Gruppen würden ihre Bildung vielleicht Substraten, nachbarlichen Kontakten oder sonstigen Gegebenheiten verdanken und nur in einer Grundstruktur übereinstimmen, welche die Zusammenfassung zu einer Kultur A rechtfertigte. Dann dürfte man wenigstens noch mit einer relativ einheitlichen Grundsprache rechnen. Es sind aber auch wesentlich komplizertere Kulturstrukturen denkbar. Dann wäre aus archäologischer Sicht die ursprüngliche Existenz einer einheitlichen Ursprache in Frage gestellt, und es behielten jene recht, die schon immer die Suche nach Urvolk und Ursprache für illusorisch erachteten bzw. die siedlungsarchäologische Methode als unbrauchbar einschätzten. Manche Schwierigkeiten, eine einheitliche Ursprache über die indogermanischen Einzelsprachen zu erschließen, würden damit ihre Erklärung finden. Wenn das Indogermanische aus einem — bisher hypothetischen — Ur-Europäischen erwachsen sein sollte, dann wird dieses Herauslösen nicht überall in gleicher Weise erfolgt sein. Auch muß in der anzunehmenden langen Zeitspanne der Absonderung mit etwas unterschiedlichen Sprachbildungen gerechnet werden. In der Trennungszone zum Uralischen etwa sind andere Voraussetzungen zu erwarten als zum Mediterranen hin, falls wir von einem zentraleuropäischen Ursprung des Indogermanischen überhaupt ausgehen wollen. Wenn also gewisse Sprachdifferenzen von Anbeginn zu erwarten sind, dann sind entsprechende Kulturdifferenzen das dazugehörige Spiegelbild. Es besteht daher für den Prähistoriker kein Grund zur Resignation, wohl aber die Notwendigkeit, mit allen nur denkbaren Möglichkeiten zu rechnen und sie auszuschöpfen.

Fassen wir die Aussagemöglichkeiten der prähistorischen Forschung zum Indogermanenproblem kurz zusammen:

1. Die schnurkeramische Kultur und ihre Wurzel, die Trichterbecherkultur, müssen indogermanisch gewesen sein.
2. Das gleiche gilt mit einem hohen Grad von Wahrscheinlichkeit für die Ockergrabkultur (Kurgankultur).

3. Für die donauländische Kultur (Bandkeramik) ergibt sich bisher keine sichere Verbindung zu einem indogermanischen Volkstum; sie kann nur auf linguistischem Wege hergestellt werden.

4. Die Anfänge des Indogermanischen sind im Spätpaläolithikum anzunehmen.

5. Die Urquelle des Indogermanentums ist archäologisch noch nicht zu fassen.

3. Exkurs: Ethnologie (Völkerkunde)

Die Ethnologie oder Völkerkunde geht von den Kulturen heutiger Völker oder Stämme aus und versucht mit ihrer Hilfe Verwandtschaften, ehemalige Nachbarschaften und Völker- oder Kulturbewegungen zu erschließen. Kulturen bauen auf einer stofflichen und einer geistigen Grundlage auf. Das Erfassen der stofflichen Kultur bereitet keine Schwierigkeiten. Der Ethnologe hat darüber hinaus die gesamte geistige Kultur einer Bevölkerung, Sitten, Gebräuche, Religion, offen vor sich. Die geistige Kultur eines Volkstums spielt daher in der Ethnologie als Grundlage für Schlußfolgerungen eine weit größere Rolle als in der Prähistorie, die nur Teile davon über Bestattungssitten, Kunstäußerungen usw. erkennen kann. Im Zusammenhang mit dem Bestreben der Völkerkunde, die Geschichte der Völker zu erforschen, spricht man von „historischer Ethnologie". Über Wesen und Methoden dieser Fachrichtung und allgemein unterrichten neuere Handbücher.[156]

Nach der Linguistik und der Prähistorie hat sich mit Recht auch die Ethnologie in der Indogermanenfrage zu Wort gemeldet. Hier sollen die Meinungen von zwei Vertretern dieses Faches vorgetragen werden.

Einer der Hauptvertreter der These einer asiatischen Heimat der Indogermanen ist Wilhelm Koppers, über dessen Arbeit „Die Indogermanenfrage im Lichte der historischen Völkerkunde"[157] zunächst berichtet werden mag.

Einleitend betont Koppers, die Indogermanenfrage sei auch eine ethnologisch-religionswissenschaftliche Angelegenheit. Dann rügt er die Methode der „(Paläo)Linguistik"; sie habe sich zu sehr mit den finno-ugrischen Beziehungen befaßt. Die Ethnologie könnte zeigen, daß die Beziehungen der Indogermanen in erster Linie auf die Altai-Völker (Turko-Mongolen) wiesen.

Auszugehen sei von den gemeinsamen indogermanischen Kulturelementen, die deutlich einen hirtenkulturlichen Charakter besäßen. Die Beziehungen seien so bestimmt und konkret, daß mit einer ursprünglichen Nachbarschaft gerechnet werden müsse. Daraus ergäbe sich eine östliche Urheimat der Indogermanen, die etwa in Westturkestan mit Einschluß der südrussischen Steppe gelegen habe. Das ginge aus Übereinstimmungen in Wirtschaft, Soziologie und Religion hervor.

Die Wirtschaft zeige klare hirtenkulturliche Elemente. Haupttier sei das Schaf, aber das Pferd sei schon gemeinindogermanisch und stelle eine Verbindung mit dem „turko-mongolischen Komplex" her. K. gibt aber einen „mäßigen Ackerbau" schon für die urindogermanische Zeit an. Er beruft sich in diesem Zusammenhang auf die kulturelle Zweiteilung von O. Schrader bezüglich der westlichen und der östlichen Indogermanen.

Die Soziologie lasse ein betontes Vaterrecht und die Form der Großfamilie wie bei den Turko-Mongolen erkennen. Vertreter der kulturhistorischen Methode der Ethnologie wie F. Graebner, W. Schmidt und Al. Gahs seien Anhänger der asiatischen These. Die Religion würde Übereinstimmungen zwischen Indogermanen und Turko-Mongolen im Himmelsgottglauben, in der Tendenz der Abspaltung (Herausbildung) neuer Götter, im Dioskurenkult, im Pferdeopfer und im Feuerkult zeigen.

Nach allem unserem Wissen seien die Altaier „die ältesten und typischesten Träger der Pferdezucht". In diesem Punkt träfen sich Turkvölker und Indogermanen besonders. Pferdeopfer und Dioskurenkult sprächen für direkte Zusammenhänge. Die auffallendsten und stärksten Gemeinsamkeiten gäbe es auf religiösem Gebiet. Im Religiös-Kultischen pflegte Altes am allerfestesten zu haften. Der Himmelsgottglaube (Hochgottglaube) der Indogermanen habe seine erste und beste Anknüpfung in Innerasien und zwar zunächst bei den Altaiern. Koppers zitiert hier O. Schrader mit einem Satz seiner Ausführungen im Reallexikon der indogerman. Altertumskunde II, 1929: „Im ganzen steht die indogermanische Religion derjenigen hochasiatischer Völker, wie Türken, Mongolen, Chinesen, näher als den religiösen Anschauungen der altorientalischen Kulturvölker, Ägypter, Semiten, Sumerer."

Der indogermanische Dioskurenkult führe in das innerasiatische Gebiet: „Der Mythos weist totsicher nach Innerasien, wo die typische Pferdezucht zu Hause ist . . ." Der Pferdekomplex[158] verdiene besondere Aufmerksamkeit. Hier seien „gegen acht bis neun Einzelelemente" zu unterscheiden, die alle nach Innerasien, speziell zu den Turko-Mongolen, hinweisen würden: „Daß hier ebenso wie die Urheimat der Pferdezucht, so auch die des Pferdeopfers gelegen ist, kann bei Gesamtlage der Dinge einfach nicht bezweifelt werden." Es folgen Ausführungen über die Art des Pferdeopfers bei den Indogermanen, besonders über den grausamen indischen Aśvamedha-Kult.

Über das Brauchtum des Pferdeopfers bei den Finno-Ugriern wird nur ganz am Rande berichtet. Tscheremissen und Wotjaken würden Pferde ihrem höchsten Gott opfern und die Wogulen Rentierkälbchen.

Starke Beziehungen zwischen dem Feuerkult (Herdkult) der Mongolen und der Indogermanen bei Hochzeiten hätte N. Poppe in einer Arbeit aufgezeigt.[159]

Alle diese Übereinstimmungen würden „notwendig eine alte Nachbarschaft voraussetzen". Da die Turkvölker nie wesentlich weiter westlich gesessen hätten, bliebe „für den Ethnologen keine andere Wahl und Möglichkeit, als die Urheimat der Indogermanen doch irgendwo im Osten, in mehr oder weniger den asiatischen Viehzüchterstämmen benachbarten Gebieten, anzusetzen."

Wenn P. Kretschmer auf linguistischem Wege zur Feststellung eines indogermanischen Urzentrums in Zentraleuropa gelange, so besage das nur, daß seine sprachlichen Untersuchungen ihn so weit führten. Damit sei aber nicht gesagt, daß „das wirkliche Urheim nicht doch ein Stück weiter östlich zu suchen" sei.

Koppers hält insbesondere die Ansicht von einer nordeuropäischen Heimat der Indogermanen für falsch. Er tritt auch den Versuchen entgegen, die aufgezeigten Gemeinsamkeiten auf dem Wege über die altarktische Kultur zu erklären. Beziehungen zu den Samojeden und anderen arktischen Altvölkern werden zwar eingestanden, aber nicht so hoch bewertet wie die Übereinstimmungen mit den Altai-Völkern. Auch die Finno-Ugrier würden als Vermittler nicht in Betracht kommen, da ihr kultureller Gesamthabitus ein ganz anderer sei. Gemeinsamkeiten zwischen dem Indogermanischen und dem Finno-Ugrischen würden bei der Annahme einer östlichen Heimat der Indogermanen eine viel natürlichere Erklärung finden. Es wird dann noch B. Collinder genannt, der eine Urverwandtschaft dieser beiden Sprachen annimmt, und als Zeuge für eine östliche Heimat der Indogermanen aufgerufen, mit einem wörtlichen Zitat: „Es besteht gar keine Gewähr für die alte Theorie, daß die finnisch-ugrische (und uralische) Urheimat östlich vom Ural gelegen habe, sondern sie ist vielmehr im zentralen (oder westlichen?) Teil des europäischen Rußland zu suchen, und das Gebiet der ungeteilten indoeuropäischen Spracheinheit lag wahrscheinlich nicht weit von diesen Gegenden." Collinder bezeugt damit eher eine westliche oder nördliche Urheimat der Indogermanen, kann also Koppers nie als Zeuge für eine östliche Heimat dienen.

Einem Vergleich des Indogermanischen mit dem Turko-Mongolischen sieht Koppers gelassen entgegen; er meint, Sprache und Kultur brauchten nicht übereinzustimmen.

Schließlich beruft er sich auf den deutschen Anthropologen E. v. Eickstedt, der in seinem umfangreichen Werk „Rassenkunde und Rassengeschichte der Menschheit" das Entstehungsgebiet der nordischen Rasse „in Südwestsibirien bzw. in der turanischen Steppe" annehme, von wo aus sie sich nach dem Westen ausgebreitet habe. Da man diese Rasse mit dem Indogermanentum in Zusammenhang zu bringen pflegt, wäre damit auch aus anthropologischer Sicht von einer Urheimat in Asien auszugehen.

Koppers glaubt zusammenfassend erklären zu können: „Ziehen wir die Schlußbilanz, so zeigt sich, daß die von den Ethnologen in der Indogermanenfrage vertretene Ostthese nach wie vor unerschüttert dasteht."

Anders urteilt der Völkerkundler Fritz Flor.[160] Eingangs berichtet er kurz über die Geschichte der Ethnologie und ihre Vertreter. F. Graebner hätte die Kulturkreise (ähnlich wie Kossinna) zur Forschungsgrundlage dieser Disziplin erhoben. Es könnte sich eine Verknüpfung von ethnologischen und archäologischen Kulturen ergeben. Zwei Hauptthesen stünden sich bezüglich der indogermanischen Urheimat gegenüber: die nordische und die asiatische. Flor nimmt entschieden gegen jene Stellung, die das Urindogermanentum mit dem mongoliden altaisch-türkischen Pferdezüchterkreis verbinden wollten. Seine Ausführungen gehen sehr in die Breite, berühren die Yangshao-Kultur und reichen bis zu den Polynesiern, die den Indogermanen auf dem Gebiet der Mythen nach Graebner nahe stünden. Aus solchen und ähnlichen Parallelen könne man aber auf keine östliche Herkunft der Indogermanen schließen.

Wichtige kulturkundliche Verbindungen gäbe es zwischen letzteren und den Proto-Uraliern. Die von Graebner gesehenen „Beziehungen" der Indogermanen zu innerasiatischen Hirten ließen sich viel besser aus der proto-uralischen Kulturverwandtschaft erklären. Als Einheitsvolk hätten die Indogermanen das Reiten sicher noch nicht gekannt. Da das altaisch-türkische Hirtentum ein Reittier-Hirtentum gewesen sei, wären schon deshalb die von Koppers angenommenen Verbindungen zu den Altaiern zweifelhaft. Bei der Annahme einer östlichen Heimat der Indogermanen müßten diese doch zu den ältesten Pferdezüchtern zählen. Sie seien indessen an den Lasttier-Hirtenkreis anzuschließen. Nach F. Gandert müsse in Europa sogar mit einer vorindogermanischen Pferdezucht gerechnet werden. Eine Verbindung von Indogermanen und Altaiern sei kein notwendiges Postulat der Forschung. Die soziologischen Verhältnisse wären bei Uraliern und Indogermanen ähnlich. Religiösgeschichtliche Beziehungen wiesen zwar auch auf die Altaier, besonders aber auf die Uralier (Himmelsgottglaube). Pferdeopfer gäbe es auch bei den Ugriern. Die Uralier seien aus völkerkundlichen Gründen eng mit den Indogermanen verbunden. Besonders deutlich seien die sprachlichen Verbindungen zwischen beiden Völkern. Flor verweist wie Koppers auf Collinder und seine Annahme einer Urverwandtschaft von Indogermanisch und Uralisch. Er bringt auch das gleiche Zitat bezüglich der finnisch-ugrischen Urheimat, allerdings in den originalen Kleinbuchstaben. Flor sagt dazu mit Recht: „Und in der finnisch-ugrischen Urheimatfrage kommt der Verfasser zu einem Urteil, das sich recht treffend mit der nordeuropäischen These auf indogermanischem Gebiete verknüpfen läßt . . . Wogegen man sie nach Koppers für die Indogermanen in der Nachbarschaft der Altaier in Innerasien suchen müßte."

Flor geht dann noch auf die Frage der Pferdezucht bei den Ugriern ein und stellt unter Hinweis auf ungarische Arbeiten von B. Munkacsis und G. Mézöly fest, daß Pferd und Sattel zur Zeit der magyarisch-wogulisch-ostjakischen [also ugrischen] Sprachgemeinschaft bekannt waren. Er schließt daraus: „Die Ugrier sind seit Urzeiten Pferdezüchter schlechthin." Seine Ansicht über das Indogermanenproblem wird in dem Satz zusammengefaßt: „Die Herkunft der indogermanischen Völker aus dem Norden ist nicht nur möglich, sondern auch vom Standpunkt der Völkerkunde längst wahrscheinlich und findet in der engen Zuordnung der Indogermanen zu den finno-ugrischen Völkern, deren ältester Siedlungsraum und Ausgangsboden, diesseits des Ural gelegen, eine unabweisbare Bestätigung."

Die unterschiedlichen Auffassungen von Koppers und Flor wurden mit voller Absicht einander gegenübergestellt. Sie zeigen deutlich die krassen Meinungsverschiedenheiten über das Indogermanenproblem auch innerhalb der Ethnologie.

Was Koppers betrifft, so geht dieser mindestens teilweise von falschen Voraussetzungen aus. Allein die indogermanischen Wortgleichungen verraten uns eine durchaus bäuerliche und keine Hirtenkultur. In der Wirtschaftsform bestehen damit schon wesentliche Unterschiede zwischen Indogermanen und „Turko-Mongolen". Einen erheblichen Aussagewert besitzt für Koppers die Pferdezucht. Wenn es bei ihm heißt, die Altaier seien „die ältesten und typischsten Träger der Pferdezucht", so ist diese Behauptung auch sonst noch zu vernehmen, aber von einem Beweis gibt es weit und breit keine Spur. Die Schwierigkeit eines Nachweises der Pferdezucht liegt schon in der Tatsache begründet, daß es so gut wie keine sicheren Kriterien für die Unterscheidung von Wildpferden und frühen Zuchtpferden aufgrund des Knochenmaterials gibt. Darauf hat R. Hachmann[161] in seiner Rezension der Arbeit von F. Hančar über das Pferd[162] mit Recht nachdrücklich hingewiesen. Man muß sich hier im wesentlichen auf kulturelle Kriterien stützen, die Pferdegeschirr oder eindeutige bildliche Darstellungen betreffen. Nach Hančar ist es vor der Mitte des 3. Jahrtausends v. Chr. in der Waldsteppenzone Europas und Westasiens zur Domestikation des Pferdes gekommen. Nach der russischen Zoologin V. I. Gromova sind Funde von Pferdeknochen aus einer Siedlung der frühen Tripoljekultur (Stufe A) „eher als domestiziert zu bestimmen". Es besteht also keine Sicherheit. Zur Zeit der späten Tripoljekultur gibt es dort wie in Siedlungen anderer europäischer Kulturen reichlich Funde von Pferderesten. Dagegen fehlen in den Gräbern der älteren Ockergrabkultur (Kurgankultur) jegliche Anzeichen für eine Pferdezucht. Hachmann sagt zur Frage der Pferdezucht wörtlich: „Für die Erstdomestikation des Pferdes in Europa läßt sich einstweilen nur der recht allgemeine Tatbestand ermitteln, daß sie um 2000 v. Chr. fast allerorts nachweisbar ist, ohne daß sich ein eigentliches Domestikationszentrum erkennen läßt. Als mögliche Heimat der Pferdezucht muß neben anderen europäischen Gebieten weiterhin auch immer noch der Raum der südosteuropäischen Grassteppe in Betracht gezogen werden."

Bei den Funden von Pferdeknochen in Gräbern der Afanasjevo-Kultur (Abb. 45), die von russischer Seite — wahrscheinlich zu hoch — in die Zeit von 2500—1700 v. Chr. gesetzt wird, bleibt ungewiß, ob es sich um Haustiere handelt, zumal Funde von Großwild in Gräbern dieser Kultur mehrfach vorkommen. Man kann die Pferdeknochenfunde nicht näher zeitlich einordnen. Hachmann sagt zu diesem Fragenkomplex: „Aus dieser Wertung der Pferdefunde der Afanasjevo-Kultur läßt sich immerhin der nicht uninteressante Schluß ziehen, daß nicht Nord- oder Mittelasien sondern Europa zur Domestikation des Pferdes geschritten ist."

Und K. J. Narr[163] erklärt: „Der natürliche Biotop des Pferdes umfaßt nicht nur die Steppe, sondern auch die Waldsteppe und selbst den Wald." Eine angeblich frühe Pferdezucht in Mittelasien sei durch Funde nicht zu belegen und eine mehrfache Domestikation nicht auszuschließen. Aus dem Vorkommen des Pferdes in Gräbern und Siedlungen der Trichterbecherkultur und der frühen Cucuteni-Tripolje-Kultur sowie später auch der Dnjepr-Donez-Kultur und der Kurgankultur (Srednij Stog II) würde im allgemeinen auch auf eine mehrfache Domestikation geschlossen.

Bei W. Amschler, der über Belege für die ältesten Funde des Hauspferdes berichtet[164], findet sich unter Hinweis auf eine Untersuchung des Zoologen Alfred Nehring die Bemerkung, dieser habe bereits erkannt, daß nicht allein in Asien, sondern auch in Europa Wildpferde gezähmt worden seien. Mittelasien und Iran würden von einigen Tierzüchtern als Ursprungsherd des leichten Pferdes angesehen, während in Europa das schwere Wildpferd gezüchtet worden sei.

Diese sachlichen Aussagen dürften genügen, die Behauptung von einem gesicherten ersten Domestikationszentrum des Pferdes für Mittelasien zu entkräften. Damit kann auch das Pferd keine enge kulturelle Verbindung zwischen Indogermanen und Altaiern oder deren Verwandten wahrscheinlich machen. Nachdem auch das Pferdeopfer nicht alleiniges Brauchtum bei Turko-Mongolen und Indogermanen gewesen ist, sondern auch bei den Finno-Ugriern geübt wurde, entfällt die zwingende Annahme einer ursprünglichen Nachbarschaft von Indogermanen und Altaiern. Das Heranziehen von Mythen und Kulten aber ist schwerlich geeignet, tragfähige Aussagen über ehemalige Siedlungsgebiete zu machen. Es gibt da fast weltweite Übereinstimmungen, die von Europa bis nach Polynesien reichen, ohne daß diese irgendwelche sicheren Schlüsse auf einstige Nachbarschaften erlaubten. Koppers erklärt selbst, im Religiös-Kultischen pflegte Altes am allerfestesten zu haften. Und dem ist in der Tat so. Hier reichen uralte Vorstellungen mindestens teilweise in Zeiten zurück, da von Indogermanen und Turko-Mongolen wohl noch gar nicht gesprochen werden kann. Andererseits brauchen wir vielleicht gar nicht so weit zurückzugehen. Wenn die Ockergrabkultur (Kurgankultur) indogermanisch war, und dafür spricht manches, hat es Kontakte zwischen Indogermanen und Turkvölkern gegeben. Die Frage ist nur, wie alt diese Kontakte sind. Nach dem bisher erkennbaren archäologischen Befund hat sich die Ockergrabkultur im Laufe des jüngeren Neolithikums nach Asien hinein ausgebreitet. Ein stofflicher Niederschlag davon scheint in der Afanasjevo-Kultur (Abb. 45) zu existieren. Es wäre auch denkbar, daß in dieser Zeit der Bereich der späteren Andronovo-Kultur (Abb. 45) von Trägern der Ockergrabkultur wenn auch spärlich besiedelt war. Das muß die zukünftige prähistorische Forschung entweder bestätigen oder negieren. Jedenfalls sind gewisse Kontakte zwischen Indogermanen und Altaiern schon nach dem jetzigen Stand der Forschung mindestens für das Jungneolithikum anzunehmen. Nur brauchen diese Beziehungen deswegen keine uralten und ursprünglichen gewesen zu sein. Aber selbst wenn sie uralt und ursprünglich gewesen wären, würde das die Urheimat der Indogermanen nicht unbedingt auf ein Gebiet östlich der Wolga beschränken. Wenn man bedenkt, über welch' einen riesigen Raum die mit Recht für die Uralier in Anspruch genommene nordeurasische Kultur (Kammkeramik) verbreitet war, dann wäre auch ein entsprechend weites Heimatgebiet, das von der Nordsee über Südrußland bis nach Asien hineinreichte, für die Indogermanen nicht gänzlich auszuschließen. Einstweilen ist das freilich aus dem archäologischen Befund nicht zu entnehmen; der Raum östlich der unteren Wolga läßt noch keine sicheren Schlüsse zu. Man wird vielleicht entgegnen, der unter Berufung auf v. Eickstedt von Koppers ins Feld geführte anthropologische Befund, wonach die mit dem Indogermanentum angeblich von Hause aus verbundene nordische Rasse in Südwestsibirien ihren Ursprung und Ausgang genommen haben soll, würde doch sehr für eine Urheimat der Indogermanen in Asien sprechen. Ließe sich eine Herkunft der nordischen Rasse aus dem angegebenen Raum erweisen, würde das die Problematik auf eine ganz andere Basis stellen. Im Kapitel über das Urteil der Anthropologie zum Indogermanenproblem werden wir uns noch mit jenem Fragenkomplex auseinanderzusetzen haben. Den Ausführungen von Flor kann man in wesentlichen Punkten, wenn auch nicht in allen, zustimmen. Soweit er allerdings für eine ausschließlich nördliche Urheimat der Indogermanen eintritt, wird man ihm widersprechen müssen. Das Fehlen nichtindogermanischer Eigennamen im großen Bereich der donauländischen Kultur (Bandkeramik) in Verbindung mit dem Vorhandensein altindogermanischer Gewässernamen in Zentraleuropa bis in die Ukraine hinein läßt sich schwerlich anders denn aus einer sehr alten indogermanischen Besiedlung erklären. Bis zum Beweis des Gegenteils muß man daher auch das Gebiet der bandkeramischen Kultur in die indogermanische Heimat einbeziehen, und das umso mehr, als die Träger der Bandkeramik auch vom Standpunkt der Anthropologie keinen Fremdkörper in Mitteleuropa darstellen. Die südrussische Ockergrabkultur scheint ebenfalls gegen eine ausschließliche Herkunft der Indogermanen aus dem Norden zu sprechen, denn sie kann nach dem derzeitigen Forschungsstand mit großer Wahrscheinlichkeit ebenfalls einem indogermanischen Volkstum, und zwar wohl den Indo-Iraniern, zugeschrieben werden. Obwohl ihr Ursprung noch nicht hinreichend geklärt ist und manche Erscheinungen bei ihr auf die schnurkeramische Kultur zurückgehen dürften, besteht kein Anlaß, sie etwa insgesamt aus dem Norden abzuleiten. Der archäologische Befund macht bisher einen nordpontischen Ursprung wahrscheinlich.

4. Anthropologie (Rassenkunde)

a. Einführung

Zum besseren Verständnis späterer Erörterungen bedarf es einführender Hinweise.

Die allgemeine Anthropologie beinhaltet die Wissenschaft vom Menschen. Ein Teilgebiet davon ist die Lehre von den unterschiedlichen Menschengruppen oder -rassen. Da das Indogermanenproblem wesentlich einer vorhistorischen Epoche verhaftet ist, ergibt sich daraus die Notwendigkeit der Erforschung des physischen Typus jener Menschen, die mit dem Indogermanentum in Verbindung gebracht werden können. Die betreffende Forschung beruht demnach auf Material aus der Vorzeit, Skelettfunden aus Gräbern oder Siedlungen. Zur genaueren Feststellung etwaiger körperlicher Unterschiede müssen Messungen vorgenommen werden. Zu diesem Zweck hat man sich auf bestimmte Meßpunkte geeinigt.

Von besonderem Aussagewert ist der menschliche Schädel; er bildet deshalb auch den Hauptgegenstand von Messungen. Abb. 51 unterrichtet über die Lage der wichtigsten Meßpunkte.[165] Hier kann nur zu den Meßpunkten und Meßwerten Stellung genommen werden, die von hervorragender Bedeutung sind.

Besonders bedeutsam ist das Verhältnis von größter Schädelbreite zur größten Schädellänge, der sog. Längenbreitenindex, der besser teilweise als Breitenlängenindex bezeichnet wird. Die größte Schädelbreite liegt zwischen den beiden mit eu (Euryon) bezeichneten Punkten, die größte Schädellänge zwischen g (Glabella) und op (Opisthokranion). Die Breite wird in Prozenten der Länge ausgedrückt. Dabei bilden die Werte 75 und 80 Einschnitte. Beträgt die Breite weniger als 75 % der Länge, gilt der Schädel als lang (dolichokran oder dolichokephal)[166], geht sie über 79,9 % hinaus, spricht man von einem kurzen (brachykranen oder brachykephalen) Schädel; von 75 % bis 79,9 % gilt der Schädel als mittellang (mesokran oder mesokephal).

Der Gesichtsindex ergibt sich aus dem Verhältnis der Gesichtshöhe zwischen den Punkten n (Nasion) und gn (Gnathion) zur Jochbogenbreite zwischen den beiden Punkten zy (Zygion). Bis zum Index von 84,9 spricht man von einem breiten oder niedrigen (euryprosopen), von 85,0 bis 89,9 % von einem mittelbreiten oder mittelhohen (mesoprosopen) und ab 90,0 % von einem schmalen oder hohen (leptoprosopen) Gesicht.

Wichtig ist ferner die Bildung der Augenhöhleneingänge (Orbitae), und zwar in ihrem Verhältnis von Höhe und Breite sowie ihrem Tendieren zu einer eckigen oder runden Form. Das gleiche gilt für die Bildung der Nase bezüglich der absoluten Länge zwischen n (Nasion) und ns (Nasospinale) sowie für die Breite der knöchernen Nasenöffnung. Von erheblicher Bedeutung ist auch die Lage der Nasenwurzel bei Punkt n gegenüber dem anschließenden Stirnbein und dem anliegenden Rand der Orbitae. Danach unterscheidet man hohe oder niedrige bzw. eingezogene Nasenwurzeln.

Die Bildung des Kiefers ist weiterhin bedeutsam für die Zuweisung zu einem bestimmten Typus. Dabei spielt vor allem die Unterkieferwinkelbreite, der Abstand von go zu go (Gonion), eine wesentliche Rolle. Beim Kinn unterscheidet man ein vortretendes (positives) von einem zurückweichenden (negativen) oder einer neutralen Zwischenform.

Erheblichen Aussagewert hat die Form des Schädels in der Aufsicht und in der Seitenansicht.

Für eine Typenzuweisung bedarf es auch der Prüfung des gesamten Knochenbaus. Man unterscheidet einen robusten Knochenbau von einem grazilen und gedrungene, breite Formen von schlanken. Unterschiede zwischen männlichen und weiblichen Skeletten sind im allgemeinen deutlich, bei Schädeln nicht in dem Maße.

Nach unserer heutigen Kenntnis haben die prähistorischen Indogermanen zu europiden Langkopfformen gehört. Skelette aus der Trichterbecherkultur, der Bandkeramik und der Ockergrabkultur zeigen ganz überwiegend diesen Typus. Innerhalb des Materials gibt es aber gewisse Unterschiede und zwar bei allen diesen Gruppen. Insbesondere treten neben schmalen auch breite Formen auf und verbindende Zwischenglieder. Die beiden Extremformen finden sich schon im Jungpaläolithikum, wenn teilweise auch noch in urtümlicherer Ausprägung. Sie sind über ganz Mittel- und Westeuropa bis nach Nordafrika verbreitet (Kreise und Kreuz auf Abb. 52). Kennzeichnend für die Schmalform sind Funde von Combe Capelle in Frankreich (Abb. 53, d) sowie Brünn (Abb. 54, oben) und Předmost (Abb. 53, a und 55, Mitte) in Mähren, für die Breitform solche von Cro-Magnon in Frankreich (Abb. 53, b und 54, Mitte), Oberkassel bei Bonn in Deutschland (Abb. 53, c) und Afalou bou Rhummel (+ auf Abb. 52; Abb. 55, unten). Anstelle der früher allgemein gebräuchlichen Bezeichnungen „Cromagnonrasse" und „Brünnrasse" spricht man heute mehr von „Cromagnonform" oder „Brünnform". Damit gelangen wir überhaupt zu der Frage nach dem Inhalt des Begriffs „Rasse" beim Menschen. Die Auffassungen darüber sind in der Anthropologie nicht ganz einheitlich. Je nachdem, welchen strengen oder weniger strengen Maßstab man an den Inhalt des Rassenbegriffs anlegt, werden die betreffenden „Rassen" größere oder kleinere Menschengruppen umfassen. Entscheidend wichtig bleiben die einer Menschengruppe eigenen erblichen Merkmale. Demnach wären Rassen Gruppen von Menschen mit gleicher oder doch sehr ähnlicher Erbmasse. Eine genauere Formulierung lautet so: „Rassen sind natürliche zoologische Formengruppen innerhalb der Hominiden, deren Angehörige eine mehr oder minder kennzeichnende Vereinigung von normalen und erblichen Merkmalen der Gestalt und Verhaltensweise zeigen."[167] In dem „mehr oder minder" dieser Formulierung werden den Angehörigen einer Rasse gewisse Merkmalsunterschiede zugestanden. Man pflegt darüber hinaus Rassengruppen, Unterrassen und Formenketten zu unterscheiden. Das mag dem Fernerstehenden die Schwierigkeit der Materie andeuten. Er darf sich daher auch nicht wundern, wenn es Unterschiede in den Auffassungen zu mancherlei Rassenfragen gibt und darüber hinaus auch verschiedene Rassenbezeichnungen.[168]

In den folgenden Kapiteln werden des öfteren Namen Verwendung finden, die für heute lebende Menschengruppen (Rassen) geprägt sind. Benennungen dieser Art auf vorgeschichtliche Bevölkerungen zu übertragen, ist natürlich nicht unbedenklich. Denn abgesehen davon, daß inzwischen Veränderungen rassischer Ausprägungen stattgefunden haben können, läßt sich aus dem Skelettmaterial weder auf die Leibesform noch auf die Farben unmittelbar schließen. Auf dem Mainzer Symposium „Anthropologie des Neolithikums" wurde denn auch empfohlen, Namen rezenter Rassen in der prähistorischen Anthropologie nicht mehr zu benutzen.[169] Solange sie aber noch in der Literatur verwendet werden, muß man mit ihnen arbeiten oder mindestens zu ihnen Stellung beziehen. Rezente Rassen und ihre Namen werden also in Erörterungen einbezogen werden müssen.

An europiden Langkopfrassen kommen für uns in Betracht: die nordische, die dalische oder fälische und die mediterrane oder westische. Eine kurze Kennzeichnung dieser Rassen mag hier aus der Feder der Anthropologin I. Schwidetzky, einer Schülerin von E. v. Eickstedt, folgen.[170]

„Nordide: Hochwüchsig und schlank; goldblondes bis hellbraunes Haar und blaue oder blaugraue Augen, sehr helle rötliche Haut; Kopf mittellang (prähistorisch lang), Gesicht hoch mit hoher gerader Nase, deren Flügel anliegen und deren Kuppe spitz ist; Lippen schmal, Kinn vorspringend und kräftig; reliefreiches Profil. — Hauptverbreitungsgebiet: Nord- und Nordwesteuropa, nämlich Skandinavien, Dänemark, Norddeutschland und Nordpolen, Holland und England, als Außenzone Schottland und Irland, Nordfrankreich, Belgien, Süddeutschland, Österreich, das Baltikum und Finnland. — Dalonordische (fälische, cromagnide) Variante: Breitwüchsig, breitgesichtig."

„Mediterrane: Mittel- bis untermittelgroß, vollschlank und zierlich; Haare und Augen dunkelbraun, Haut leicht bräunlich; mittellanger Kopf mit stark ausladendem Hinterhaupt, ovales feinknochiges Gesicht mit mittelhoher meist gerader Nase, kleines, aber kräftiges Kinn. Zahlreiche regionale Spielarten. — Hauptverbreitungsgebiet: das ganze südliche Süditalien, Südgriechenland und Schwarzmeerküste, aber auch Nordafrika, Ägypten und Europa rings um die Mediterraneïs, insbesondere Spanien, Portugal, Südfrankreich und Mesopotamien. Gleitender Übergang in die Orientaliden."

Es fällt auf, daß hier die dalische (fälische) Rasse[170a] als eine Variante der nordischen bezeichnet wird. Dabei ist die Verwendung des Wortes „cromagnid" ein deutlicher Hinweis auf den Cromagnon-Typus. Weiter vermißt man einen Hinweis auf den schweren breitgesichtigen, dunkelhaarigen Menschenschlag im Mittelmeerraum, der dem blonden dalischen entspricht.

An weiteren, unsere Frage nicht direkt berührenden Rassen wären zu nennen die osteuropide oder ostbaltische, die alpine oder ostische, die dinarische und die ihr nahestehende armenide oder vorderasiatische. Abb. 59 zeigt die Verbreitung der Rassen in schematischer Darstellung.

Aus dem umfangreichen Schrifttum zur Anthropologie und Rassenkunde können hier zunächst nur einige Standardwerke genannt werden.[171] Auf Spezialliteratur wird im Laufe der kommenden Erörterungen hingewiesen, soweit sie wesentlich das Indogermanenproblem berührt.

Im allgemeinen besteht innerhalb der anthropologischen Forschung Einigkeit darüber, daß die Indogermanen in besonderem Maße mit der nordischen Rasse in Verbindung zu bringen sind. Zutreffendenfalls könnte über den Ursprung dieser Rasse auch eine Aussage über die Heimat der Indogermanen zu gewinnen sein.

b. Westthese

Der Rassen- und Völkerkundler Otto Reche hat sich in besonderem Maße mit der Frage nach Rasse und Heimat der Indogermanen befaßt.[172] Reche prüft zunächst die rassische Zusammensetzung der einzelnen indogermanischen Völker Asiens und Europas, wie dies vor ihm bereits Günther für die indogermanischen Gruppen Asiens getan hat.[173] Er kann sich dabei auf eine Anzahl weiterer Arbeiten berufen, die den rassischen Habitus dieser Völker oder Stämme zum Gegenstand hatten. Aus vor- und frühgeschichtlichen Skelettfunden sowie aus historischen Nachrichten glaubt er selbst für Asien auf Anteile der nordischen Rasse schließen zu können. Diese Anteile nehmen nach Nordwesten hin zu. Bei den Germanen der Frühzeit ist die Nordrasse am stärksten vertreten; sie ist hier deutlich die vorherrschende Rasse. Auffallen muß, daß er den Altslawen längere Ausführungen widmet, das bedeutende indogermanische Volk der Balten aber außer acht läßt.

Reche wendet sich dann den Skelettfunden aus dem neolithischen Zentraleuropa zu. Er beginnt mit dem Bereich der „nordischen Megalithkultur", also dem Teil der Trichterbecherkultur, der Großsteingräber führt. Hier bezieht er Stellung gegen die Meinungen von C. Schuchhardt in „Alteuropa", Berlin 1935, nach dem die Schädel dieser Leute „die echte Cro-Magnon-Form mit breitem, fast viereckigem Gesicht" hätten, sowie gegen v. Eickstedt, der in seinem 1933/34 erschienenen Werk[171] von der „cromagnoiden Megalithkultur" spräche. Anhand von Skelettmaterial wird der Nachweis geführt, daß es sich bei jener Bevölkerung nicht in erster Linie um Vertreter des Cromagnontyps, der nur in geringem Maße vorkäme, handelt, sondern um Menschen des schlanken, schmalgesichtigen nordischen Typs. Die falsche Meinung sei dadurch entstanden, daß der Däne Nielsen in einer schon 1911 erschienenen Arbeit die Bezeichnung „Cro-Magnon-Rasse" gebrauchte, damit aber eindeutig die nordische Rasse gemeint habe. Außer Langschädeln finden sich vereinzelt auch mäßig kurze Schädel (Abb. 55, oben), meist in Verbindung mit urtümlicheren Formen, wie sie besonders unter der Bezeichnung „Borreby-Typus" nach einem Fundort auf Seeland bekannt geworden sind. Reche hält diese Menschen für Hörige, Unfreie.

Die Schnurkeramiker seien ganz überwiegend Menschen des schmalen nordischen Typs (Reihengräbertyp, Hohbergtyp; Abb. 56, oben). Es bestehe aber keine Einheitlichkeit, sondern das fälische (cromagnide) Element sei auch zu finden (wie Abb. 56, unten). In östlichen Bereichen der Schnurkeramik gäbe es sogar Fremdelemente mit Neigung zu Kurzschädeligkeit, die wohl als unterworfene Hörige zu betrachten seien. Reche findet zwischen den Trägern der nordischen Megalithkultur und den Schnurkeramikern keine wesentlichen Rassenunterschiede. Dasselbe gelte von den Trägern der Rössener Kultur (Zweig der Bandkeramik) und der Kugelamphorenkultur. Auch hier würde die nordische Rasse stark überwiegen. Zum bandkeramischen Kreis zählt er auch die Kultur der „bemalten Keramik" [gemeint ist die Cucuteni-Tripolje-Kultur], die bei ihm in späteren Ausführungen noch eine erhebliche Rolle spielt. Reche unterscheidet innerhalb der bandkeramischen Bevölkerung zwei Typen, den nordischen und einen niedrig-breitgesichtigen mit niedriger, flacher Nase. Er verweist auf die Ausgrabungen von M. Wosinsky bei Lengyel (Komitat Tolna in Ungarn), wo 130 bandkeramische Skelette gefunden wurden. Von R. Virchow untersuchte Gerippe hätten sich als ausgesprochen nordisch erwiesen. Ein Beispiel zeigt Abb. 57, oben. Unter bandkeramischen Skeletten aus Niederösterreich wolle V. Lebzelter zwei Rassentypen gefunden haben, die nordische und eine mit „lockeren" Beziehungen zu Südeuropa. Bei den nordischen Gerippen seien nach ihm deutliche Beziehungen zur Brünn-Rasse (vgl. dazu Abb. 53, d und 54, oben) festzustellen: „so daß an einem genetischen Zusammenhang kaum gezweifelt werden kann".

Nach Reche ist die bandkeramische Bevölkerung vor allem Süd- und Mitteldeutschlands „scheinbar ganz oder fast ganz" rein nordisch, während in östlichen Kolonialgebieten auch Fremdelemente beigemischt wären, welche auf eine unterworfene Menschengruppe zurückgingen. Er meint, „alle indogermanischen Völker sind ursprünglich Angehörige der Nordischen Rasse gewesen ... Die in diesen Indogermanen lebende und wirkende Nordische Rasse hat die Sprachen, Völker und Kulturen geschaffen." Die Bevölkerung der nordischen Megalithkultur, der Schnurkeramik und der Bandkeramik sei nordischer Rasse gewesen. „Diese Kulturen sind die Kulturen der Ur-Indogermanen."

Reche wendet sich dann der so wichtigen Frage nach der Herkunft der nordischen Rasse zu, beginnend mit Untersuchungen mesolithischen Skelettmaterials. Aus dem Bereich der späteren nordischen Megalithkultur wäre nur ein Schädel kurz, die wenigen übrigen zur Nordrasse zu stellen. Typisch nordisch seien die beiden Schädel vom Pritzerber See in der Mark Brandenburg sowie der Schädel von Gr. Tinz in Schlesien.[173a]

Die nordische Rasse könne aber auch in die Altsteinzeit hinein verfolgt werden. Reche ist mit H. Günther und anderen der Meinung, der Schädel von Chancelade in Südfrankreich (Abb. 54, unten) aus dem letzten Abschnitt des Jungpaläolithikums, dem Magdalénien, weise auffallende Übereinstimmungen mit nordischen Schädeln auf. Der Ansicht v. Eickstedts, es handle sich um einen Eskimoschädel[174], tritt er mit Nachdruck entgegen. Die Aufstellung einer Cromagnonrasse nach Funden aus der Dordogne (Abb. 52) mit breiten Gesichtern und niedrigen Augenhöhleneingängen (Abb. 54, Mitte) sei nicht voll gerechtfertigt. Zu diesem Typ dürfe man nur noch Schädel von Laugerie-Basse, Cavillon, der Kindergrotte von Mentone sowie vielleicht noch einige andere aus italienischen Höhlen stellen. Nahe stünde ihm auch der Schädel des Männerskeletts von Oberkassel bei Bonn (Abb. 53, c). Ein Teil der zum Cromagnontyp gezählten Schädel sei in die Nähe der nordischen Rasse zu rücken. Jedenfalls handle es sich um ganz nahe Verwandte. Die von H. Günther aufgestellte blonde „fälische Rasse", der Cromagnonform nahestehend, müßte etwa die gleiche Heimat wie die nordische gehabt haben: „Es sind sozusagen Geschwister oder Vettern". Die Unterschiede zwischen der nordischen und der fälischen Rasse seien nicht im entferntesten so groß wie zwischen dieser hellfarbigen Gruppe und der mediterranen Rasse. Die beiden ersteren sollte man als Spielarten der „Nordischen Rasse" auffassen und sie den dunkelfarbigen Südeuropiden gegenüberstellen.

Schädel „nordischer" Prägung gäbe es bereits im Aurignacien. Hierzu gehörten Funde von Unter-Wisternitz in Südmähren, von Galley Hill in England, von Brünn (Abb. 54, oben) und Combe Capelle (Abb. 53, d). Die vorhandenen Unterschiede gingen nur in Richtung auf eine größere Urtümlichkeit, die sich bei sonstigen Übereinstimmungen auch in Schädeln von Předmost (Mähren) zeige (Abb. 53, a; 55, Mitte). Die nordische Rasse hätte sich seit dem Aurignacien in Mittel- bis Nordeuropa [gemeint ist offenbar das nördliche Mitteleuropa] aus primitiveren Formen wie Combe Capelle, Brünn und Předmost unter den scharf auslesenden Wirkungen der letzten Eiszeit gebildet; sie sei damit dort alteinheimisch.

Es folgen lange Ausführungen über die Eigenschaften der Nordrasse, insbesondere über ihre hellen Farben. Sie könnten nur in einem maritimen, sonnenarmen Eiszeitklima (vgl. dazu Abb. 58, unten) in West- bis Mitteleuropa entstanden sein: „Osteuropa und Westasien — als typisch kontinentale und trockene Gebiete — kommen dagegen als Heimat der Nordischen Rasse gar nicht in Frage." Man werde also die von Griffith-Taylor[175] aufgestellte und 1933/34 von v. Eickstedt[171] wieder aufgenommene Theorie von einer westsibirischen Heimat der nordischen Rasse oder irgendwelcher ihrer Verwandten völlig abzulehnen haben.

Zu welcher Zeit die nordische Rasse ihre speziellen Merkmale erworben habe, würde sich niemals mit Sicherheit feststellen lassen. Ihre Formen aber müßten sich spätestens im Aurignacien oder im Spätmoustérien gebildet haben. Von etwa diesem Zeitpunkt an wären innerhalb der „alteuropäischen Langkopfgruppe" zwei große Untergruppen zu unterscheiden, die Nord- und die Südeuropiden. Im Kampf mit der letzten Eiszeit müßte die nordische Rasse als solche gezüchtet worden sein. Hier darf auf die punktierte Fläche der Abb. 58, oben hingewiesen werden, welche die heutige Hauptverbreitung der hellen Rassen, also der nordischen, dalischen und osteuropiden, erkennen läßt.

Die Heimat der nordischen Rasse und damit des gesamten Indogermanentums sei das eiszeitliche West-, Nordwest- und Mitteleuropa. Infolge günstiger Klimabedingungen sei es während der Jungsteinzeit bei den Nordeuropiden zu einer starken Vermehrung der Bevölkerung und dadurch zu einer Ausbreitung der Nordischen nach Süden und Osten gekommen. So wäre die nordische Megalithkultur entlang den Küsten Westeuropas bis Nordafrika gelangt. Selbst an der Wiege der altägyptischen Hochkultur wäre der nordische Mensch gestanden. Über Vorstöße nach dem Südosten sei die Kultur der bemalten Keramik in Südwestrußland erwachsen. Von Nordleuten getragene Einwirkungen hätten schon um 3000 v. Chr. Kreta und Kleinasien erreicht. Die südosteuropäische Kultur der bemalten Keramik wäre bis weit nach Asien hinein ausgestrahlt. So sei sie schon früh in den Steppen Turkestans aufgetaucht, in Anau und Schah Tepe. Die Ausgrabungen des schwedischen Archäologen T. J. Arne in Schah Tepe („Königshügel") nördlich Asterabad an der Südostecke des Kaspischen Meeres hätten Skelettmaterial der nordischen Rasse erbracht. Reche bildet drei Schädel ab, die im Typus den Schädeln unserer Abb. 57 entsprechen. Der Ausgräber hielte es für möglich, daß es sich hier um Indogermanen handle. Von Turkmenien sei man dann weiter bis nach China (Yang-Shao-Kultur) vorgestoßen. Die Kulturträger der bemalten Keramik wären offenbar auch nach Persien und Mesopotamien gelangt. Skelettfunde von El-Obeïd aus der Zeit der ersten bis dritten sumerischen Dynastie, die nach Wooley in die Zeit zwischen 3500 und 3200 v. Chr. gehörten, zeigten deutlich Merkmale der nordischen Rasse. Jedenfalls seien die Ähnlichkeiten zu dieser Rasse viel größer als zur mediterranen. Von drei bei Reche abgebildeten Schädeln geben wir einen auf Abb. 57, unten wieder. Auch aus der ältesten Kulturschicht von Kisch östlich von Babylon werden zwei Schädel des Typs El-Obeïd abgebildet, und es heißt dazu wörtlich: „Ich wüßte keine Eigenschaft zu nennen, in der die abgebildeten Schädel sich von kennzeichnenden Vertretern der Nordischen Rasse unterscheiden sollten." Auch bei einem Schädel von Nal in Belutschistan findet R. „keine wichtige Eigenschaft, die ihn von der Nordischen Rasse unterscheiden könnte". Und selbst ein Schädel der vorarischen Mohenjo-Daro-Kultur in Vorderindien (Abb. 57, Mitte) wird als „der Nordischen Rasse ziemlich nahe stehend" bezeichnet.

Reche ist der Auffassung, daß die asiatischen Frühzivilisationen letztlich auf die vorwiegend nordischen Träger der ukrainischen bemalten Keramik zurückgehen und gibt dem auf seiner Karte V mit einer Anzahl von Pfeilen Ausdruck. Die Wertschätzung der nordischen Rasse wird besonders deutlich in dem Satz: „Das, was wir „Weltgeschichte" nennen, ist im Grunde nichts anderes, als die Geschichte des Indogermanentums und seiner Leistungen . . ." Soweit Reche. Ein von ihm viel zitierter Autor ist Günther, der in seinen Arbeiten[176] etwa die gleiche Meinung über die Herkunft der nordischen Rasse und der Indogermanen vertritt.

Ein wenig anders ist die Einstellung des schwedischen Anthropologen Bertil Lundman. Nach seinem „Grundriß der Rassenkunde"[177] sind mehrere Grundtatsachen für die Rassengeschichte Europas bestimmend. Es sind das in erster Linie die eiszeitliche und frühnacheiszeitliche Depigmentation (Aufhellung) besonders im Norden Europas, der vermutlich wenigstens vom Mesolithikum bis heute reichende Gegensatz zwischen niedrigschädligen Cromagnoiden im Westen und hochschädligen Brünnoiden im Osten sowie die Südwanderungen mehr oder minder stark nordider Stämme von Indoeuropäern vermutlich aus dem südöstlichen Deutschland und dem Nordkarpatengebiet vom Neolithikum an. Er sieht einen rassischen Unterschied zwischen den Schnurkeramikern und den Megalithleuten. Die Schädel der ostdeutschen Schnurkeramiker seien extrem lang und hoch, die Schädel der Megalithbevölkerung Nordwestdeutschlands lang und niedrig. Die erste der von ihm genannten Form entspricht der schmalgliedrigen nordischen, die zweite der breiten dalischen (fälischen) Rasse. Eine weitere Gruppe gäbe es in Skandinavien, mit niedrigen Schädeln, aber schmäleren Gesichtern, die Skando-Nordiden. Diese drei blonden Formen faßt er mit Vorbehalt als Unterrassen einer übergeordneten nordischen Rasse zusammen. Er erhält damit die fälische, die skandonordide und die ostnordide Unterrasse, wobei er der letzteren, die hauptsächlich bei den Schnurkeramikern zu finden sei, eine gewisse Sonderstellung zubilligen möchte. Die blonde Nordrasse hat nach Lundman „offenbar ihren Ursprung in Nordeuropa (oder wenigstens nicht viel weiter östlich)". Die fälische (dalische) und die skandonordide Unterrasse wären wohl aus cromagniden Urgruppen hervorgegangen. Über die Herkunft der ostnordiden Gruppe äußert er sich nicht näher. Für den Ursprung der mediterranen Rasse werden zwei Quellen gesehen. Die Westmediterranen stammten wohl von dunklen Cromagnoiden ab, die Ostmediterranen aus osteuropäischen langhochschädligen Altgruppen (Brünniden). Eine gewisse Sonderstellung nimmt bei Lundman die dunkelhaarige, aber meist helläugige nordatlantide Unterrasse (vgl. ihr Vorkommen auf Abb. 59) ein.

Nachdem die Schnurkeramiker als sicher indogermanisch gelten, will er in der ostnordiden Gruppe die eigentlichen Urindoeuropäer sehen: „Die rassische und kulturelle Stellung der (West-)Indoeuropäer wird durch ihren Charakter als blonde Langhochschädel gut veranschaulicht. Damit wird nämlich ihr Ursprungsgebiet auf die Grenzmarken zwischen Mittel- und Osteuropa beschränkt." Der starke rassische und kulturelle Gegensatz zwischen den thüringischen Schnurkeramikern und ihren megalithischen Nachbarn im Westen zeige erstere als Eindringlinge aus dem Osten. Deshalb müsse man wohl, wenn auch mit etwas unsicherer Begründung, die indoeuropäische Heimat etwas östlich von Thüringen verlegen, doch dürfe man sie aus bioklimatischen Gründen nicht viel weiter östlich suchen. Lundman hat seine Auffassung in einer anderen Arbeit[178], aus der auch unsere Abb. 59 stammt, in einer Skizze dargestellt (Abb. 60). Er betont dabei aber ausdrücklich, daß es sich hier nur um den vermuteten ältesten Verbreitungsraum der Indogermanen handle, wobei der zentrale Punkt die Lage der sogen. Mährischen Pforte bezeichnen soll. In der erstgenannten Arbeit heißt es noch, die skandonordide Rasse könne keinen Anspruch erheben, die spezielle indoeuropäische Urrasse zu sein. Die gegenwärtigen „nordischen" indoeuropäischen Völker, auch die Skandinavier, seien „fast nur sprachlich gesehen Indoeuropäer".

Von einiger Bedeutung dürfte Lundmans Hinweis sein, wonach das Blutallel q (Blutgruppe B) innerhalb der Nordrasse relativ selten anzutreffen ist (vgl. dazu Abb. 61).

c. Ostthese

Der ehemalige Breslauer Anthropologe Egon Freiherr von Eickstedt sieht in seinem 1933/34 erschienenen umfangreichen Werk „Rassenkunde und Rassengeschichte der Menschheit"[179] ebenfalls eine Verbindung von nordischer Rasse und Indogermanentum. Er beurteilt aber die Herkunft dieser Rasse ganz anders. Hochasien ist für ihn die Wiege der gesamten Menschheit. Hier hätte sich während der Eiszeit infolge natürlicher Trennung in abgesonderte Lebensräume zunächst eine Drei-

132

gliederung des Menschen in einen europiden, einen mongoliden und einen negriden Rassenkreis ergeben. In der „eisumlagerten sibirischen Tasche" (Mitte der Abb. 62) wäre die Depigmentierung der Nordeuropiden erfolgt. Das soll während des „Spätdiluviums" geschehen sein. Europa wäre damals eine „westliche Sackgasse Asiens" gewesen. Nach dem Rückzug des Eises sei der Weg nach Europa frei geworden, und die europiden Rassen von Aurignac-Brünn und Cromagnon wären hier eingeströmt und hätten den dort lebenden Neanderthaler verdrängt. Der Ausbruch der sibirischen Nordmenschheit würde den Beginn der Weltgeschichte bedeuten. V. Eickstedt sieht keine der beiden genannten Rassen als Vorläufer der nordischen Rasse an. Sibirien sei das Urheim der Nordischen und Osteuropiden. Hier hätte sich die protonordische Rasse gebildet. In einem Kapitel über das Spezialisierungsgebiet der Nordischen heißt es: „Menschen nordischer Rasse, oder, um es ganz vorsichtig auszudrücken mindestens des östlichsten Flügels der nordischen Rasse, waren also jedenfalls die Bewohner der südwestlichen sibirischen Flachländer. Hier dürfte demnach auch der geographische Raum ihrer Spezialisierung liegen." Die Nordischen wären von dort während des Mesolithikums nach Ost-, Mittel- und Nordeuropa eingewandert. Er verweist auf die Schädelfunde von Stångenäs in Bohuslän (Südschweden), vom Pritzerber See und von Gr. Tinz. Durch diesen Vorstoß sei es zu einer Vermischung mit den dort bereits anwesenden Cromagnonleuten gekommen. Das hätte zur Bildung der heutigen nordischen Rasse geführt, die nach ihm in drei Unterrassen gegliedert werden muß: in die schmalgliedrige teutonordische, in die durch Vermischung mit dieser abgeschwächte cromagnide dalonordische und die besonders im europäischen Zentralrußland heute noch in Resten vorkommende fennonordische. Es werden ein teutonordischer und ein dalonordischer Schädel abgebildet, die etwa unserer Abb. 56 entsprechen. Ein Foto zeigt als Typus der fennonordischen Unterrasse einen Mordvinnen [zur finnischen Sprachgruppe gehörig]. Man erfährt jetzt auch, daß dieser Typus dem protonordischen am ähnlichsten sei. V. Eickstedt spricht von der Rasse der „Fenno-Norden bzw. protonordischen Rasse". Der Typus

„stellt die Rückzugsdeckung der Nordischen dar". Gemeint ist damit wohl, die Fenno-Norden seien der Teil, der sich von der alten Heimat der Protonordischen (Westsibirien) am wenigsten weit entfernt habe.

In einem Kapitel „Das Rätsel von Chancelade" wird die große Ähnlichkeit des dortigen Schädels (Abb. 54, unten) und dreier weiterer von Le Roc mit Eskimoschädeln betont. Er sagt dazu, sie seien „den Eskimo so ungemein ähnlich, daß man hier einen Zusammenhang schwer von der Hand weisen kann". V. Eickstedt gibt aber auch Übereinstimmungen mit den Cromagniden an und meint, daß umgekehrt der Schädel von Oberkassel (Abb. 53, c) starke Anklänge an den von Chancelade zeige, weshalb er auch diesen in seine eskimoiden westeuropäischen Schädel einreiht. Seine Erklärung: diese Form sei von Zentralasien zum Teil nach Westen, zum Teil nach Nordosten abgewandert.

Von Bedeutung sind für uns auch seine Ausführungen über die Mediterranen. Als Ausgangsgebiet der mediterranen Rasse betrachtet er die Räume westlich des Hochlandes von Iran. Dabei wisse man nicht, wie weit westwärts sich dieses Gebiet erstreckt habe. Die Proto-Mediterranen müßten aber schon interglazial im vorderasiatisch-nordostafrikanischen Raum verbreitet gewesen sein. Jedenfalls sei ihre Ausbreitung die erste der rezenten Europiden nach Westen gewesen, zunächst über Nordafrika erfolgt und von hier aus nach Westeuropa fortgeschritten. In Nordafrika und Westeuropa wären sie auf die Cromagniden gestoßen, wodurch es zu Mischungen gekommen sei. Die Cromagnonrasse spielte innerhalb der Mediterranen noch heute eine recht bedeutende Rolle.

Es werden drei Unterrassen unterschieden:
1. Die eigentlichen oder Grazilmediterranen, besonders im nördlichen Mittelmeerraum und im westlichen Inselgebiet.
2. Die gröberen und derberen Eurafrikaniden in verschiedenen Einzugsgebieten.
3. Die weicheren, mittelgroßen Transmediterraniden von Marokko bis Ägypten.

Die Eurafrikaniden zeigten Beziehungen zur Aurignac-Brünn-Rasse, aber auch Anklänge an Cromagnon. Daneben gäbe es ausgesprochen cromagnide Formen auf den Canarischen Inseln und in Algerien besonders unter den Berbern, darunter auch Blonde. Außer im Mittelmeerraum wären Mediterrane noch auf dem Balkan, in Rumänien und Südrußland (vgl. auch Abb. 59) anzutreffen.

Für uns wird die Frage nach der Unterscheidungsmöglichkeit von nordischen und mediterranen Skelettfunden von Bedeutung. Dazu heißt es: „Nordische Schädel sind nicht leicht von mediterranen zu unterscheiden, und zwar besonders bei prähistorischem Material . . .“.

Im heutigen Europa bestehen nach v. Eickstedt drei Rassengürtel (Abb. 63). Der nördliche wird durch die hellen Rassen, die nordische (A) und die osteuropide (ostbaltische) (B) gebildet, der mittlere von den Kurzkopfrassen der Alpinen (A), der Dinariden (B), Armeniden (C) und Turaniden (D) eingenommen, der untere von den Mediterraniden im weitesten Sinne gebildet, die in drei Unterrassen gegliederten Mediterranen im engeren Sinne (A), die Orientaliden (B) und die Indiden (C). Der nördliche und der südliche Gürtel wären nicht durch einen späten Vorstoß der Kurzkopfrassen aus dem Osten auseinandergerissen worden. Vielmehr seien diese noch vor der Einwanderung der Nordischen über Kleinasien und den Balkan eingeströmt. Von Mitteleuropa wären dann auch Vorstöße der Kurzkopfbevölkerung nach Norden erfolgt, und die einwandernden Nordischen hätten dort bereits Kurzkopfformen angetroffen. In diesem Zusammenhang wird auf Funde von Hvellinge („Vällinge“) in Südschweden (Abb. 55, oben) und von Borreby auf Seeland (Dänemark) hingewiesen.

Zum Indogermanenproblem äußert sich v. Eickstedt vorsichtig.[180] Er betont die Schwierigkeit einer Verbindung von prähistorischen Kulturgruppen und hypothetischen Sprachgruppen. Seine Meinung drückt er so aus: „Wir können daher bislang auch nur Vermutungen über die prähistorische Stellung der Indogermanen äußern. Wir können bezüglich der Rasse nur sagen, daß die ursprünglichen Träger des Alt-Indogermanischen vorwiegend nordischer Rasse waren und wohl aus einer Gruppe eines nordoiden Völkerkreises hervorgingen ... Es ist aber nicht sicher, ob wir die Urindogermanen im nördlichen Mitteleuropa mit der Kultur der Bandkeramik, wo Cromagnonelemente noch ganz deutlich sind, in Zusammenhang bringen dürfen." Mit einem Indogermanentum rechnet er für Zentral- und Mitteleuropa wohl erst seit der Jungsteinzeit. Nordoide Langschädel hätte es im Norden auch schon viel früher gegeben. Jene waren aber möglicherweise sprachlich noch keine Indogermanen. Die Indogermanisierung sei wohl erst durch weitere nordoide Wellen aus dem Osten, dem protonordischen Kubangebiet, durchgeführt worden. In diesem Zusammenhang ist von Belang, daß v. Eickstedt auch die später in Asien nachweisbaren Indogermanen, selbst die Tocharer, auf Protonordische zurückführen möchte.

Was die Bandkeramik betrifft, so gebraucht er für sie einmal den Ausdruck „nordid", das andere Mal das Wort „alpin-cromagnid". Damit soll wohl eine unterschiedliche rassische Zusammensetzung im nördlichen bzw. im südlichen großen Verbreitungsgebiet angedeutet werden.

Zur Frage der indogermanischen Urheimat wird ein besonderer Standpunkt eingenommen. Seine Abbildung 346 gibt eine Karte von K. H. Jacob-Friesen wieder, auf der die Namen der Forscher dort eingetragen sind, wo ihrer Meinung nach die Urheimat der Indogermanen gelegen hat. Die Namenkette reicht von Südskandinavien über Südrußland bis weit nach Asien hinein. Dazu heißt es: „Das Merkwürdige ist, daß die meisten dieser Urheimaten wirklich tragfähig bewiesen sind." Das sei kein Widerspruch. Der Gürtel dieser Urheimaten ziehe sich von Turan bis Skandinavien und strahle dann zurück nach Nordfrankreich, Deutschland, den Donauländern und Kleinasien. Das sei aber nichts anderes als der Weg der Indogermanen mit seinen vielen Etappen im Laufe der Jahrhunderte. Die Urheimat könnte immer nur eine der Etappen der sich bewegenden postglazialen Menschheit sein.

V. Eickstedt läßt aber keinen Zweifel daran, daß dieser Weg im Osten, in Asien, seinen Anfang genommen hat.

d. Stellungnahme

Wir dürfen wohl von einer engeren ursprünglichen Verbindung mindestens eines erheblichen Teiles der Indogermanen mit der nordischen Rasse ausgehen. Aber da erscheinen schon die ersten Schwierigkeiten. Die Auffassung vom Begriff der nordischen Rasse ist innerhalb der Anthropologie nicht überall die gleiche. Man pflegt den Rahmen etwas weit zu spannen. Nach Reche ist zwar einerseits die schmale, lange Gestalt, der schmale, lange Schädel und das längliche, schmale Gesicht (Abb. 56, oben) kennzeichnend nordisch, aber er neigt dazu, auch breitere Formen etwa gemäß Abb. 56, unten hier mit einzubeziehen. So zeigt seine Abbildung 66 einen Schädel aus der schwedischen Jungsteinzeit, bei dem die Jochbeine weit über den Schädelumriß hinausragen. Damit nähert sich dieser Schädel der starken Breitform des Mannes von Oberkassel (Abb. 53, c) außerordentlich. Hier kann Reches Urteil „nordisch" schwerlich anerkannt werden. Wie später noch auszuführen sein wird, ist auch seine Meinung, der nordische und der fälische (cromagnide, cromagnoide)[181] Typus seien Spielarten einer Rasse, in dieser Form kaum vertretbar. Ebenso wenig kann man der Ansicht von I. Schwidetzky zustimmen, die dalische (fälische) Rasse sei eine Variante der nordischen. Und nach C. St. Coon[182] ist die nordische Rasse (seine „Nordics") aus einer Vereinigung von mindestens zwei Strömen, seinen Danubians und seinen Corded, hervorgegangen (Abb. 65). B. Lundman gliedert seine nordide oder Nordrasse ebenfalls in Unterrassen. Man hat sogar eine andere Rassendefinition geprägt. Danach sind Rassen „Populationen, die über viele Generationsfolgen einen relativ isolierten Zeugungskreis mit überdurchschnittlich häufigem Genaustausch bilden"[183]. Hier steht also nicht so sehr das physische Erscheinungsbild des Individuums, sondern die Tatsache seiner Zugehörigkeit zu einem bestimmten Fortpflanzungsverband im Vordergrund. Ein solcher Kreis würde einer Verkehrsgemeinschaft der prähistorischen Forschung nahe stehen.

Die Ansichten über das Breitenspektrum der nordischen Rasse können auf ein rechtes Maß gebracht werden, wenn man letztere mit ihrer dunklen Gegenspielerin, der mediterranen Rasse, vergleicht. Für einen solchen Vergleich kommt zunächst nur die eigentliche nordische Rasse, das, was v. Eickstedt „teutonordisch" nennt, in Betracht. Diesem Typus steht der mediterrane so nahe, daß beide im Skelettmaterial kaum zu unterscheiden sind, wie das auch v. Eickstedt betont hat.[184] Als Typus der mediterranen Rasse im engeren Sinn kann etwa der Schädel von Abb. 57, Mitte gelten. Im folgenden werden die Bezeichnungen „nordisch" und mediterran" nur im Sinne dieses schmalen Typus beider Rassen gebraucht werden.

Im ganzen ist der nordische Typus etwas derber und reliefreicher, aber die Übergänge sind ganz fließend. Haben wir zwei Gräberfelder, von denen A mit Nordiden, B mit Mediterranen belegt ist, so wird man mit ziemlicher Sicherheit A als nordisch, B als mediterran diagnostizieren können, nicht aber in Einzelfällen. Aus der großen Ähnlichkeit der nordischen und mediterranen Formen darf man nicht nur, man muß sogar auf gemeinsame Herkunft, also Verwandtschaft, schließen. Wer das leugnen wollte, würde die gesamte Rassenlehre anfechten und damit auch die Abstammungslehre. Es bleibt uns gar nichts anderes übrig, als aus dem Grad der Ähnlichkeit auf den Grad der Verwandtschaft zu schließen. Wenn in einzelnen Fällen das Auftreten von Parallelität, die in der Anthropologie mit der Wortendung -iform ausgedrückt zu werden pflegt (vgl. Anmerkung 181), denkbar erscheint, so ist das für die Masse der Fälle doch wohl ausgeschlossen.

Verfasser erklärte nach langjährigen Studien schon Mitte der dreißiger Jahre[185], die nordische Rasse sei mit der mediterranen näher verwandt als mit der dalischen (fälischen). Der Beweis liege in der Tatsache, daß beide Rassen im Skelettmaterial kaum zu unterscheiden seien; sie gingen von der gleichen schmalen Grundform aus. Derjenige Teil jener Grundform, der sich während der letzten Eiszeit in der Nähe des Eises befunden habe, sei depigmentiert worden. Auf diese Weise sei im nördlichen Europa aus dem ursprünglich dunklen schmalen

Typus der Zweig der nordischen Rasse hervorgegangen, während der gleiche Typus im Süden dunkel blieb, heute unter der Bezeichnung „mediterran" bekannt. Das Entsprechende gelte aber auch für die cromagnide Breitform, von welcher der nördliche Teil depigmentiert wurde, während der südliche dunkel blieb. So hätten sich die blonden Daliden (Fälischen) von den dunklen Berberiden getrennt (Abb. 64). Der genetische Zusammenhang innerhalb der Schmalform wäre ebenso primär wie der innerhalb der Breitform, die erfolgte Depigmentierung je eines Teils von ihnen sekundär. Vor der Scheidung in Helle und Dunkle hätte also die Scheidung in Schmalform und Breitform bestanden. Deshalb müßte die helle Schmalform (nordische Rasse) der dunklen (mediterrane Rasse) entwicklungsgeschichtlich näher stehen als der hellen Breitform (dalische Rasse). Der Weg von der Schmalform zur Breitform und umgekehrt hätte über zahlreiche Mutationen (Genänderungen) laufen müssen, denn die beiden Formen unterschieden sich wesentlich. Dagegen erforderte die Aufhellung von Haut, Haar und Augen als gemeinsamer Vorgang sicherlich nur wenige Mutationen.

Soweit das Körperliche. Im psychischen Bereich kann das durchaus anders sein. Die rauhe Umwelt des eiszeitlichen Nordens dürfte bei Nordiden und Daliden etwa die gleiche Auslesewirkung zur Folge gehabt haben. Daher werden sich im psychischen Bereich Nordide und Dalide möglicherweise näher stehen als Nordide und Mediterrane. Aber dem nachzugehen ist hier nicht der Ort.

Verfasser hält seine alte Ansicht auch heute voll aufrecht. Nach seinen Beobachtungen[186] sind selbst die Farben insbesondere der Augen bei den drei hellen Rassen, den Nordiden, Daliden und Osteuropiden (Ostbaltischen), etwas unterschiedlich. Die teilweise ins Bleigraue spielende Augenfarbe der Letztgenannten ist allgemeiner bekannt (die Esten sprechen hier von „zinnfarben", die Russen von „weißäugigen Finnen"). Aber auch die Augenfarbe der Nordiden und Daliden unterscheidet sich. Während sie bei den Nordiden um ein leuchtendes Blau spielt, herrscht bei den Daliden ein Stahlblaugrau vor. Hier läßt sich die Tönung erst aus nächster Nähe erkennen. Der Farbunterschied würde also auch in gewisser Weise die Selbständigkeit des dalischen Typus unterstreichen, der, wie v. Eickstedt hervorhebt, besonders von drei Forschern herausgearbeitet wurde.[187]

Ist die vorgetragene These richtig, dann muß es sich bei den Nordiden und Daliden um zwei durchaus verschiedene Rassen handeln, nicht um zwei Unterrassen einer (bisher fehlenden) übergeordneten. Auch kann die eine nicht eine Variante der anderen sein. Dazu noch einige Bemerkungen.

Die Würmeiszeit scheint den Schlüssel für die Lösung des Problems zu liefern. Nach unserer heutigen Kenntnis tritt der Homo Sapiens erstmalig in dieser Zeit vollendet auf, in Europa und Nordafrika, in den Formen von Brünn-Combe Capelle und Cromagnon-Oberkassel. Dabei ist die erste fast ausschließlich in der frühen Stufe des Jungpaläolithikums, im Aurignacien, die zweite in der Spätstufe, im Magdalénien, belegt. Beide Formen schließen sich räumlich nicht aus, sondern treten nebeneinander auf, wenn auch der Schwerpunkt der Verbreitung für die Brünnform mehr östlich, für die Cromagnonform mehr westlich orientiert ist. Während erstere noch urtümlichere (protomorphe) Züge aufweist, ist letztere deutlich progressiver, rezent. Die dalide Rasse läßt sich unschwer an die Cromagnonform anschließen. Sie existiert also der Form nach bereits im Jungpaläolithikum. Das gleiche gilt für die im Süden bestehenden dunklen Cromagniden, die wir wegen ihres häufigen Vorkommens unter den Berbern Nordafrikas als Berberide bezeichnen wollen (Abb. 64). Die Depigmentierung unserer Nordiden und Daliden kann nicht vor der Würmeiszeit erfolgt sein, da die vorausgehende Zwischeneiszeit dafür nicht in Betracht kommt und eine noch weiter zurückliegende Aufhellung schon eine Vorneanderthalerform erfaßt haben müßte (der Neanderthaler selbst erscheint erst in der letzten Zwischeneiszeit). Depigmentierungsgebiet kann nur der Raum Mitteleuropas südlich der Würmvereisung (punktierte Fläche auf Abb. 58, unten) gewesen sein. Hier bildeten sich unsere Daliden aus der dort vorhandenen Cromagnonform, bei den Cromagniden im Süden änderte sich nichts (Berberide).

Erscheint somit die Herkunft der Daliden und Berberiden relativ klar, so kann man das gleiche von den Nordiden und Mediterranen nicht behaupten. Der von einem Teil der Anthropologen vertretene Ursprung der nordischen Rasse aus der Brünnform wird von einem anderen bestritten. Zu letzteren gehört auch E. v. Eickstedt. Nach ihm soll zunächst während des Spätdiluviums, worunter die Würmeiszeit zu verstehen sein müßte, in der „sibirischen Tasche" (Abb. 62, Mitte) die Ausbildung der europiden Menschheit erfolgt sein, von wo aus diese in Gestalt des Brünn- und Cromagnontypus nach dem Rückzug des Eises nach Europa unter Verdrängung des Neanderthalers eingeströmt sein soll. Auf seiner in unserer Abb. 62 wiedergegebenen Karte ist aber nicht die Vereisung der Würmeiszeit, sondern die des Hochdiluviums, der Rißeiszeit, eingetragen. Während der Würmeiszeit kann also gar keine „sibirische Tasche" bestanden haben, weil die damalige Maximalvereisung eine viel kleinere Fläche (punktierter Raum auf Abb. 58, unten) einnahm, wobei der Weg nach Europa immer frei blieb. Die Formen von Brünn und Cromagnon können auch nicht erst seit dem Rückzug des Eises nach Europa eingewandert sein, weil sie schon während der Würmeiszeit dort waren. Da man für die Würmeiszeit mit zwei bis drei Eisvorstößen und entsprechenden Interstadialen (Abb. 8) rechnet, könnte für die Einwanderung ein solches Interstadial gemeint sein. Aber eine „sibirische Tasche", in der auch die Depigmentierung der Nordeuropiden erfolgt sein soll, kann es während der letzten Eiszeit in Sibirien nicht gegeben haben.

Eine Entwicklung von Proto-Nordiden während der letzten Eiszeit in Westsibirien, wie v. Eickstedt sie sieht, ist zwar denkbar, aber durch Funde nicht zu belegen. Es bleibt auch unklar, wie diese Proto-Nordiden ausgesehen haben. Das Foto eines annähernd protonordischen Mordvinnen zeigt einen Typus mit osteuropidem Einschlag, der kaum als Ausgangstyp für die Nordiden in Betracht kommen kann. Nachdem die Brünn- und Cromagnonformen im gleichen westsibirischen Raum wie

141

später die Proto-Nordiden entstanden sein sollen, kann eigentlich auch nur die Brünnform oder eine ihr sehr ähnliche die Wurzel der letzteren gebildet haben. Ob nun die nordische Rasse in Europa oder in Asien entstanden ist, wir kommen so oder so auf den Brünntypus als Ausgangsform für die nordische Rasse zurück. Bindeglieder zwischen dem Brünntypus und dem nordischen gibt es in Europa bisher zwar nur vereinzelt (wir erinnern hier an die Aussage von V. Lebzelter[187a], der an nordischen Skeletten Niederösterreichs deutliche Beziehungen zur Brünnform festgestellt hat und hier einen untrüglichen genetischen Zusammenhang sieht), in Westsibirien aber überhaupt nicht. Darüber hinaus sind für Westsibirien im Jungpaläolithikum bisher auch keine brünniden oder sonstige Vorformen der nordischen Rasse erweislich. Bei einem solchen Forschungsstand erscheint die Herleitung der Nordiden aus Westsibirien gänzlich unbegründet. Da die mediterrane Rasse mit der nordischen herkunftsmäßig aufs engste verbunden ist, gilt das auch für sie. Die Annahme v. Eickstedts, das Entwicklungsgebiet der Mediterranen hätte im Raum von Nordostafrika bis an der Schwelle des iranischen Hochlands gelegen, ist nicht zu beweisen. Wenn die Proto-Mediterranen dort von ihm schon im Interglazial (gemeint kann nur die Riß-Würm-Zwischeneiszeit sein) vermutet werden, so ist das bedenklich. Dann müßte es nämlich auch schon Proto-Nordide gegeben haben, die entweder in diesen Proto-Mediterranen enthalten oder schon räumlich getrennt waren. Im ersten Fall wäre eine westsibirische Heimat der Proto-Nordiden ausgeschlossen, im zweiten eine so frühe (neanderthalerzeitliche) Trennung wegen der morphologischen Übereinstimmungen beider Gruppen kaum vorstellbar. Man muß sich auch fragen, wie neanderthalerzeitliche Proto-Mediterrane ausgesehen haben sollen. In keinem Fall doch progressiver, rezenter, als die Brünnform, die zusammen mit dem Cromagnontypus den Neanderthaler in Europa ablöst. Nachdem andere Möglichkeiten eines Anschlusses der Mediterranen und Nordiden bisher fehlen, gelangen wir zwangsläufig zum Typus von Brünn und Combe Capelle als Ausgangsform. Da dieser Typus schon im Aurignacien (vgl. Abb. 8) in Europa vorhanden ist, stehen für seine Entwicklung zum

Mediterranen und Nordiden mehr als 20 000 Jahre zur Verfügung, eine Zeitspanne, die eine solche Entwicklung plausibel erscheinen läßt.[188]

Der Typus von Brünn-Combe Capelle reicht wie der von Cromagnon-Oberkassel von Mitteleuropa bis Nordafrika. In einer unteren Schicht des berühmten Fundplatzes von Afalou bou Rhummel in Nordafrika (das Kreuzzeichen auf Abb. 52), über der in einer höher gelegenen weiteren Schicht vorwiegend Skelette des Cromagnontypus zutage kamen[189], fand sich ein Skelett, das nach Coon ohne große Schwierigkeit in die Klasse von Galley Hill[189a] und Combe Capelle eingereiht werden kann.[190] Wenn während der letzten Eiszeit die Cromagnonform im Süden dunkel blieb (Berberide), im Norden aber infolge Depigmentierung die blonden Daliden entstanden, dann kann das für die Brünnform schwerlich anders gewesen sein, nur daß diese in der langen Zeitspanne vom Aurignacien bis zum Mesolithikum einen Wandel von einem noch urtümlicheren zu einem progressiv-rezenten Typus durchmachte, im Süden zum mediterranen, im Norden zum nordiden. Daß die Entwicklung zum Rezenten hin nicht überall gleich verlief, sondern hier und da zurückblieb, liegt im Wesen der Rassenentwicklung begründet. Wenn dem nicht so wäre, würde es in einer bestimmten Zeitstufe immer nur einen einheitlichen Typus geben. Falls die Entwicklung der Brünnform nicht in der angegebenen Richtung verlaufen wäre, müßten heute in Europa noch zahlreiche Brünntypen vorhanden sein. Sie können schwerlich in der Masse durch Einwanderung rezenter Typen woher auch immer verdrängt oder aus anderen Gründen verschwunden sein. Dasselbe Schicksal hätte dann auch die Cromagnonformen ereilen müssen, was doch nicht der Fall ist. Selbstverständlich gab es neben diesen beiden relativ „reinen" Formen infolge von Kontakten je länger desto mehr Zwischenbildungen aller möglichen Schattierungen, was die Rassendiagnose nicht gerade vereinfacht.

Bei Coon heißt es in bezug auf seinen großen mediterranen Rassenkreis (Abb. 65): „dem Galley Hill Stock entsprossen und verwandt mit Afalou Nr. 28" (Einzelskelett aus der unteren

Schicht).[191] Wenn er die Funde von Brünn aber seinem Palae-
anthropic Stock anschließt, Combe Capelle dagegen seinem Ba-
sic Mediterranean Stock, so ist das schwer verständlich. Auch
erscheint die Herleitung des letzteren aus Funden, die er selbst
mit Fragezeichen versehen hat, sehr problematisch. Das gleiche
gilt für die vielen Verzweigungen des Mediterranean Stocks mit
den nachfolgenden Überschneidungen, wobei die „Nordics"
von den „Corded" (sein Haupttypus der Schnurkeramiker)
weit getrennt sind. Er meint, es bestehe kein gerechtfertigter
Grund, die Corded (also die Schnurkeramiker) für Nordics zu
halten. Im übrigen betrachtet er die Schnurkeramiker nicht als
Bauern, sondern als „Händler und vermutlich Krieger".[192] Dagegen kann man Coon im wesentlichen zustimmen, wenn er
erklärt: „Die nordische Rasse im strikten Sinn ist lediglich eine
Pigmentstufe der mediterranen".[193]

Für die Annahme v. Eickstedts und anderen, der Brünn- und
Cromagnontypus seien aus Asien nach Europa eingewandert,
gibt es keinerlei Beweise, wenngleich diese Möglichkeit auch
nicht bestritten werden soll. Coon verweist in einem Kapitel
„The neanderthaloid hybrids of Palestine"[194] u. a. auf Skelettfunde aus der Grotte Mugharet es-Skhul des Berges Kamel in
Südpalästina (vgl. Abb. 52), die dem letzten Abschnitt des Riß-
Würm-Interglazials angehören sollen. Es handelt sich um Formen, die teils neanderthaloiden, teils Sapienscharakter zeigen.
Die männlichen Schädel würden sogar der Sapiensgruppe näher stehen. Von dem besterhaltenen Schädel (Nr. 5) heißt es, er
würde ebenso wie der Schädel von Galley Hill und spätere Beispiele dieses Typs zwischen dem Neanderthaler und dem Homo Sapiens stehen. Coon sagt dazu noch: „Wir wissen jetzt,
daß der Neanderthalerzweig nicht ausgestorben ist, sondern in
den genetischen Stamm des modernen Menschen überging.
Wenn das einmal geschehen ist, könnte es in einer Anzahl von
Fällen passiert sein." Aber er schließt daraus nur auf eine Mischung, welche diese Zwischenform ergeben haben soll. Das
würde dann freilich die Existenz des Homo Sapiens mindestens
in jenem Gebiet für die letzte Zwischeneiszeit voraussetzen.
Dafür gibt es jedoch keine Belege. Insofern ist seine Annahme

gewagt. Näherliegender wäre es, eine Entwicklung aus dem Neanderthaloiden zum Homo Sapiens hin anzunehmen, wie das einige Forscher auch tun.[195] Manches würde dann verständlicher; man brauchte nicht das Aussterben des Neanderthalers bzw. seine Verdrängung aus Europa anzunehmen und eine bisher nicht beweisbare Entwicklung des Homo Sapiens außerhalb Europas, mit anschließendem Eindringen nach Europa. Möglicherweise müßten auch heute noch viel mehr Neanderthaloide in Europa anzutreffen sein, wenn von ihnen keine Entwicklung zum Homo Sapiens ausgegangen wäre. Aber das ist ein hier nicht zu erörterndes Problem. Als Ergebnis unserer Erörterungen dürfen wir feststellen:

Während des Jungpaläolithikums bestand die Masse der Bevölkerung Europas[196] aus der Schmalform von Brünn und Combe Capelle und der Breitform von Cromagnon und Oberkassel mit gewissen Verbindungen zwischen beiden: erste Differenzierung. Es folgte als zweite Differenzierung die Depigmentierung beider Formen im Norden. So entstanden im nördlichen Mitteleuropa die blonden Daliden und Nordiden, in Südeuropa und Nordafrika die Berberiden und Mediterranen. Abb. 64 soll das in schematischer Darstellung deutlich machen. Die Heimat der nordischen Rasse hätte demnach in Mitteleuropa gelegen. Das gleiche kann für die dalische Rasse gelten. Ihr Nebeneinander führte im Laufe der Zeit bis heute zu fortschreitender Verbindung mit Ausbildung nordid-dalider Mischtypen. Letztere sind auch jeweils als solche zu kennzeichnen und nicht unter dem Begriff „nordische Rasse" zu führen. Entsprechendes gilt für die Mediterranen und Berberiden im Süden. Das Entstehen eines Kurzkopfgürtels (Abb. 63, mittlere Linie), für den es erste Anzeichen schon gegen Ende der letzten Eiszeit gibt, führte allein in bezug auf die alpine Rasse zu einer Anzahl von Hypothesen, die Coon dankenswerterweise zusammengestellt hat.[197] Ihre Erörterung kann hier entfallen, da sie unser Thema nicht direkt berühren.

Nach dieser notwendigen Klärung der Ansichten über das Verhältnis der europiden Langkopfrassen zueinander bedarf es noch einer Erörterung der bisher nicht diskutierten verbliebenen Thesen.

Für eine Heimat der nordischen Rasse in Mitteleuropa spricht sehr die Blutgruppenforschung[198]. Dabei spielt die Frequenz des Auftretens der Blutgruppe B (Blutallel q) eine erhebliche Rolle. In ganz West- und Zentraleuropa ist diese Blutgruppe nur spärlich vorhanden. Sie nimmt nach Osten stark zu und erreicht ihre höchsten Werte im Bereich des mongoliden Rassenkreises (Abb. 61). Geringe B-Werte ergeben sich insbesondere auch für die nordische Rasse, wie das B. Lundman betont hat (vgl. dazu Abb. 59 und 61). Allein aus diesem Grund kann man sich schwer vorstellen, daß die Nordiden aus dem Osten stammen sollen. Natürlich kann man über die Blutgruppenforschung allein nicht die Heimat der Nordiden bestimmen oder gar der Indogermanen, wie O. Streng das mit Recht betont hat, aber der geringe B-Anteil innerhalb der nordischen Rasse sollte uns kein zu unterschätzender Hinweis sein.

Man muß es Reche danken, daß er die Behauptung von der cromagnoiden Megalithkultur zurückgewiesen hat. Der Großsteingräber führende Teil der Trichterbecherkultur besitzt nur einen geringfügig stärkeren daliden Anteil als etwa die Schnurkeramik. Der nordische Typus überwiegt auch hier bei weitem. Eine gute und genauere Aufstellung über die Rassenverhältnisse auch im nördlichen Raum während der jüngeren Steinzeit liegt von W. Scheidt vor.[199] Er unterscheidet eine ganze Anzahl von Formen mit Einschluß von Übergangstypen. Dabei überwiegen seine „nordische Langschädelform (nordische Rasse von Fürst und Retzius, Megalithrasse von Schliz, Cromagnonrasse von Nielsen)" und seine „nordische dolichoide Übergangsform", die man auch noch zum nordischen Typus zu rechnen pflegt, stark gegenüber anderen. Das wird auch von G. Kurth betont: „Die weite Verbreitung der grazilen Dolichomorphen und die relativ geringen Anteile Cromagniformer im europäischen Neolithikum wird durch Untersuchungen von Großsteingräberserien unterstrichen. Grundsätzlich bestehen keine Schwierigkeiten, die neolithischen Langkopfformen West- und Mitteleuropas aus den vorhergehenden mesolithischen abzuleiten."[200]

Die mehr oder weniger protomorphe (urtümliche) gemäßigte Kurzschädelform, bekannt unter der Bezeichnung „Borrebytyp", spielt zahlenmäßig nur eine untergeordnete Rolle. Wenn Reche diesen Typus zu den Unfreien, Hörigen, zählt, so kann das nur als Vermutung gewertet werden. Jede Bevölkerung enthält neben progressiven auch weniger progressive oder gar urtümliche Typen, ohne daß man hier eine solche Wertung treffen darf.

In den Streit um die rassische Stellung des Schädels von Chancelade (Abb. 54, unten) brauchen wir uns nicht einzuschalten; eine Entscheidung sei hier Erzspezialisten überlassen. Es sei aber doch ein Zweifel an der Meinung von v. Eickstedt erlaubt, es handle sich hier um eine Eskimoform. Seiner Meinung, der männliche Schädel von Oberkassel (Abb. 53, c) wäre auch irgendwie mit dem von Chancelade in Verbindung zu bringen, kann man nicht zustimmen. Dasselbe gilt von der Ansicht Reches, die in Westeuropa und im Mittelmeerraum verbreiteten Megalithen gingen letztlich auf die nordische Megalithkultur zurück. Bisher deutet alles darauf hin, daß eine Ausbreitung des Großsteingrabgedankens von Süden her erfolgte. Wenn bis nach Nordafrika vereinzelt blonde Rassenelemente auftauchen, dann hängt das offenbar mit einer späten, frühestens endneolithischen schwachen Südwärtsbewegung von Daliden und Nordiden zusammen. Durch die Ausbreitung der Megalithen sind zweifellos weitreichende Kontakte entstanden. Wenn Reche annimmt, infolge einer Ausbreitung von Nordiden wären überall im Süden Hochkulturen entwickelt worden, so kann man dem unter gar keinen Umständen beipflichten. Hier war die progressive mediterrane Rasse beheimatet und hinreichend befähigt, Hochkulturen zu schaffen. In diesem Zusammenhang ist Reche auch zu wenig kritisch bei der Beurteilung von Schädeln aus dem Raum des vorwiegend mediterranen Rassengürtels (Abb. 59 und 63, untere Linie). Wenn er Schädel von Schah Tepe, Mohenjo-Daro (Abb. 57, Mitte) und El-Obeïd (Abb. 57, unten) zur nordischen Rasse zählt oder sie in ihre Nähe rückt, so ist das höchst bedenklich. Es dürfte sich hier um Schädel der mediterranen, orientaliden oder indiden Rasse handeln. Über die Skelettfunde von Schah Tepe sprach Verfasser bereits im Jahre 1934 in Stockholm mit dem Ausgräber, T. J. Arne.[201] Dabei wurden die Möglichkeiten einer Zuweisung zur nordischen oder mediterranen Rasse erwogen. Die Schwierigkeit der Abgrenzung von Nordiden und Mediterranen nach dem Skelettmaterial wird auch von Coon besonders betont, wenn er erklärt: „Es kann gezeigt werden, daß die Sumerer ... fast identisch sind in Schädel- und Gesichtsform mit lebenden Engländern und daß vordynastische ägyptische Schädel solchen aus einer Londoner Pestgrube des 17. Jahrhunderts und aus neolithischen Steinkistengräbern der Schweiz gleichen."[202; 202a] Dagegen kann man Reche zustimmen, wenn er den größeren Teil der nördlichen bandkeramischen Bevölkerung, insbesondere der Rössener Kultur, der nordischen Rasse zuweist. Das würde auch mit Beobachtungen des Verfassers übereinstimmen. Man muß nur bedenken, daß es sich hier um ein Volkstum handelt, das sich in der Regel aus unterschiedlichen Rassenelementen zusammensetzt. So ist ein von E. v. Eickstedt erwähnter cromagnoider Einschlag, der sehr wahrscheinlich auf die dalide Rasse zurückgeht, nicht verwunderlich. Im südlichen Verbreitungsgebiet der Bandkeramik muß aber durchaus auch mit mediterranen Bestandteilen gerechnet werden. Für die mitteldeutschen Bandkeramiker liegt eine neuere Publikation von A. Bach vor[203], in der auch die jüngere Literatur verzeichnet ist. Die Autorin wendet sich dort u. a. gegen die im Schrifttum eingebürgerte Vorstellung, die Bandkeramiker würden sich durch besondere Grazilität von den anderen Bevölkerungen unterscheiden. Das wäre jedoch noch nie mit Datenmaterial belegt worden. Es heißt dazu noch[204]: „Außerdem suggeriert die Charakterisierung ‚grazile Mediterrane' (auch Gerhard 1953; Grimm 1954; dagegen Grimm 1970 zu dieser Problematik) die Einwanderung aus dem Südosten Europas, ohne daß bedacht wird, daß die damalige Bevölkerung dieser Gebiete anthropologisch nicht bekannt ist." Und weiter: „Ein verhältnismäßig stark entwickelter Kieferbereich dürfte kaum den Eindruck besonderer Grazilität vermitteln können. Damit soll nicht gesagt sein, daß sich unter den Bandkeramikern keine grazilen Individuen befinden. Es existiert ein breites Spektrum der verschiedensten Varianten, doch läßt sich die Bevölkerung insgesamt gegenüber den anderen neolithischen Gruppen nicht als grazilier charakterisieren." Man ersieht daraus: eine rassische Einheitlichkeit besteht innerhalb der bandkeramischen Bevölkerung nicht; das war auch gar nicht zu erwarten. Indessen lassen die Abbildungstafeln bei A. Bach überwiegend die nordide Schmalform erkennen, wobei allerdings in Anbetracht der schwierigen Abgrenzung gegenüber den Mediterranen auch diese Rasse nicht ganz ausgeschlossen werden kann. Wenn Reche die Heimat der Indogermanen mit der Heimat der Nordiden gleichsetzt, so muß das Bedenken auslösen. Volkstum und Rasse pflegen sich nicht zu decken. Wir haben auch schon die Gründe angeführt, warum die Nordiden und Daliden nicht als Spielarten einer Rasse betrachtet werden dürfen. Beide bestehen mindestens seit dem letzten Abschnitt der Eiszeit im nördlichen Mitteleuropa nebeneinander, wenn auch die ersteren zahlenmäßig überwiegen und der Schwerpunkt ihrer Verbreitung etwas östlicher gelegen ist. Ein Gebiet reiner nordischer Rasse im Sinne unserer Definition kann es schwerlich jemals gegeben haben, sondern nur einen Raum, in dem nordide und dalide Elemente mehr oder weniger miteinander verbunden waren. Und sehr wahrscheinlich kamen noch andere Bestandteile hinzu. Falls unsere Auffassung über eine schon sehr frühe Verbreitung der Indogermanen von der Nordsee bis zum Schwarzen Meer zutrifft, muß im Süden vor allem auch mit Elementen der mediterranen Rasse gerechnet werden. War die Bevölkerung jenes Bereiches seit dem Ende der Eiszeit indogermanisch, dann bestand sie nach unserer bisherigen Kenntnis sicher vorwiegend aus Nordiden, aber auch aus Daliden und wahrscheinlich aus Mediterranen, von möglichen kleinen anderen Elementen einmal abgesehen. Ob die vermuteten mediterranen Elemente zum Urbestand des Indogermanentums gehören, wird sich kaum jemals beantworten lassen.

B. Lundmann legt übermäßigen Wert auf die Unterscheidung niedrigschädliger Cromagnoider im Westen und hochschädliger Brünnoider im Osten. Ein so krasser Unterschied hat wohl kaum bestanden. Wenn man etwa den Schädel des alten Mannes von Crô-Magnon (Abb. 54, Mitte) mit dem Schädel von Brünn (Abb. 54, oben) oder den Schädel von Afalou (Abb. 55, unten) mit dem Schädel der Brünngruppe von Předmost (Abb. 55, Mitte) vergleicht, läßt sich ein wesentlicher Unterschied kaum erkennen. Eine bei den Schnurkeramikern gegenüber den Megalithleuten stärker vertretene Hochschädligkeit bezeugt noch keinen gewichtigen rassischen Gegensatz, zumal wenn man vergleichsweise die thüringischen Schnurkeramiker[205] in Betracht zieht. Ein Unterschied besteht im wesentlichen nur in einem etwas stärkeren daliden Anteil bei der Großsteingrabbevölkerung. Dalide Elemente finden sich durchaus auch bei den Schnurkeramikern. In diesem Zusammenhang sei nur auf die niedrigen Augenhöhleneingänge des Schnurkeramikers der unteren Bestattung der „Kaup" im samländischen Ostpreußen hingewiesen (Abb. 32, unten), welche mehr für die Cromagnonform typisch sind. Auch unter der letzteren gibt es gelegentlich schmälergesichtige Individuen, wie das der weibliche Schädel von Oberkassel (bei uns nicht abgebildet), den man nicht einfach zur Brünnform stellen kann, zeigt. Solche schmalen Cromagnonformen, die besonders bei Lebenden nur schwer von Nordiden brünnider Abkunft zu trennen sind, waren und sind teilweise noch bis heute die Ursache, die nordische Rasse direkt von der Cromagnonform herzuleiten.[205a]

Die schnurkeramische Bevölkerung ist bei weitem rassisch nicht so einheitlich, wie das vielfach angenommen wird. Davon kann man sich auf Studienfahrten leicht selbst überzeugen. Nach dem, was wir über die rassische Zusammensetzung der jungpaläolithischen, mesolithischen und neolithischen Bevölkerung Europas wissen, durfte das auch gar nicht angenommen werden. So überrascht es denn auch nicht, wenn A. Bach in ihrer Untersuchung mitteldeutscher Neolithiker mancherlei anthropologische Übereinstimmungen zwischen Bevölkerungen verschiedener Kulturgruppen feststellt. U. a. heißt es da: „Walternienburg-Bernburger und Schnurkeramiker sind einigen bandkeramischen Gruppen signifikant ähnlich und weisen gegenüber den Bandkeramikern insgesamt (Serie 5) signifikant ähnliche Werte auf."[206] Die Walternienburg-Bernburger gehören zum Kreis der Trichterbecherkultur. Auch hier haben wir also eine Bestätigung, daß die rassischen Unterschiede zwischen Bandkeramikern, Trichterbecherleuten und Schnurkeramikern[207] nicht erheblich sind.

Lundmans Annahme einer Einwanderung der Schnurkeramiker in das Megalithgebiet aus dem benachbarten Ostraum kann heute nicht mehr aufrechterhalten werden. Es gibt keine starken Gegensätze zwischen beiden Kulturen. Die schnurkeramische Kultur baut nachweislich mindestens erheblichenteils auf der Basis der Trichterbecherkultur auf und ist keine Zeitgenossin, sondern eine Nachfolgerin von ihr. So erklären sich auch die weitgehenden anthropologischen Übereinstimmungen. Die Aufstellung von Unterrassen innerhalb der Nordiden durch Lundman braucht man nicht anzufechten, wenn man den gleichen Maßstab wie er anlegt. Nach unseren Ausführungen über die Schnurkeramiker ist der Aufstellung seiner „ostnordiden Unterrasse" nur insofern beizupflichten, als hier die nordiden Anteile ein wenig stärker vertreten sind, als im nordwestdeutsch-skandinavischen Bereich der Trichterbecherkultur. Wenn er daher in der ostnordiden Gruppe die eigentlichen Urindoeuropäer sehen will, so kann man ihm schwer folgen. Eine Rassengruppe muß noch keine Volksgruppe sein. Das von ihm mit großem Vorbehalt angenommene Ursprungsgebiet (Abb. 60) dürfte nur den zentralen Kern des Siedlungsbereiches treffen, nicht aber den gesamten indogermanischen Siedlungsraum vor der Expansion bezeichnen. Damit erscheint auch der Ausschluß seiner skandonordiden Gruppe von einem ursprünglichen Indogermanentum nicht gerechtfertigt.

Es kann auch keine ganze Reihe von Urheimaten der Indogermanen gegeben haben, wie v. Eickstedt meint, sondern nur eine einzige. Ein Volk wird bei Wanderungen längere Zeit in dieser oder jener Gegend Aufenthalt nehmen können, die dann als Heimat betrachtet werden kann. Ein Beispiel dafür bietet der germanische Stamm der Goten, für den eine Zeitlang Skandinavien, dann das Weichselmündungsgebiet und schließlich Südrußland Heimat waren. Als seine Urheimat kann aber nur

Skandinavien gelten. Die **Urheimat** eines Volkes ist gleichbedeutend mit seinem Ursprungsgebiet.

Als Ergebnis einer Prüfung der Thesen zur Frage der Herkunft
der nordischen Rasse und des Indogermanentums dürfen wir
folgendes feststellen:

1. Die anthropologische Forschung ist sich im wesentlichen
   darüber einig, daß die Indogermanen vorwiegend nordischer Rasse gewesen sind.

2. Es gibt aber unterschiedliche Auffassungen über den Begriff der nordischen Rasse in der Anthropologie. Unsere
   Definition grenzt den Begriff auf die teutonordische Rasse
   von v. Eickstedt ein.

3. Nordische Rasse (Nordide) und dalische Rasse (Dalide)
   sind aus zwei unterschiedlichen jungpaläolithischen Formen erwachsen und daher selbständige Rassen. Hybride
   Formen müssen besonders gekennzeichnet werden.

4. Eine Gleichsetzung von nordischer Rasse und Indogermanentum darf nicht erfolgen. Es hat nie scharfe Rassengren-
   zen gegeben; Nordide sind auch in nichtindogermanischen
   Nachbarvölkern anzunehmen.

5. Aufgrund des Nebeneinanders von Nordiden und Daliden
   sowie ihrer teilweisen Verbindung muß das Indogermanentum schon von Anbeginn bei Überwiegen der ersteren
   — örtlich verschieden stark — dalide Anteile enthalten haben. Weitere andere, insbesondere mediterrane, sind nicht
   auszuschließen.

6. Die als sicher indogermanisch geltenden Schnurkeramiker
   sind vorwiegend, aber nicht einheitlich nordischer Rasse
   gewesen. Sie unterscheiden sich nicht wesentlich von den
   Trägern der Trichterbecherkultur und der Bandkeramik.

7. Für die Herkunft der nordischen Rasse aus Westsibirien
   oder Asien allgemein gibt es weder Beweise noch überzeugende Hinweise.

8. Die Entwicklung der nordischen Rasse aus Formen wie
   Brünn und Combe Capelle im nördlichen Mitteleuropa
   während der letzten Eiszeit ist in hohem Grade wahrscheinlich.

152

9. Parallel dazu lief die Bildung der dalischen Rasse aus der Cromagnonform des Nordens.

10. Ist die Ansicht von dem hier vertretenen Ursprung der nordischen Rasse zutreffend, dann muß das nördliche Mitteleuropa mindestens ein wesentlicher Teil der indogermanischen Heimat gewesen sein.

C. VERSUCH EINER SYNTHESE

Es soll nun der Versuch einer Synthese der Aussagen von Linguistik, Prähistorie und Anthropologie unternommen werden, um auf diese Weise der Lösung des Ursprungsproblems der Indogermanen nach Möglichkeit näher zu kommen.

Die Linguistik erweist als Heimatgebiet, das nicht gleichbedeutend mit dem Urheimatraum sein muß, einen Siedlungsbereich in einem gemäßigten Klima mit Wäldern und Gewässern, aber auch mit waldarmen bis steppenartigen Zonen. Flora und Fauna deuten auf Mittel- bis Südosteuropa. Die Kultur ist bäuerlich, wobei je nach Umwelt der Ackerbau oder die Viehzucht im Vordergrund standen. Das in Frage kommende Gebiet läßt sich bisher durch Ausschluß sicher nichtindogermanischer Siedlungsräume wie West-, Süd- und Nordosteuropas sowie durch das Fehlen nichtindogermanischer Eigennamen in Verbindung mit dem Auftreten altindogermanischer Gewässerbezeichnungen mit einiger Wahrscheinlichkeit auf den Bereich von der Nordsee im Nordwesten bis zum Balkan und zur Westukraine im Südosten begrenzen (Abb. 5). Sehr deutliche Sprachverbindungen zwischen Indogermanisch und Finno-Ugrisch sowie entferntere zwischen Indogermanisch und Hamito-Semitisch weisen auf einen zwischen diesen beiden großen nichtindogermanischen Gruppen liegenden Raum. Nach Süden bilden die nur in geringen Resten erhaltenen mediterranen Sprachen, an die sich im Osten die ihnen möglicherweise verwandten kleinasiatischen und kaukasischen Sprachen anschließen, eine Übergangszone. Einige Linguisten wollen Beziehungen dieser Sprachen, zu denen sie (unterschiedlich) das Iberische, das Baskische, das Ligurische, das Etruskische, Pelasgische sowie kleinasiatische und kaukasische Sprachen zählen, einerseits zum Hamito-Semitischen, andererseits aber auch zum Indogermanischen erkannt haben.[208] Das würde räumlich gut zu dem nach Ausweis indogermanischer Gewässernamen als indogermanisch gekennzeichneten Gebiet (Abb. 5) passen. Falls die Beziehungen jener Sprachen zueinander richtig eingeschätzt sind, könnte das eine bisher hypothetische, im älteren Jungpaläolithikum bestehende europäische Ursprache denkbar erscheinen lassen. Auch der anthropologische Befund würde diese Annahme in gewisser Weise stützen. Das von Zentraleuropa bis nach Nordafrika reichende Gebiet der Cromagnon- und Brünnformen, die sich während der letzten Eiszeit in die Daliden und Nordiden im Norden sowie in die Berberiden und Mediterranen im Süden aufgliedern (Abb. 64), gäbe dafür eine Basis ab. Stören könnte dabei nur der Kurzkopfgürtel (Abb. 63, Linie 2), wenn man für ihn ein hohes Alter annehmen müßte. Aber die Alpinen (Abb. 63, 2 A) erscheinen nach unserer derzeitigen Kenntnis kaum vor dem Mesolithikum, die Dinariden (Abb. 63, 2 B) sogar wesentlich später. Die Armeniden (Abb. 63, 2 C) sind in Kleinasien erst im Spätneolithikum festzustellen. Demnach hat während des Jungpaläolithikums noch kein Kurzkopfgürtel späteren Ausmaßes bestanden.

Etwas problematisch erscheint dabei zunächst die erschlossene enge Verbindung oder gar Urverwandtschaft zwischen Indogermanisch und Uralisch (aus dem das Finno-Ugrische), da die Finno-Ugrier im allgemeinen mit der osteuropiden (ostbaltischen) Rasse (Abb. 59) in Beziehung gesetzt werden. Letztere soll ursprünglich weiter nach Osten gereicht haben (Abb. 63, 1 B). Aber die kammkeramische Kultur der Uralier war rassisch wohl nicht einheitlich. Der Westteil muß bei der unmittelbaren Nachbarschaft zu den Nordiden (und Daliden) auch deren Rassenelemente enthalten haben. Wir haben hier sogar mit einem Überschneidungsgebiet zu rechnen. So stammen aus Litauen zwei dem Mesolithikum zugewiesene Schädel, von denen es heißt: „Beide Schädel vertreten einen dolichokranen europäiden Typus. Formen, die diesem Typus nahe kommen und aus demselben Zeitabschnitt stammen, sind aus Mittel- und Südeuropa bekannt."[209] Es gibt also deutliche Anzeichen für das Auftreten Nordider oder Dalider im westlichen Bereich der späteren kammkeramischen Kultur der Uralier schon vor der endsteinzeitlichen Ausbreitung der Schnurkeramiker in jenen Raum. Außerdem dürften Proto-Nordide und Proto-Osteuropide während der ganzen oder eines Großteils der letzten Eiszeit in engem Kontakt miteinander gestanden haben. Daraus würden sich dann auch die sprachlichen Beziehungen zwischen dem Indogermanischen und dem Finno-Ugrischen in gewisser Weise erklären. Auf eine Urverwandtschaft kann man daraus freilich nicht mit Sicherheit schließen. Einfach lägen die Dinge in dieser Hinsicht, wenn die Fenno-Norden v. Eickstedts, der sie im nördlichen europäischen Rußland ansetzt, dort schon in vorneolithischer Zeit gesessen hätten. Aber das ist leider sehr zweifelhaft. Wir haben es hier sehr wahrscheinlich mit Resten der Bevölkerung der spätneolithischen und frühbronzezeitlichen Fatjanovokultur (zur Verbreitung vgl. Abb. 36), die überwiegend schnurkeramisch bestimmt und vorwiegend nordrassig geprägt ist, zu tun. Die frühere Vermutung des Verfassers, man könnte in ihnen die Arier (Indo-Iranier) sehen,[210] muß wohl zugunsten der Ockergrabkultur aufgegeben werden.

Wir dürfen zusammenfassend feststellen, daß linguistische Kriterien für ein Ausgangsgebiet der indogermanischen Einzelvölker sprechen, das im Bereich von der Nordsee bis etwa zum Schwarzen Meer anzunehmen ist. Das gleiche gilt in anthropologischer Hinsicht, nur daß hier für das südliche Gebiet noch ein Mangel an guten Veröffentlichungen anzuzeigen ist. Wenden wir uns den Kriterien der prähistorischen Forschung zu! Nachdem der Ursprung der indogermanischen Sprachen allein anhand linguistischer Erwägungen sehr weit zurückliegen muß und wohl in die Endstufe des Jungpaläolithikums zu datieren ist, wäre für diese Zeit in Zentraleuropa oder dessen nächster Nachbarschaft eine Kultur zu erwarten, welche diese Bedingung erfüllt. Das ist aber nicht der Fall. Und in der mittleren Steinzeit ist das Kulturbild eher noch bunter (Abb. 49). Die Prähistorie kann nur von dem sicheren Faktum eines Indogermanentums der schnurkeramischen Kultur ausgehend, in ältere Zeit zurückschreiten. Hier läßt sich nun der Anschluß an die Trichterbecherkultur erreichen. Abgesehen von den gegebenen sachlichen Voraussetzungen braucht man nur die Verbreitung beider Kulturen zu vergleichen, um zu erkennen, daß hier das gleiche Heimatgebiet vorliegt. Die Schnurkeramik ist aus geographischer Sicht eine räumlich erweiterte Trichterbecherkultur (vgl. Abb. 25 und 36). Der teilweise unternommene Versuch, die Schnurkeramik von der Ockergrabkultur herzuleiten (Pit-Grave-Steppe Culture der Abb. 46) und damit eine Indogermanisierung eines vorher nichtindogermanischen Mittel- und Nordeuropas während des Neolithikums zu verbinden, muß heute als gescheitert betrachtet werden. Falls eine der beiden Kulturen nicht indogermanisch gewesen sein sollte, dann kann dies nur die Ockergrabkultur gewesen sein, denn es handelt sich hier um selbständige Kulturen. Aufgrund der möglichen Herleitung der Schnurkeramik aus der Trichterbecherkultur darf auch die letztere als indogermanisch angesehen werden. Nun läßt sich die Trichterbecherkultur in das Mesolithikum hinein zurückverfolgen und zwar bis in die Ertebölle-Ellerbekkultur. Letztere baut aber allem Anschein nach auf die ihr vorausgehenden Maglemose- und Duvenseegruppen auf (Abb. 17), wobei auch die Lyngbystufe mit ihren Rengeweihbeilen (Abb. 18) mit einbegriffen ist, deren Verbreitung sich so auffällig mit dem späteren Kerngebiet der Trichterbecherkultur deckt (vgl. Abb. 19 und 25). An der Verwurzelung des Trichterbecherkreises im Mesolithikum kann daher schwerlich gezweifelt werden. Wir hätten damit aus archäologischer Sicht hier schon seit dem Mesolithikum eine indogermanische Bevölkerung. Dem aber würde die Aussage der Linguistik nicht widersprechen und die Aussage der Anthropologie sogar entsprechen. Daraus ergäbe sich für uns ein erster relativ fester Anhalt.

Mit der Bandkeramik steht es nicht viel anders. An ihrer Verwurzelung im Mesolithikum des zentraleuropäischen Raumes kann kein Zweifel bestehen, es sei denn, man begibt sich auf ein Gebiet der Spekulation. Da diese Kultur bereits zu Beginn des zentraleuropäischen Neolithikums dort vorhanden ist, müßte eine etwaige Einwanderung von Trägern der späteren bandkeramischen Kultur sehr früh erfolgt sein, und es müßte sich geradezu um eine Massenbewegung gehandelt haben, die archäologisch nicht verborgen geblieben wäre. Natürlich ist es durchaus denkbar, daß der bandkeramische Ackerbau auf frühe Kontakte mit dem Südosten Europas oder gar Vorderasiens zurückgeht, aber zwingend ist eine solche Annahme keineswegs. Jedenfalls kann hier keine Rieseneinwanderung eines Bauernvolks stattgefunden haben. Für eine Verwurzelung der Bandkeramik im Mesolithikum Zentraleuropas spricht auch der anthropologische Befund, nachdem die mediterrane Rasse mindestens für den größeren Teil der Kulturträger kaum in Betracht kommen kann.

Aufgrund der erheblichen Gegensätzlichkeit von Trichterbecherkultur und Bandkeramik nahm man früher im allgemeinen auch ein unterschiedliches Volkstum an, was besagen sollte, nur eine von beiden könnte indogermanisch gewesen sein. Diese Annahme kann heute nicht mehr aufrechterhalten werden. Das Fehlen nichtindogermanischer Eigennamen, verbunden mit dem Auftreten altindogermanischer Gewässernamen im Bereich der bandkeramischen Kultur (vgl. Abb. 12 und 5) spricht entscheidend für ein Indogermanentum der Bandkeramiker. Was aus rein archäologischer Sicht schwer möglich war, läßt sich aus linguistischer erschließen. Der erhebliche Unterschied zwischen Trichterbecherkultur und Bandkeramik darf nicht mehr überraschen. Im Neolithikum ist gar keine einheitliche indogermanische Kultur zu erwarten, da es zu dieser Zeit nach Ausweis der Linguistik bereits unterschiedliche indogermanische Sprachen gegeben haben muß. So ist denn anzunehmen, daß Trichterbecherleute und Bandkeramiker unterschiedliche Sprachen gesprochen haben, aber indogermanische.[211] Wir dürfen demnach auch den bandkeramischen Kreis — wahrscheinlich mit Einschluß der Cucuteni-Tripolje-Kultur — in die Reihe der neolithischen indogermanischen Kulturen aufnehmen. Und noch eine andere Kultur ist hier aller Wahrscheinlichkeit nach anzuschließen: die Ockergrabkultur (Kurgankultur).

Als Entstehungsgebiet wird der Raum zwischen Dnjepr und unterer Wolga angegeben (Abb. 14 und 46). Sie tritt an die Stelle der ihr dort vorausgehenden Dnjepr-Donez-Kultur (nordpontische oder auch Mariupolkultur). Ihre Verbreitung ist aus Abb. 46 (North Pontic) und Abb. 44 (pfeilüberlagerte, wohl etwas zu weit reichende dunkle Fläche) ersichtlich. Die Keramik der Frühstufe dieser Kultur verrät in der Form eine auffallende

Ähnlichkeit mit der entsprechenden Tonware der Ertebölle-Ellerbekkultur (vgl. Abb. 42, oben und 20, 2). Vielleicht gibt es hier alte Zusammenhänge, die ggf. für gleiches oder verwandtes Volkstum sprechen könnten. Es besteht noch keine Klarheit, in welchem Maße die Dnjepr-Donez-Kultur zur Entwicklung der Ockergrabkultur beigetragen hat; dies kann aber nicht unerheblich gewesen sein. Die Ockergrabkultur wäre demnach mindestens zu einem Teil im Raum des Don alteinheimisch. Gegen Ende des Neolithikums reicht das Siedlungsgebiet dieser Kultur bis zum Uralfluß und zur Kama (Abb. 45). Die auf Abb. 45 östlich der Ockergrabkultur verzeichnete Andronover Kultur ist bereits bronzezeitlich. Sie läßt sich im wesentlichen auf die Ockergrabkultur zurückführen und kann mit einiger Sicherheit einer indogermanischen Bevölkerung — sehr wahrscheinlich Iranern — zugewiesen werden. Daraus würde dann aber ein Indogermanentum für die gesamte Ockergrabkultur zu folgern sein. Nach der Verbreitung kann es sich ggf. nur um die Kultur der Arier (Ur-Indoianer) gehandelt haben, deren aus der Linguistik zu erschließende vorwiegend viehzüchterische Kultur in die großenteils steppenartige Landschaft paßt. Und selbst anthropologisch bestehen anscheinend keine Schwierigkeiten, jene Bevölkerung an die Träger der als indogermanisch ausgewiesenen Trichterbecherkultur und Bandkeramik anzuschließen. Jedenfalls handelt es sich um Angehörige der europiden Langkopfgruppen, wobei sowohl ein nordider wie dalider Typus in Betracht kommt. Aber auch mediterrane (und berberide) Elemente können nicht ohne weiteres ausgeschlossen werden. Hier erwächst der anthropologischen Forschung noch eine ebenso notwendige wie lohnende Aufgabe.

Nach diesen Darlegungen können wir zusammenfassend feststellen: Aus linguistischer, archäologischer und anthropologischer Sicht dürfen die Trichterbecherkultur mit ihren Nachfolgekulturen, darunter der Schnurkeramik, ferner die Bandkeramik (wohl einschließlich der Cucuteni-Tripoljekultur) und die Ockergrabkultur (Kurgankultur) als indogermanische Kulturen angesehen werden. Damit ist aber nur das Neolithikum erfaßt. Nehmen wir innerhalb dieser Zeitspanne (etwa 4500 bis

1800 v. Chr.) eine mittlere Zeitstufe zwischen 3000 und 2500 v. Chr. heraus, so ergibt sich als indogermanischer Siedlungs-raum das auf Abb. 66 bezeichnete Gebiet. Dabei ist gleich zu betonen, daß dieser Siedlungsbereich sich schon damals etwas weiter nach Osten erstreckt haben kann, ohne daß dies bisher sicher zu belegen ist. Der Unsicherheitsfaktor wurde durch die beiden Fragezeichen auf Abb. 66 angedeutet.

So sehr wir die alte Darstellung von M. Gimbutas, wonach die ursprünglich östlich der Wolga beheimatete Kurgankultur die Urkultur der Indogermanen gewesen sein soll, von wo aus die Indogermanisierung Europas durchgeführt wurde, als unzurei-chend begründet ablehnen müssen, so sehr haben wir anzuer-kennen, daß sie die Forschung auf ein Problem hingewiesen hat, das vorher in der Archäologie kaum ernsthaft diskutiert worden ist. Wenn wir geneigt sind, Asien von der Heimat der indogermanischen Völker für das Neolithikum auszuschlie-ßen, so braucht das noch nicht das letzte Urteil zu sein. Denn es ist eins zu bedenken: Europa ist viel besser erforscht als Asien. Erst ein auf gleicher Forschungsbasis erwachsenes Urteil bietet die Voraussetzung für ein ausgewogenes Urteil. Aber die Problematik kann sich eigentlich nur auf ein asiatisches Teilge-biet beziehen. Nachdem die Trichterbecherkultur und die Bandkeramik mit größter Wahrscheinlichkeit im zentraleuro-päischen Mesolithikum wurzeln, wird eine ausschließlich asia-tische Heimat kaum in Betracht kommen können. Dagegen ist eine mittel- bis osteuropäische Heimat mit Einschluß eines Teils von Asien durchaus denkbar. Die damit zusammenhän-genden Fragen werden zu beantworten sein, wenn wir wissen, wie weit sich die Ockergrabkultur (Kurgankultur) oder noch eine andere dafür in Frage kommende ursprünglich erstreckt hat. Einstweilen müssen wir uns bescheiden und auf das relativ Gesicherte beschränken. Dies ergibt für das mittlere Neolithi-kum den auf Abb. 66 bezeichneten Siedlungsraum. Zu jener Zeit sind die Nordeurasier (Kammkeramiker), denen ethnisch wohl der Name „Uralier" zukommt, die unmittelbaren Nach-barn der Indogermanen.

Wir haben es bisher nach Möglichkeit vermieden, den Ausdruck „Urheimat" zu verwenden. Das hat seinen guten Grund. Der auf Abb. 66 angezeigte Siedlungsraum der Indogermanen, der vielleicht später nach Osten erweitert werden kann, muß nicht unbedingt mit deren Urheimat, also ihrem Ursprungsland, gleichbedeutend sein. Es ist zunächst nur der Raum, aus dem nach unserer heutigen Kenntnis die indogermanischen Einzelvölker hervorgegangen sind, und damit das Ursprungsland, die Urheimat, dieser Einzelvölker. Das braucht aber für das indogermanische Urvolk selbst nur eine Etappe gewesen zu sein; das Ursprungsgebiet, die Urheimat des Urvolkes, kann theoretisch woanders gelegen haben. Denn dieses Volkstum ist viel älter; es muß sich etwa gegen Ende des Jungpaläolithikums gebildet haben. Daß dies im Bereich des auf Abb. 66 bezeichneten Gebiets erfolgte, ist zwar in gewissem Grade wahrscheinlich, aber keineswegs sicher. Wir sind da in archäologischer Hinsicht noch in einer mißlichen Lage. Das kann sich nur durch ein intensives Studium des Jungpaläolithikums und des Mesolithikums später einmal wandeln. Die entscheidende Aussage aber wird wohl die Linguistik zu machen haben, denn ein Volkstum bestimmt sich in erster Linie nach der Sprache. Hier liegt noch ein weiter Weg und eine harte, zeitraubende Arbeit vor dieser Disziplin. Ihre Forschung hat neben dem europäischen Raum insbesondere auch den östlich der unteren Wolga liegenden asiatischen zu erfassen. Sollte die Linguistik einmal in der Lage sein, indogermanische Eigennamen, vor allem Gelände- und Gewässernamen, in Asien nachzuweisen, die als älter angesehen werden müßten, als die bisher in Europa festgestellten, erhielte das Indogermanenproblem eine gänzlich andere Note, und wir müßten unsere Meinung erneut überprüfen und sie ggf. zugunsten einer asiatischen Heimat oder gar Urheimat aufgeben. Nach dem derzeitigen Gesamtforschungsstand wird ein solcher Nachweis freilich kaum zu erbringen sein. Der archäologische Befund spricht doch sehr für ein in Europa gelegenes Ursprungsland der indogermanischen Völker, und es gibt nicht zu unterschätzende Anzeichen dafür, daß Indogermanen bereits im Mesolithikum etwa in demselben Raum wie im Neolithikum in Europa gesiedelt haben. Wenn das zutrifft, wird es im unmittelbar vorausgehenden Jungpaläolithikum kaum anders gewesen sein. Allerdings können wir letztere Möglichkeit auch nicht ganz ausschließen. Wir stoßen spätestens um die Wende vom Jungpaläolithikum zum Mesolithikum aus archäologischer Sicht noch auf ein bisher schwer zu überwindendes Hindernis, und die Linguistik kann zunächst nur ein sehr hohes Alter des Indogermanischen konstatieren, seine Anfänge aber noch nicht festlegen. In einer vorteilhafteren Lage befindet sich nur die Anthropologie. Nachdem die Verbindung des Indogermanentums mit einem Großteil der nordischen Rasse als gesichert gelten kann, kommt eigentlich aus dieser Sicht nur ein europäischer Ursprung jenes Volkstums in Betracht. Der Fingerzeig, den uns die Anthropologie gibt, sollte Ansporn genug sein, die Bemühungen zur Lösung des Indogermanenproblems nicht aufzugeben, sondern sie intensiv fortzusetzen.

Durch enge Zusammenarbeit aller zuständigen Disziplinen müßte es dereinst gelingen, die Urwurzel oder die Urwurzeln des Indogermanentums aufzuspüren und den Ursprung dieser Völkerfamilie, deren Sprachen heute über so weite Gebiete der Erde verbreitet sind, nach Raum und Zeit zu orten.

ANMERKUNGEN

[1] Vgl. zum folgenden auch E. Kieckers, Die Sprachstämme der Erde. Heidelberg 1931, S. 3, und F. Bodmer, Die Sprachen der Welt. 5. Auflage (ohne Jahreszahl), S. 174.

[2] In seiner Arbeit „Asia Polyglotta" von 1823.

[3] H. Arntz (Hg.), Germanen und Indogermanen, Bd. I und II (Festschrift für H. Hirt). Heidelberg 1936. In der Folge zitiert: In H. Arntz I bzw. II.
W. Koppers (Festschrift), Die Indogermanen- und Germanenfrage, Salzburg-Leipzig 1936. In der Folge zitiert: In W. Koppers.
A. Scherer (Hg.), Die Urheimat der Indogermanen. Wege der Forschung. Bd. CLXVI. Darmstadt 1968. In der Folge zitiert: In A. Scherer.

[4] H. Krahe, Indogermanische Sprachwissenschaft. Sammlg. Göschen Bd. 59, 1948, S. 12 ff.
Vgl. auch W. Porzig, Die Gliederung des indogermanischen Sprachgebiets. Heidelberg 1954.

[5] H. Krahe, Das Venetische. Seine Stellung im Kreis der verwandten Sprachen. Sitzungsber. Heidelberger Akademie d. Wissensch., 1950. H. Krahe, Germanisch und Illyrisch. In H. Arntz II, S. 565 ff.

[6] H. Krahe, Die alten balkanillyrischen geographischen Namen. Indogerm. Bibliothek Abt. 3, Bd. 7, Heidelberg 1925.
H. Krahe, Der Anteil der Illyrer an der Indogermanisierung Europas. Die Welt als Geschichte Bd. 6, 1940.
J. Pokorny, Zur Urgeschichte der Kelten und Illyrier. Halle 1938.
M. Vasmer, Beiträge zur slavischen Altertumskunde. Zeitschr. f. slav. Phil. VI, 1929, S. 145 ff.
M. Vasmer, Beiträge zur alten Geographie der Gebiete zwischen Elbe und Weichsel. Ebenda V, 1925, S. 360 ff.

[7] F. Schachermeyr, Wanderungen und Ausbreitung der Indogermanen im Mittelmeergebiet. In H. Arntz I, S. 238.

[8] H. Krahe, Indogermanisch und Alteuropäisch. In A. Scherer, S. 432.

[9] E. Meyer, Die Indogermanenfrage. In A. Scherer, S. 265—266.

[10] E. Meyer, a.a.O., S. 275.

[11] L. Kilian, Zu Herkunft und Sprache der Prußen. 2. Auflage, Bonn 1982, S. 65 ff. Mit zahlreichen Literaturhinweisen.

[12] L. Kilian, Haffküstenkultur und Ursprung der Balten. Bonn 1955. Dazu die unter Anm. 11 genannte Arbeit.

[13] L. Kilian, Baltische Ortsnamen westlich der Weichsel? Altpreußen Jahrg. 4, S. 67 ff. Dazu die unter Anm. 11 genannte Schrift.

H. Krahe, Baltische Ortsnamen westlich der Weichsel. Altpreußen Jahrg. 8, H. 3, S. 11 ff.

[14] Mitteilung von K. W. Struve, Schleswig, über das Ergebnis einer internationalen Fachtagung in Mainz 1982.

[15] F. Schachermeyr in H. Arntz I, S. 245. Die Regierungszeit „Tiglatpilesers I" ist dort infolge eines Druckfehlers mit „ca. 1115—1003" angegeben.

[16] Erkannt von dem Indogermanisten und Runenkundler Wolfgang Krause, Königsberg, später Göttingen, einem der Sprachlehrer des Verfassers.

[17] In Anlehnung an F. Bodmer, Die Sprachen der Welt, S. 175. Mit einigen Änderungen für das Sanskrit.

[18] In Anlehnung an H. Krahe, Indogermanische Sprachwissenschaft, S. 107 ff. Ergänzungen für das Prußische durch Verfasser.

[19] Nach H. Kronasser, Vorgeschichte und Indogermanistik. In A. Scherer, S. 481.

[20] Vgl. dazu O. Schrader, Sprachvergleichung und Urgeschichte. 3. Auflage, Jena 1906, Teil I, S. 56.

[21] Joh. Schmidt, Die Verwandtschaftsverhältnisse der indogermanischen Sprachen. Weimar 1872.

[22] N. S. Trubetzkoy, Gedanken über das Indogermanenproblem. In A. Scherer, S. 214 ff.

[23] G. Solta, Gedanken zum Indogermanenproblem. In A. Scherer, S. 324 ff.

[24] E. Pulgram, Indoeuropäisch und „Indoeuropäer". In A. Scherer, S. 455 ff.

[25] H. Hirt, Die Indogermanen. Straßburg 1905 und 1907. Vgl. Anm. 31.

[26] H. Krahe, Indogermanisch und Alteuropäisch. In A. Scherer, S. 426 ff.

[27] P. Thieme, Die Heimat der indogermanischen Gemeinsprache. Akad. d. Wiss. u. Lit., Abhandl. d. geistes- u. sozialwiss. Klasse, Jahrg. 1953, Nr. 11, Mainz, S. 535(539)—613.

[28] Der Ausdruck stammt nach H. Kronasser, Vorgeschichte und Indogermanistik, in A. Scherer, S. 478 ff., von dem Schweizer Adolphe Pictet.

[29] O. Schrader, Sprachvergleichung und Urgeschichte, S. 3 ff.

[30] A. Kuhn, Zur ältesten Geschichte der indogermanischen Völker. Osterprogramm des Berliner Realgymnasiums, 1845.

[31] H. Hirt, Die Urheimat der Indogermanen. Indogerman. Forsch. Bd. I, Straßburg 1892, S. 464—485.
H. Hirt, Die Indogermanen, ihre Heimat und ihre Kultur. Straßburg 1905 und 1907.

H. Hirt, Die Heimat der indogermanischen Völker und ihre Wanderungen. In A. Scherer, S. 1 ff.

[32] H. Arntz, Herman Hirt und die Heimat der Indogermanen. In H. Arntz II, S. 25—28. Dort sind auch die späteren Arbeiten von Hirt aufgeführt.

[33] G. Neckel, Die Frage nach der Urheimat der Indogermanen. In A. Scherer, S. 158 ff.

[34] E. Meyer, Die Indogermanenfrage. In A. Scherer, S. 256 ff.

[35] A. Scherer, Das Problem der indogermanischen Urheimat vom Standpunkt der Sprachwissenschaft. In A. Scherer, S. 288 ff.

[36] M. Vasmer, Die alten Bevölkerungsverhältnisse Rußlands im Lichte der Sprachforschung. Preuß. Akad. d. Wiss., Vortr. u. Schrift., H. 5, Berlin 1941, besonders S. 11 ff.

[37] St. E. Mann, Die Urheimat der „Indoeuropäer". In A. Scherer, S. 224 ff.

[38] O. Schrader, Sprachvergleichung und Urgeschichte, Jena 1890. Zitiert nach 3. Auflage, Jena 1906, Teil I und II.

[39] W. Merlingen, Zum Ausgangsgebiet der indogermanischen Sprachen. In A. Scherer, S. 409 ff.

[40] H. Kronasser, Vorgeschichte und Indogermanistik. In A. Scherer, S. 478 ff.

[41] W. Brandenstein, Die Lebensformen der „Indogermanen". In W. Koppers, S. 231 ff.
W. Brandenstein, Die erste indogermanische Wanderung. Klotho. Bd. 2, Wien 1936.

[42] In A. Scherer, S. 500.

[43] So von Brandenstein formuliert in Die Sprache als Geschichtsquelle. Die Welt als Geschichte III, 6, 1937, S. 444.

[44] H. Güntert, Zur Frage nach der Urheimat der Indogermanen. Beiträge zur neueren Literaturgesch., H. XVI, Heidelberg 1930.
H. Güntert, Der Ursprung der Germanen. Kultur und Sprache Bd. 9, Heidelberg 1934.

[45] J. Schmidt, Die urheimath der Indogermanen und das europäische zahlensystem. Phil. Hist. Abh. d. Königl. Akad. d. Wiss. zu Berlin aus dem Jahre 1890, Abh. II. Berlin 1891.

[46] A. Nehring, Studien zur indogermanischen Kultur und Urheimat. In W. Koppers, S. 7 ff.
A. Nehring, Die Problematik der Indogermanenforschung. In A. Scherer, S. 385 ff.

[47] S. Feist, Europa im Lichte der Vorgeschichte. Berlin 1910, S. 48 ff.

[48] B. Collinder, Indo-uralisches Sprachgut. Die Urverwandtschaft zwischen der indoeuropäischen und der uralischen (finnisch-ugrisch-samojedischen) Sprachfamilie. Uppsala Univ. Arskrift 1934 I.

[49] W. Schmidt, Die Sprachfamilien und Sprachenkreise der Erde. Heidelberg 1926, S. 354. — Dieser Autor wird gewöhnlich als P. W. Schmidt zitiert, wobei das P für „Pater" steht.

[50] E. Meyer, Die Indogermanenfrage. In A. Scherer, S. 280 f.

[51] A. Scherer, Das Problem der indogermanischen Urheimat vom Standpunkt der Sprachwissenschaft. In A. Scherer, besonders S. 299.

[52] C. Uhlenbeck, Oer-Indogermaansch en Oer-Indogermanen. Mededel. Kon. Akad. Wetenschapen, Afd. Letterkunde, 77, Ser. A, Nr. 4.

[53] G. Neckel, Die Frage nach der Urheimat der Indogermanen. In A. Scherer, S. 163 ff.

[54] J. Pokorny, Substrattheorie und Urheimat der Indogermanen. In A. Scherer, S. 176 ff.

[55] In Wiener Prähist. Zeitschr. XIX, S. 272 ff. und in Glotta XXIII (1934), S. 1 ff.

[56] J. Pokorny, Die indogermanische Spracheinheit; Gemeinsamkeiten innerer Sprachform. In A. Scherer, S. 375 ff. Hier: S. 380.

[57] J. Pokorny, Die Träger der Kultur der Jungsteinzeit und die Indogermanenfrage. In A. Scherer, S. 305 ff.

[58] E. Forrer, Neue Probleme zum Ursprung der indogermanischen Sprachen. Mannus 26, 1934, S. 115 ff.

[59] Vgl. dazu W. Schmidt, Die Herkunft der Indogermanen und ihr erstes Auftreten in Europa. In A. Scherer, S. 321.
Ferner A. Nehring, Studien zur indogermanischen Kultur und Urheimat. In W. Koppers, S. 15.

[60] A. Schott, Indogermanisch — Semitisch — Sumerisch. In H. Arntz II, S. 45 ff.
H. Möller, Vergleichendes indogermanisch-semitisches Wörterbuch. Göttingen 1911.

[61] G. Lacombe und R. Lafon, Indo-européen, basque et ibère. In H. Arntz II, S. 109 ff.

[62] H. Jensen, Indogermanisch und Uralisch. In H. Arntz II, S. 171 ff.

[63] N. Anderson, Studien zur Vergleichung der indogermanischen und finnisch-ugrischen Sprachen. Verhandl. d. gelehrt. ehstn. Ges. zu Dorpat IX, S. 49 ff.
K. B. Wiklund, Finnisch-ugrisch und Indogermanisch. Le Monde Oriental I (1906), S. 43 ff.

H. Sköld, Indo-Uralisch. Finn.-ugr. Forsch. XVIII (1927).
Paasonen, Zur Frage der Urverwandtschaft der finnisch-ugrischen und indoeuropäischen Sprachen. Finn.-ugr. Forsch. VII, S. 13 ff.

[64] H. Jensen, Indogermanisch und Altaisch. In H. Arntz II, S. 125 ff.

[65] H. Jensen, Indogermanisch und Dravidisch. In H. Arntz II, S. 145 ff.

[66] H. Krahe, Ligurisch und Indogermanisch. In H. Arntz II, S. 241 ff.

[67] H. Krahe, Ortsnamen als Geschichtsquelle. Schrift. d. Univ. Heidelberg, H. 4, 1950, S. 159 ff.

[68] A. Schmökel, Die ersten Arier im Alten Orient. Leipzig 1938.
E. Meyer, Die Indogermanenfrage. In A. Scherer, S. 264 ff.
F. Schachermeyr, Wanderungen und Ausbreitung der Indogermanen im Mittelmeergebiet. In H. Arntz I, besonders S. 237 ff.
J. Friedrich, Das erste Auftreten der Indogermanen in Kleinasien. In H. Arntz II, S. 216.
W. Brandenstein, Die Sprachschichten im Bereich der Ägäis. In H. Arntz II, S. 36.

[69] A. Nehring, Studien zur indogermanischen Kultur und Urheimat. In W. Koppers, S. 35.

[70] H. Krahe, Indogermanisch und Alteuropäisch. In A. Scherer, S. 431.
W. Brandenstein, Die Sprachschichten im Bereich der Ägäis. In H. Arntz II, S. 37 f.

[71] A. Scherer, Das Problem der indogermanischen Urheimat vom Standpunkt der Sprachwissenschaft. In A. Scherer, S. 297—298.

[72] In A. Scherer, S. 263.

[73] H. Krahe, Alteuropäische Flußnamen. Beiträge zur Namenforschung Bd. 1 (1949/50) bis Bd. 6 (1955).
H. Krahe, Vorgeschichtliche Sprachbeziehungen von den baltischen Ostseeländern bis zu den Gebieten um den Nordteil der Adria. Akad. d. Wiss. u. Lit., Abh. d. geistes- u. sozialwiss. Klasse, Jahrg. 1957, Nr. 3.
H. Krahe, Die Struktur der alteuropäischen Hydronymie. Ebenda, Jahrg. 1962, Nr. 5.
H. Krahe, Sprache und Vorzeit. Heidelberg 1954.
H. Krahe, Sprachverwandtschaft im alten Europa. Heidelberg 1951.
H. Krahe, Unsere ältesten Flußnamen. Wiesbaden 1964.
H. Krahe, Indogermanisch und Alteuropäisch. In A. Scherer, S. 426 ff.

[74] W. P. Schmid, Alteuropäisch und Indogermanisch. Abhandl. d. Akad. d. Wiss. u. Lit. Mainz, geistes- u. sozialwiss. Klasse 1968, 6. Wiesbaden 1968.

W. P. Schmid, Die alteuropäische Hydronymie; Stand und Aufgaben ihrer Erforschung. Beiträge z. Namenforsch., NF, Bd. 16 (1981), H. 1, S. 1 ff.

[74a] In ihrem Ursprung gehen sie wegen ihres konservativen Charakters höchstwahrscheinlich bis weit in das Neolithikum zurück und dürfen daher als altindogermanisch bezeichnet werden.

[75] W. Brandenstein, Das Indogermanenproblem. In A. Scherer, S. 535.

[76] J. Udolph, Zu neuen Arbeiten der polnischen Namenforschung. Zeitschr. f. Ostforsch., 30. Jahrg. 1981, H. 1, S. 89.

[77] In A. Scherer, S. 260.

[78] In A. Scherer, S. 377.

[79] In A. Scherer, S. 399.

[80] In A. Scherer, S. 303.

[81] In A. Scherer, S. 488.

[82] H. Krahe, Indogermanische Sprachwissenschaft. Samml. Göschen, Bd. 59, 2. Auflage, 1948, S. 30 f.

[83] H. Krahe in Scherer, S. 432.

[84] E. v. Eickstedt, Arier und Nagas. In H. Arntz I, S. 365.

[85] Vgl. dazu auch A. Schmitt, Die germanische Lautverschiebung und ihr Wert für die Frage nach der Urheimat der Indogermanen. In H. Arntz II, S. 343 ff.
Das Fehlen eines fremden Substrats im Germanischen wurde auch von dem Indogermanisten Wolfgang Krause in Vorlesungen und Seminaren der dreißiger Jahre in Königsberg/Pr. nachdrücklich betont.

[86] A. Scherer, Das Problem der indogermanischen Urheimat vom Standpunkt der Sprachwissenschaft. In A. Scherer, S. 293.

[87] Vgl. dazu L. Kilian, Haffküstenkultur und Ursprung der Balten, Bonn 1955, und Zu Herkunft und Sprache der Prußen, 2. Auflage, Bonn 1982.

[87a] Jene große Spracheinheit könnte möglicherweise sogar bis in die Neanderthalerzeit des Moustérien zurückgehen. Vgl. Anm. 155.

[88] W. Merlingen in A. Scherer, S. 413.

[89] H. Kronasser in A. Scherer, S. 496.

[90] R. Meringer, Indogermanische Sprachwissenschaft. Samml. Göschen, 3. Auflage, Leipzig 1903, S. 148.

[90a] In Mittel- und Nordskandinavien haben wir in jener Zeit vielleicht noch mit einer voruralischen Sprache zu rechnen.

[91] Das inzwischen sehr umfangreich gewordene Schrifttum kann hier im einzelnen nicht aufgeführt werden. Zur Einführung seien genannt: O. Menghin, Grundlinien einer Methodik der urgeschichtlichen Stammeskunde, in H. Arntz I, S. 41 ff. sowie F. Maurer, Mundart — Verkehr — Stamm, in H. Arntz II, S. 363 ff. Vgl. Anm. 92 und 93.

[92] L. Kilian, Zum Aussagewert von Fund- und Kulturprovinzen. Swiatowit XXIII, 1960, S. 41 ff.

[93] L. Kilian, Die Prußen und Kuren in Nordostpreußen aus der Sicht von Archäologie und Ortsnamenkunde. Mannus 48, H. 3 (1982), S. 153 ff.

[94] L. S. Klejn, Kossinna im Abstand von 40 Jahren. Jahresschr. f. Mitteldeutsche Vorgesch. 58, 1974, S. 7 ff. Hier: S. 49.

[95] J. Bergmann, Die ältere Bronzezeit Nordwestdeutschlands. Marburg 1970, S. 19.

[96] W. F. Libby, Radiocarbon Dating. Phoenix Science Series 1965. H. E. Suess, Die Methode der Radiokohlenstoffdatierung und ihre Bedeutung für die prähistorische Forschung; K. O. Münnich, Fehlermöglichkeiten bei der C^{14}-Analyse. Ber. V. Internat. Kongreß f. Vor- u. Frühgeschichte Hamburg 1958. Berlin 1961, S. 789 bzw. 582 ff.

[97] Chr. Pescheck, Lehrbuch der Urgeschichtsforschung. Weende-Göttingen 1950.
H. Müller-Karpe, Handbuch der Vorgeschichte. Bd. I Altsteinzeit, München 1966 und 1977. Bd. II Jungsteinzeit, 1968. Bd. III Kupferzeit, 1974.
K. J. Narr (Hg.), Handbuch der Urgeschichte. Bd. I Ältere und mittlere Steinzeit, Bern 1966. Bd. II Jüngere Steinzeit und Steinkupferzeit, 1975.
J. Filip (Hg.), Enzyklopädisches Handbuch der Ur- und Frühgeschichte Europas. Bd. I (A—K); Bd. II (L—Z) Prag 1966 bzw. 1969. Überwiegend deutscher, teilweise französischer Text.

[98] W. Buttler, Der donauländische und der westische Kulturkreis der jüngeren Steinzeit. Handbuch der Urgeschichte Deutschlands, Bd. 2, 1938. H. Butschkow, Die bandkeramischen Stilarten Mitteldeutschlands. Jahresschr. Vorgesch. sächs.-thür. Länder 23, 1935.

[99] H-D. Kahlke, Die Bestattungssitten des donauländischen Kulturkreises der jüngeren Steinzeit. Teil I Linienbandkeramik. Berlin 1954.

[100] F. Niquet, Die Rössener Kultur in Mitteldeutschland. Jahresschr. Vorgesch. sächs.-thür. Länder 26, 1937.
C. Engel, Herkunft und verwandtschaftliche Beziehungen der Rössener Kultur. Mannus 32, 1940.

[101] K. Jażdżewski, Zusammenfassender Überblick über die Trichterbecherkultur. Präh. Zeitschr. 23, 1932.
K. Langenheim, Die Tonware der Riesensteingräber in Schleswig-Holstein. Neumünster 1955.

E. Sprockhoff, Die nordische Megalithkultur. Handbuch d. Urgesch. Deutschlands 3. 1938.

H. Knöll, Abriß der Trichterbecherkultur. 34. Ber. Röm.-Germ. Komm. 1951—53. 1954.

C. J. Becker, Aktuelle Probleme der Trichterbecherkultur. Ber. V. Internat. Kongreß f. Vor- u. Frühgesch. Hamburg 1958. Berlin 1961, S. 68 ff.

[102] E. Vogt, Die Michelsberger Kultur. Acta Archaeol. 24, 1953.

J. Lüning, Die Michelsberger Kultur, ihre Funde und ihre räumliche Gliederung. 48. Ber. Röm.-Germ. Komm. 1967. 1968.

[103] P. Grimm, Die Baalberger Kultur in Mitteldeutschland. Mannus 29, 1937.

J. Preuß, Die Baalberger Gruppe in Mitteldeutschland. Veröff. Landesmus. Vorgesch. Halle 21, 1966.

[104] H. Priebe, Die Westgruppe der Kugelamphoren. Jahresschr. Vorgesch. sächs.-thür. Länder 28, 1938.

A. Häusler, Gräber der Kugelamphorenkultur in Wolhynien und Podolien und die Frage ihres Ursprungs. Jahresschr. f. Mitteldeutsche Vorgesch. 50, 1966.

[105] W. Coblenz, Materialien zur Schnurkeramik I. Arb. u. Forsch. Ber. z. sächs. Bodendenkmalpflege 1952. 1954.

G. Loewe, Kataloge zur mitteldeutschen Schnurkeramik. Teil I Thüringen. Veröff. Landesmus. Vorgesch. Halle 17, 1959.

H. Lucas, Kataloge zur mitteldeutschen Schnurkeramik. Teil II Saalemündungsgebiet. Ebenda 20, 1965.

W. Matthias, Kataloge z. mitteldeutschen Schnurkeramik. Teil III Nordharzgebiet. Ebenda 23, 1968.

M. Buchvaldek, Die Schnurkeramik in Böhmen. Praha (Prag) 1967.

[106] P. V. Glob, Studier over den jyske Enkeltgravskultur. Kopenhagen 1945.

K. W. Struve, Die Einzelgrabkultur in Schleswig-Holstein und ihre kontinentalen Beziehungen. Neumünster 1955.

[107] J. E. Forssander, Die schwedische Bootaxtkultur und ihre kontinentaleuropäischen Voraussetzungen. Lund 1933.

A. Oldeberg, Studien über die schwedische Bootaxtkultur. Stockholm 1952.

[108] L. Kilian, Haffküstenkultur und Ursprung der Balten. Bonn 1955.

[109] J. Ozols, Ursprung und Herkunft der zentralrussischen Fatjanovokultur. Berlin 1962.

[110] Dazu die Anm. 122, 123 und 125.

[111] A. del Castillo, La cultura del vaso campaniforme. Barcelona 1928.

[112] K. Gerhardt, Die Glockenbecherleute in Mittel- und Westdeutschland. Ein Beitrag zur Paläanthropologie Eurafrikas. Stuttgart 1953.

[113] G. Kossinna, Die indogermanische Frage archäologisch beantwortet. Zeitschr. f. Ethnologie 34, 1902, S. 161 ff. Dazu spätere Arbeiten.

[114] H. Seger, Vorgeschichtsforschung und Indogermanenproblem. In H. Arntz I, S. 1 ff.

[115] T. Sulimirski, Die schnurkeramischen Kulturen und das indoeuropäische Problem. In A. Scherer, S. 117 ff.

[116] W. Antoniewicz, Das Problem der Wanderungen der Indogermanen über die polnischen und ukrainischen Gebiete. In H. Arntz I, S. 203 ff.

[117] In A. Scherer, S. 141 ff.

[118] P. Bosch-Gimpera, Das europäische Neolithikum und seine Völker. Die Indogermanenfrage. Ber. V. Internat. Kongreß f. Vor- u. Frühgesch. Hamburg 1958, S. 129 ff. Berlin 1961.

[119] P. Bosch-Gimpera, Die Indoeuropäer. Schlußfolgerungen. In A. Scherer, S. 510 ff.

[120] E. Wahle, Die Indogermanisierung Mitteleuropas. In A. Scherer, S. 346 ff.

[121] R. Pittioni, Die Uraltertumskunde zur Frage der indogermanischen Urheimat. In W. Koppers, S. 531 ff.

[122] M. Gimbutas, The Prehistory of Eastern Europe. Part I. Mesolithic, neolithic and copper age cultures in Russia and the baltic area. Cambridge, USA, 1956.

[123] M. Gimbutas, Die Indoeuropäer. Archäologische Probleme. In A. Scherer, S. 538 ff. Übersetzung aus American Anthropologist Vol. 65, Nr. 4, 1963, S. 815 ff.

[123a] Gewöhnlich Dnjepr-Donez-Kultur oder auch Mariupol-Kultur genannt.

[123b] Ein Cromagnon-Typ mit schmalem Gesicht kann nur die Ausnahme sein; kennzeichnend für diesen Typus ist die Breitgesichtigkeit.

[124] J. Mellaart, The end of the Early Bronze Age in Anatolia and the Aegean. American Journal of Archaeology 62, 1958, Nr. 1, S. 9 ff.

[125] M. Gimbutas, Die Kurgankultur (Streitaxtkultur, Schnurkeramik). In Narr, Handbuch der Urgeschichte II, S. 459 ff.

[126] H. Kühn, Herkunft und Heimat der Indogermanen. In A. Scherer, S. 110 ff.

[127] In H. Arntz I, S. 37 mit Anm. 1.

[128] H. Schwabedissen, Die mittlere Steinzeit im westlichen Norddeutschland. Neumünster 1944, S. 119 ff. bzw. 129 ff.
Vgl. dazu auch G. Schwantes, Nordisches Paläolithikum und Mesolithikum. Festschr. Mus. f. Völkerkunde, Hamburg 1928, und C. J. Becker, die Magle-

mosekultur in Dänemark. Congr. Internat. Sc. Préhist. et Protohist. 3, 1950. 1953.

[129] G. Neumann, Frühe Indogermanen und benachbarte Sprachgruppen. In Narr, Handbuch der Urgeschichte II, S. 673.

[130] Handbuch der Vorgeschichte III, S. 485, Anm. 4.

[131] In Jahresschr. f. Mitteldeutsche Vorgeschichte Bd. 41—42, 1958, S. 256—257.

[132] L. Kilian, Schnurkeramik und Ockergrabkultur. Finska Fornminnesförening. Tidskrift 59: 2, Helsinki 1958.

[133] A. Häusler, Ockergrabkultur und Schnurkeramik. Jahresschr. f. Mitteldeutsche Vorgeschichte 47, 1963, S. 157 ff.
A. Häusler, Ist eine Ableitung der Schnurkeramik von der Ockergrabkultur möglich? Forsch. u. Fortschritte Jahrg. 37, 1963, S. 363 ff.
A. Häusler, Zur Frage der Beziehungen zwischen dem nordpontischen Raum und den neolithischen Kulturen Mitteleuropas. Jahresschr. f. Mitteldeutsche Vorgeschichte 64, 1981, S. 229 ff.

[134] H. Müller-Karpe, Handbuch der Vorgeschichte III, S. 353.
A. J. Brjussow und M. P. Simina, Steinerne durchbohrte Streitäxte aus dem Gebiet des europäischen Teils der U.d.S.S.R. (russ.). Archeologija SSSR, Moskau 1966.

[135] H. Müller-Karpe, Handbuch der Vorgeschichte II, S. 363.

[136] H. Behrens, Ein neolithisches Bechergrab aus Mitteldeutschland mit beinerner Hammerkopfnadel und Kupfergeräten. Jahresschr. f. Mitteldeutsche Vorgeschichte 36, 1952, S. 53 ff.

[137] Handbuch der Vorgeschichte III, S. 232.

[138] Handbuch der Urgeschichte II, S. 454.

[139] Handbuch der Vorgeschichte III, S. 486.

[140] G. Heberer, Die mitteldeutschen Schnurkeramiker. Halle 1938.

[141] L. Kilian, Zu einigen Kernproblemen der Schnurkeramik. Mannus 40, H. 3—4, 1974, S. 211 ff.

[142] M. P. Malmer, Jungneolithische Studien. Acta Archaeol. Lundensia, Serie 8, Nr. 2, Bonn-Lund 1962.

[143] Handbuch der Vorgeschichte III, S. 338.

[144] H. Müller-Karpe, Handbuch der Vorgeschichte II, S. 160.

[145] Die mittlere Steinzeit im westlichen Norddeutschland. Neumünster 1944.

[146] Handbuch der Urgeschichte II, S. 453.

[147] A. Häusler, Die jüngere Steinzeit Sibiriens und Mittelasiens. In Narr, Handbuch der Urgeschichte II, S. 575.

[148] N. Haas, C. Maximilian, D. Niculaescu-Plopșor, Dates sur la présence du type Crô-magnon en Roumanie. Ber. V. Internat. Kongreß f. Vor- u. Frühgeschichte Hamburg 1958, Berlin 1961, S. 365 ff. Ähnlich äußern sich O. C. Necrasov und M. L. Cristesco. Ebenda S. 597 ff.

[149] A. Häusler in einer Rezension von Eustace Dockray Phillips, The Royal Hordes. Nomad Peoples of the Steppes, London 1965, in Etnogr. Arch. Zeitschr. Jahrg. 10, 1969, S. 434.

[150] A. Häusler in einer Rezension von A. P. Smirnov, V. N. Tschernecov und J. F. Erdeli, Probleme der Archäologie und der alten Geschichte der Ugrier (russ.), Moskau 1972, in Zeitschr. f. Arch. Bd. 10, 1976, S. 148.

[151] R. Schmoeckel, Die Hirten, die die Welt veränderten. Rowohlt 1982. Romanhafte Darstellung. Hier ist im ersten Kapitel von einer großen Trockenheit die Rede, welche das „stolze Kurgan-Volk" zu einer explosionsartigen Expansion zwang: „Ohnmächtig, die Fäuste im Zorn geballt und Tränen in den Augen, mußten die Hirten mit ansehen, wie ihre Lieblingskuh verendete, ihr in Jahrzehnten angesammelter Reichtum, ihr Bankkonto auf vier Beinen, ihre Herde dahinschmolz."

[152] Chronologie der jüngeren Steinzeit Mittel- und Südosteuropas. Berlin 1949.

[153] F. Schachermeyr, Wanderungen und Ausbreitung der Indogermanen im Mittelmeergebiet. In H. Arntz I, S. 229 ff.

[154] Archeologický Atlas Pravěké Evropy (Archäol. Atlas zur Vorgeschichte Europas). ZPRAVY XVII, 1975, Heft 6, Karten 6a (unsere Abb. 49) und 4a (unsere Abb. 50).

[155] Eine relative kulturelle Einheit findet sich erst im vorausgehenden Moustérien (Zeit des Neanderthalers). Vielleicht müssen wir bis in diese Zeit zurückgehen, um auch zu einer sprachlichen Einheit, etwa dem bisher hypothetischen Ureuropäischen, zu gelangen. Vgl. Anm. 87a.

[156] K. Dittmer, Allgemeine Völkerkunde. 1954. L. Adam und H. Trimborn (Hg.), Lehrbuch der Völkerkunde. 1958.

[157] In Anthropos XXX, 1935. Sonderdruck, S. 1—31.

[158] Vgl. auch W. Koppers, Pferdeopfer und Pferdekult der Indogermanen. In W. Koppers, S. 279 ff.

[159] N. Poppe, Zum Feuerkultus bei den Mongolen. Asia Major II, 1925, S. 130 ff.

[160] F. Flor, Die Indogermanenfrage in der Völkerkunde. In H. Arntz I, S. 69 ff.

[161] R. Hachmann, in Orientalistische Literaturzeitung 1958, Nr. 7—8, S. 319 ff.

[162] F. Hančar, Das Pferd in prähistorischer und früher historischer Zeit. München-Wien 1956.

[163] Handbuch der Urgeschichte II, S. 692 f.

[164] W. Amschler, Die ältesten Funde des Hauspferdes. In W. Koppers, S. 497 ff.

[165] Nach R. Martin, Lehrbuch der Anthropologie, Jena 1928, in Verbindung mit W. Gieseler, Abstammungs- und Rassenkunde des Menschen I, Oehringen 1936.

[166] Die Bezeichnung -kran sollte nur für den Schädel (Skelett), -kephal nur für den Kopf (des Lebenden) verwendet werden. Indessen ist letztere auch oft für den Schädel in Gebrauch.

[167] E. v. Eickstedt, Die Forschung am Menschen. Teil 1: Geschichte und Methoden der Anthropologie. Stuttgart 1940, S. 40.

[168] Vgl. dazu etwa B. Lundman, Jordens Människoraser och Folkstammer, Uppsala 1943, S. 294—295, oder I. Schwidetzky, Das Menschenbild der Biologie, Stuttgart 1971, S. 123—124.

[169] Zitiert nach A. Bach, Neolithische Populationen im Mittelelbe-Saale-Gebiet, Weimar 1978, S. 73, mit Hinweis auf eine Arbeit von I. Schwidetzky in Homo 18, Göttingen 1967, S. 151 ff.

[170] I. Schwidetzky, Das Menschenbild der Biologie. Stuttgart 1971, S. 124—125.

[170a] Namen nach der schwedischen Landschaft Dalarna (die Täler) bzw. den deutschen Bezeichnungen West- oder Ost-Falen.

[171] R. Martin und K. Saller, Lehrbuch der Anthropologie. Stuttgart 1957.
E. v. Eickstedt, Rassenkunde und Rassengeschichte der Menschheit. Stuttgart 1934. Hier umfangreiche Literaturhinweise.
E. v. Eickstedt, Die Forschung am Menschen. Teil 1—3. Stuttgart 1954—1963. Die ersten beiden Teile erschienen bereits ab 1937.
R. Biasutti (Hg.), Razze e Popoli. Bd. I—III. Turin 1940.
C. St. Coon, The Races of Europe. 1. Auflage New York 1939.
H. Vallois, Les races humaines. 3. Auflage Paris 1951.

[172] O. Reche, Rasse und Heimat der Indogermanen. München 1936.

[173] H. F. K. Günther, Die Nordische Rasse bei den Indogermanen Asiens. München 1934.

[173a] Zu weiteren Funden s. G. Heberer, Rassengeschichtliche Forschungen im indogermanischen Urheimatgebiet. Jena 1943, S. 24 f.

[174] „Chancelade ist ein Eskimo", sagte v. Eickstedt wörtlich in einer Vorlesung im Wintersemester 1936/37 in Breslau.

[175] In: Racial migration-zones and their significance. Human Biology I, 1929, S. 34—62. Zitiert nach O. Reche.

[176] H. F. K. Günther, Rassenkunde des deutschen Volkes. München 1930.
H. F. K. Günther, Rassenkunde Europas. München 1929.
H. F. K. Günther, Herkunft und Rassengeschichte der Germanen. München 1935.

[177] B. Lundman, Umriß der Rassenkunde des Menschen in geschichtlicher Zeit. Kopenhagen 1952.

[178] B. Lundman, Stammeskunde der Völker, Uppsala 1961, S. 33.

[179] Die neuere Ausgabe von 1954—1963 war dem Verfasser trotz großer Bemühungen leider nicht zugänglich. Eine schriftliche Anfrage bei Frau I. Schwidetzky hat den Adressaten anscheinend nicht erreicht.

[180] A.a.O. S. 458 ff.

[181] Die Endung -id bezeichnet bei v. Eickstedt relativ reinrassige Individuen, -oid solche mit fremder Beimischung, -imorph Angehörige ähnlicher Entwicklungsschichten und -iform eine Formenähnlichkeit schlechthin ohne Rücksicht auf einen genetischen Zusammenhang.

[182] C. St. Coon, The Races of Europe, New York 1939, besonders Text zu Plate 27 und 28.

[183] G. Kurth, Nachpleistozäne Rassendifferenzierung bis zum Ausgang des Neolithikums. In Narr, Handbuch der Urgeschichte II, S. 704 ff.

[184] Vgl. aber auch E. Breitinger, Zur Differentialdiagnose zwischen nordischen und mittelländischen Schädeln. Verh. d. Deutsch. Ges. f. Rassenforschung IX, 1938, S. 113 ff.

[185] Als Studierender der Vorgeschichte, Rassenkunde und Vergleichenden Sprachwissenschaft in einem Seminarvortrag im Rassenbiologischen Institut sowie Übungen zum Indogermanenproblem unter der Leitung des Prähistorikers B. v. Richthofen, des Anthropologen L. Loeffler und des Linguisten W. Krause um die Mitte der dreißiger Jahre in Königsberg/Pr.

[186] Besonders anläßlich einer vom 23. Mai bis zum 6. Oktober 1934 währenden Studienreise durch das Baltikum, Finnland, Norwegen, Schweden, Dänemark und Norddeutschland.

[187] M. W. Hauschild, Zur Anthropologie der Crô-Magnon-Rasse. Zeitschr. f. Ethnologie LV, 1923, S. 54 ff.
F. Paudler, Die hellfarbigen Rassen, ihre Sprachstämme, Kulturen und Urheimaten. Heidelberg 1924.
F. Kern, Stammbaum und Artbild der Deutschen. München 1927.
Verfasser ist besonders durch die Arbeit von Paudler mit dem Problem vertraut geworden.

[187a] Nordische Rasse und Brünn-Rasse in der Jungsteinzeit Niederösterreichs. Forschungen u. Fortschritte 11, Nr. 14, 1935, S. 184 f.

175

[188] Vgl. auch K. H. Roth-Luthra, Der Wandel des anthropologischen Typus bei den Europiden vom Jungpaläolithikum bis ins zweite vorchristliche Jahrtausend. Homo 20, Göttingen 1969, S. 174 ff.

[189] Andere epipaläolithische Fundplätze mit Cromagnoiden in Nordafrika sind Mechta el'Arbi und Tofaralt (C. St. Coon a.a.O. S. 59 und G. Kurth a.a.O. S. 709).

[189a] Zeitlich unsicherer Fund von Schädelkapsel und Unterkiefer aus England. Zur Lage s. Abb. 52.

[190] C. St. Coon a.a.O. S. 40.

[191] A.a.O. S. 83.

[192] A.a.O. S. 108 bzw. 128.

[193] A.a.O. S. 83.

[194] A.a.O. S. 25 ff.

[195] C. St. Coon a.a.O. weist auf den Seiten 26—28 auf Literatur zu diesem Thema hin.

[196] Daneben gab es natürlich noch andere, vorwiegend urtümlichere, Formen.

[197] A.a.O. S. 119.

[198] O. Streng, Die Bluteigenschaften (Blutgruppen) der Völker, besonders die der Germanen. In H. Arntz I, S. 407 ff.

[199] W. Scheidt, Die Rassen der jüngeren Steinzeit in Europa. München 1924.

[200] In Narr, Handbuch der Urgeschichte II, S. 714.

[201] Anläßlich der in Anm. 186 erwähnten Studienreise.

[202] C. St. Coon a.a.O. S. 83.

[202a] So nimmt es auch nicht wunder, wenn G. Heberer, Rassengeschichtliche Forschungen im indogermanischen Urheimatgebiet S. 40 ff. die Linearbandkeramiker der mediterranen, O. Reche aber der nordischen Rasse zuweist.

[203] A. Bach, Neolithische Populationen im Mittelelbe-Saale-Gebiet. Zur Anthropologie des Neolithikums unter besonderer Berücksichtigung der Bandkeramiker. Weimarer Monographien zur Ur- und Frühgeschichte 1, Weimar 1978.

[204] A.a.O. S. 73.

[205] Vgl. dazu auch G. Heberer, Die mitteldeutschen Schnurkeramiker. Veröff. d. Landesanstalt f. Volkheitkunde zu Halle 10, 1938.

[205a] Streng genommen entstammt also die Masse der „Nordischen" der Brünnform, ein kleiner Teil der relativ seltenen schmalen Cromagnonform. Vom genetischen Standpunkt sollte man aber nur die ersteren „Nordide" nennen, die letzteren dagegen mit einer anderen Bezeichnung belegen (etwa „Nordide vom Cromagnontyp").

[206] A. Bach a.a.O. S. 68.

[207] Die Arbeit von A. Bach und H. Bach, Zur Anthropologie der Schnurkeramiker II in Beiträge zur Kultur und Anthropologie der mitteldeutschen Schnurkeramiker II, Alt-Thüringen 13, Weimar 1975, S. 43 ff. war Verfasser leider nicht zugänglich.

[208] Vgl. dazu W. Schmidt, Die Sprachfamilien und Sprachenkreise der Erde, Heidelberg 1926, S. 64 ff.

[209] K. Mark, Zur Entstehung der gegenwärtigen Rassentypen im Ostbaltikum. Finska Fornminnesföreningens Tidskrift 59, 1958, S. 6—7.

[210] L. Kilian, Haffküstenkultur und Ursprung der Balten. Bonn 1955, S. 105—106.

[211] Es läge hier zunächst nahe, an den Unterschied zwischen Kentum- und Satemsprachen zu denken. Sofern wir aber die Ockergrabkultur als indogermanisch und zwar indoiranisch (Satemsprache) betrachten, will diese Rechnung nicht aufgehen. Möglicherweise ist das Entstehen der Satemcharakteristika auch erst jüngeren Datums.

Abkürzungsverzeichnis

Allgemein

a.a.O.: am angegebenen Ort
Abb.: Abbildung
Anm.: Anmerkung
Bd.: Band
bzw.: beziehungsweise
ca.: circa
d. h.: das heißt
f.: für
ff.: folgende
gem.: gemäß
ggf.: gegebenenfalls
H.: Heft
Hg.: Herausgeber
Idg.: Indogermanen
idg.: indogermanisch
Kr.: Kreis
NF: Neue Folge
S.: Seite
s.: siehe
sogen.: sogenannt
u. a.: unter anderem
u. U.: unter Umständen
vgl.: vergleiche
z. B.: zum Beispiel

Sprachen

ahd.: althochdeutsch
ai.: altindisch
air.: altirisch
airan.: altiranisch
alit.: altlitauisch
apers.: altpersisch
asl.: altslawisch
av.: avestisch
dor.: dorisch
got.: gotisch
gr.: griechisch
heth.: hethitisch
ion.: ionisch
lat.: lateinisch
lit.: litauisch
pr.: prußisch (altpreußisch)
russ.: russisch
skr.: Sanskrit
toch.: tocharisch
ven-ill.: veneto-illyrisch

ERGÄNZUNGEN ZUR ZWEITEN AUFLAGE

Seite 11: Nichtindogermanische Sprachen.
Zu den nichtindogermanischen Sprachen in Europa gehört noch die kleine Gruppe des Maltesischen und das Türkische, obwohl das türkische Sprachgebiet nur mit einem kleinen Zipfel nach Europa hineinragt und das Türkische eine typisch asiatische Sprache ist.

Seite 12: Indogermanisch.
Die Bezeichnung „indogermanisch" wurde bereits im Jahre 1810 von dem dänisch-französischen Geographen Conrad Malte-Brun gebraucht, indem er von «langues indo-germaniques» sprach.

Seite 13, Seite 14: Venetisch und Illyrisch.
Eine engere Verwandtschaft von Venetisch und Illyrisch wird heute nicht mehr vertreten. Eine Anzahl neuerer Arbeiten weist in diese Richtung. Auch im Enzyklopädischen Handbuch zur Ur- und Frühgeschichte Europas von J. Filip, Band II (1969), S. 1578, heißt es unter dem Stichwort „Veneter": „Nach den antiken Überlieferungen Illyrier, die in Oberitalien zw. Po u. Alpen siedelten (Venetorum angulus). Entgegen der vorherrschenden Ansicht über die illyrische Zugehörigkeit dieses Volkes sind einige Forscher (P. Kretschmer) der Meinung, daß die V. eher der italischen Sprachengruppe angehörten."

Eine Verbindung dieses Venetischen mit der Lausitzer Kultur müßte demnach wohl entfallen.

Jene Veneti sind scharf zu unterscheiden von den an der Weichsel überlieferten Veneti (Venedi, Venedae).

Seite 13, Seite 16: Germanisch und Baltisch.
Der Linguist Wolfgang P. Schmid weist in seiner Rezension meiner Arbeit in Indogerman. Forsch., 90. Band (1985), S. 280, auf enge sprachliche Beziehungen zwischen Germa-

nisch und Baltisch hin. Er meint dazu, der Nordische Kreis zeige zur Haffküstenkultur (vgl. L. Kilian, Haffküstenkultur und Ursprung der Balten, Bonn 1955) viel weniger enge Beziehungen. Das ist nicht zutreffend. Unter „Nordischer Kreis" muß man in diesem Zusammenhang die jütische Einzelgrabkultur verstehen. Letztere aber zeigt zur Genüge Verbindungen zur Haffküstenkultur, sind doch beide Teile der schnurkeramischen Streitaxtkultur. Die jütische Einzelgrabkultur wird von Verfasser als Kultur der Urgermanen angesehen (vgl. neuerdings L. Kilian, Zum Ursprung der Germanen, Bonn 1988).

Seite 14: Illyrisch.
Nach heutiger Erkenntnis hat das Illyrische keine Inschriften geliefert.

An neuerer Literatur zum Illyrischen wären zu nennen:
H. Krahe in Indogerman. Forsch. 69, 1964, S. 201 ff.;
H. Kronasser in Die Sprache 11, 1965, S. 155 ff.;
G. R. Solta, Einführung in die Balkanlinguistik mit besonderer Berücksichtigung des Substrates und des Balkanlateinischen, 1980, S. 27 ff.

Seite 14: Festlandkeltisch.
Vom Festlandkeltischen sind einige antike Inschriften erhalten.

Seite 15: Griechen.
Nach R. Schmitt, Einführung in die griechischen Dialekte, 1977, S. 133, ist die Frage der griechischen Einwanderung nach Griechenland zeitlich noch völlig offen. Dagegen müssen die Vorfahren der Griechen nach A. Häusler, Die Indoeuropäisierung Griechenlands nach Aussage der Grab- und Bestattungssitten, Slovenska archaeol. 29, 1981, S. 59 ff., bereits „im 3. Jt. v.u.Z." in Griechenland anwesend gewesen sein. Man sieht wieder einmal, wie unterschiedlich die Meinungen sind. Wenn daher ein Rezensent unter Berufung auf R. Schmitt meine auf F. Schachermayr fußende Zeitangabe

180

„um 1900" als „Irrtum" bezeichnet, so ist das gänzlich abwegig.

Seite 15: Hethitisch.
Die in Hieroglyphen abgefaßte Sprache soll „engere Beziehungen zum Luwischen" aufweisen.

Seite 16: Tocharisch.
Prof. Dr. Dr. Tsung-tung Chang von der Universität Frankfurt sandte mir 1986 sein Manuskript "Indo-European vocabulary in Archaic Chinese and a new thesis of the Chinese language and civilization in late neolithic age", dessen Inhalt auf dem 32. Kongreß für asiatische und nordafrikanische Studien 1986 in Hamburg vorgetragen wurde. Danach ist eine große Zahl chinesischer Wörter indogermanischer Herkunft. Zutreffendenfalls wäre der spezielle Ursprung zu prüfen, insbesondere, ob das Tocharische als Quelle in Betracht kommt.

Seite 17: Urheimat der Slawen.
Von einem Schüler W.P. Schmids, Göttingen, J. Udolph, erschien 1979 die Arbeit „Studien zu slavischen Gewässernamen und Gewässerbezeichnungen – Ein Beitrag zur Frage nach der Urheimat der Slaven" in Beiträge zur Namenforschung, NF, Beiheft 17. Das Werk umfaßt nicht weniger als 640 Seiten. Seine zahlreichen Verbreitungskarten (119!) lassen einen geradezu ungeheueren Arbeitsaufwand erkennen. Udolph versucht an Hand alter slawischer Wasserwörter und Gewässernamen das ursprüngliche slawische Siedlungsgebiet zu umreißen. Er findet diesen Raum am Nordhang der Karpaten „etwa zwischen Zakopane im Westen und der Bukowina im Osten" (S. 619). Das Gebiet mißt in west-östlicher Richtung rund 300 km, in nord-südlicher aber nur 50–150 km. Von hier aus wäre die slawische Expansion erfolgt (seine Karte 118 auf Seite 622). Er datiert die slawische Urzeit (mit Urheimat) „vor 500 nach Christus", wobei die Anfänge um die Zeitwende liegen könnten. Bald nach 500 werde „die Expansion der Slaven sowohl auf dem Balkan wie im Westen spürbar".

Die geradezu bewundernswerte Kleinarbeit von Udolph war nicht ohne Erfolg. Das von ihm festgestellte Gebiet muß ein Ballungsraum der Slawen gewesen sein. Ist es aber auch ihre Urheimat gewesen? Das ist die große Frage! Wenn der betreffende Raum noch zwischen Zeitwende und 500 n.Chr. als slawisches Siedlungszentrum bestanden haben sollte, dann müßte bald danach eine Expansion unvorstellbaren Ausmaßes erfolgt sein. Es ist schwer vorstellbar, daß eine auf so kleinem Raum siedelnde Bevölkerung in relativ kurzer Zeit solch ungeheuere Gebiete besetzt haben soll. Insofern müssen wir an dem genannten Urheimatraum Zweifel hegen. Möglicherweise war das nur ein wenn auch vielleicht besonders wichtiger Urheimat-Teilraum. Auch erscheint mir die zeitliche Ansetzung der Urslawen reichlich spät, vor allem im Hinblick auf das viel früher anzusetzende Urbaltentum. Die Frage nach der Urheimat der Slawen wird also wohl auch weiterhin gestellt werden müssen.

Seite 18: Thrakisch und Phrygisch.
Vom Thrakischen sind auch einige Inschriften auf uns gekommen. Thrakisch und Phrygisch werden heute nicht mehr als nahe verwandt erachtet. Auch sei die Einstufung des Phrygischen in die Satemgruppe nicht sicher.

Seite 19: Arier.
Unter Hinweis auf M. Mayrhofer, Kurzgefaßtes etymologisches Wörterbuch des Altindischen I und III wird eine Verbindung von griechisch „aristos" mit „arisch" in Frage gestellt.

Seite 53: Ligurisch.
Über das Ligurische gibt es neuere Erkenntnisse, die in einer Arbeit von G.R. Solta, Zur Stellung der lateinischen Sprache, 1974, S. 32 ff. und 64 ff. dargelegt sind.

Seite 56: Alteuropäische Hydronymie.
Die Zeit dieser Hydronymie wird sowohl von H. Krahe wie von W.P. Schmid zu spät angesetzt. Falls es sich mindestens

teilweise um Bezeichnungen der indogermanischen Gemeinsprache handelt, müßten diese in das Neolithikum verwiesen
werden.

Seite 137 ff.: Cromagnoide und Brünnoide.
Die Trennung, die Verf. zwischen den beiden Gruppen durch-
führt, wird heute teilweise nicht mitvollzogen. So erklärte
P. Schröter von der Anthropologischen Staatssammlung
München in einer Rezension von Chr. Pescheck: „Cromagnon und Combe Capelle/Brünn sind zwei Extremformen in
einem recht breiten Variationsspektrum der spätpleistozänen
Bevölkerung Europas und diese die Basis von populationsge-
netischen Prozessen, die dann zu den modernen 'Rassen'
führen". Eine solche Meinung wird hier zurückgewiesen. Die
schon seit der jüngeren Altsteinzeit bestehenden deutlichen
Unterschiede zwischen Cromagnoiden und Brünnoiden sind
doch wohl rassenspezifischen Charakters.

Seite 146: Rasse der Trichterbecherleute und der
        Schnurkeramiker.
Die von Verf. betonte weitgehende rassische Ähnlichkeit von
Trichterbecherleuten und Schnurkeramikern wird bestätigt
durch eine Arbeit der bekannten Anthropologin I. Schwidetzky, The Influence of the Stepp People, Based on the Physical
Anthropological Data in Special Consideration to the Corded Battle Axe Culture, in Indo-European Studies 8, 1980, S.
345 ff.

Seite 154 ff.: Weitere Literatur zum Indogermanenproblem.
An neuerem Schrifttum zu verschiedenen Fragen wäre zu
nennen:

W. Dressler, Methodische Vorfragen bei der Bestimmung der
„Urheimat", Die Sprache 11, 1965, S. 25 ff.

W. Meid, Probleme der räumlichen und zeitlichen Gliederung
des Indogermanischen, in: Flexion und Wortbildung, Akten
der V. Fachtagung der Indogermanischen Gesellschaft, Wiesbaden 1975, S. 204 ff.

A. Tovar, Krahes alteuropäische Hydronymie und die westindogermanischen Sprachen. Heidelberg 1977.

A. Tovar, Die Indoeuropäisierung Westeuropas, Innsbruck 1982.

V.I. Georgiev, Introduction to the History of the Indo-European Languages, Sofia 1981.

R. Adrados, Die räumliche und zeitliche Differenzierung des Indoeuropäischen im Lichte der Vor- und Frühgeschichte, Innsbruck 1982.

J. Haudry, Les Indo-Européens, PUF, 1981.

Abbildungen

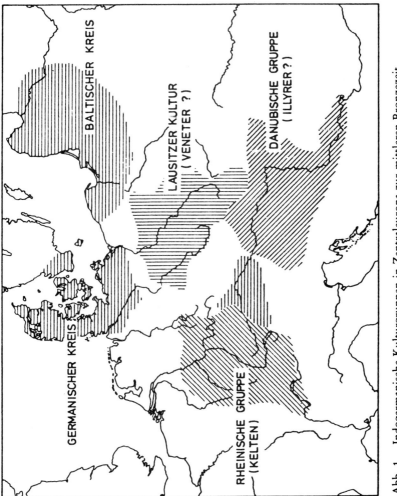

Abb. 1. Indogermanische Kulturgruppen in Zentraleuropa zur mittleren Bronzezeit (um 1200 v. Chr.). Nach L. Kilian

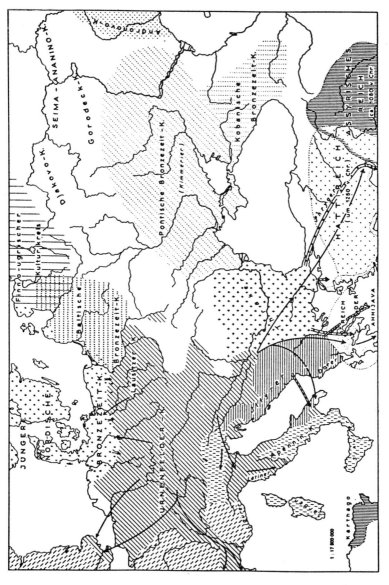

Abb. 2. Kulturen und Völker zur jüngeren Bronzezeit (um 1000 v. Chr.).
Nach W. La Baume und anderen.

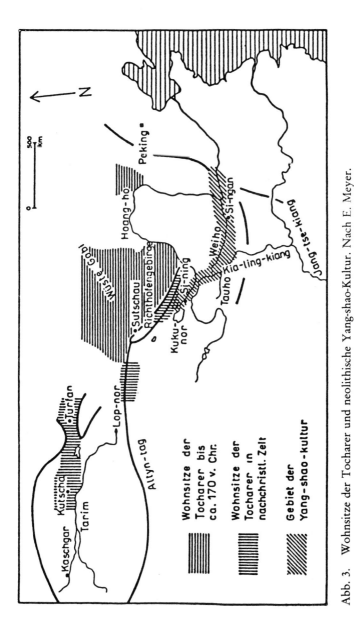

Abb. 3. Wohnsitze der Tocharer und neolithische Yang-shao-Kultur. Nach E. Meyer.

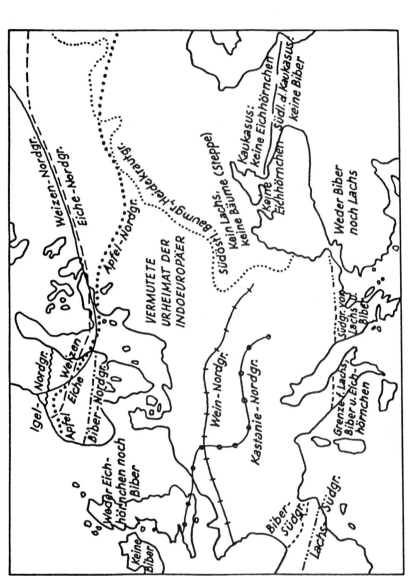

Abb. 4. Verbreitung bestimmter Pflanzen und Tiere als Hinweis zur indogermanischen „Urheimat". Nach St. E. Mann.

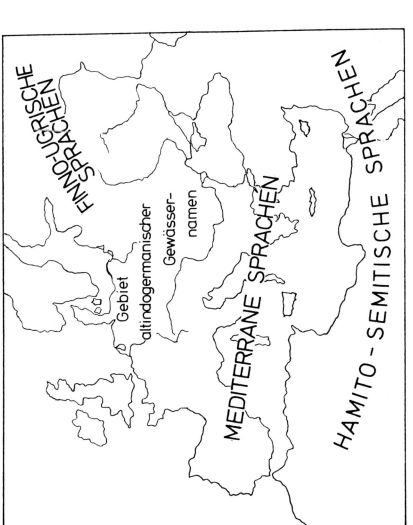

FINNO-UGRISCHE SPRACHEN

Gebiet altindogermanischer Gewässer- namen

MEDITERRANE SPRACHEN

HAMITO - SEMITISCHE SPRACHEN

Abb. 5.   Gebiet altindogermanischer Gewässernamen des 2. Jahrtausends v. Chr. in seiner Lage
zu nichtindogermanischen Sprachgruppen.

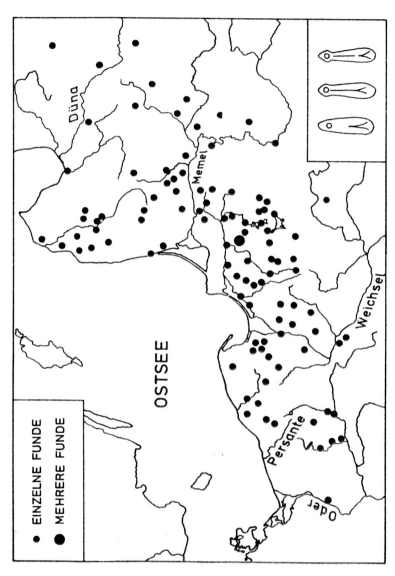

Abb. 6. Verbreitung der frühbronzezeitlichen Schlangenkopfhacke als Zeichen einer Fundprovinz. Nach L. Kilian.

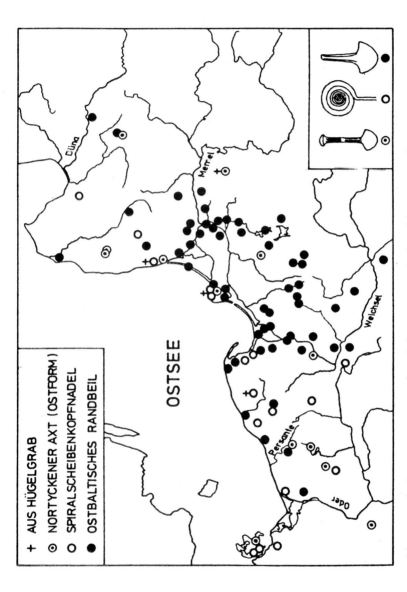

Abb. 7.   Verbreitung von Bronzen der mittleren Bronzezeit als Zeichen einer Kulturprovinz.
Nach L. Kilian.

OSTSEE

+   AUS HÜGELGRAB
⊙   NORTYCKENER AXT (OSTFORM)
○   SPIRALSCHEIBENKOPFNADEL
●   OSTBALTISCHES RANDBEIL

Düna

Merre

Weichsel

Persante

Oder

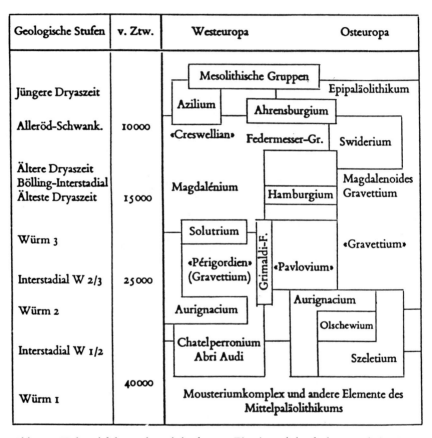

Abb. 8. Kulturabfolge während der letzten Eiszeit und der frühen Nacheiszeit. Nach B. Klima.

GEOLOGISCHE UNTER-ABTEILUNG	POLLENZONE und KLIMAPHASE		WALDTYPUS NORD-DEUTSCH-LANDS	OSTSEE-PHASE	C¹⁴-JAHRE VOR HEUTE
JUNG- HOLOZÄN	X	*Sub-atlantikum*	Forsten	Myaphase	— 1000 —
	IX		Buchenwald	Limnaeaphase	— 2000 —
MITTEL- HOLOZÄN	VIII	*Sub-boreal*	Eichenmisch-wald mit Buche	Litorinameer	— 3000 — — 4000 — — 5000 —
	VII VI	*At-lantikum*	Eichenmisch-wald		— 6000 — — 7000 —
ALT- HOLOZÄN	V	*Boreal*	Haselhaine	Ancylussee	— 8000 —
	IV	*Praeboreal*	Kiefernwald Birkenwald	Yoldiameer	— 9000 — — 10 000 —
JUNG- PLEISTOZÄN	III	*Jüngere Tundrenzeit*	Tundra	Salpausselkä-stand	
	II	*Alleröd*	Birken-, Kiefernwald	Baltischer Eissee	— 11 000 —
	Ic	*Ältere Tundrenzeit*	Tundra		
	Ib	*Bölling*	Parktundra		— 12 000 —
	Ia	*Älteste Tundrenzeit* etc.	Tundra	Eisbedeckung	······20 000······

MÜLLER-BECK

Abb. 9.   Klimaphasen und Bewuchsfolgen seit der Eiszeit. Nach H. Müller-Beck.

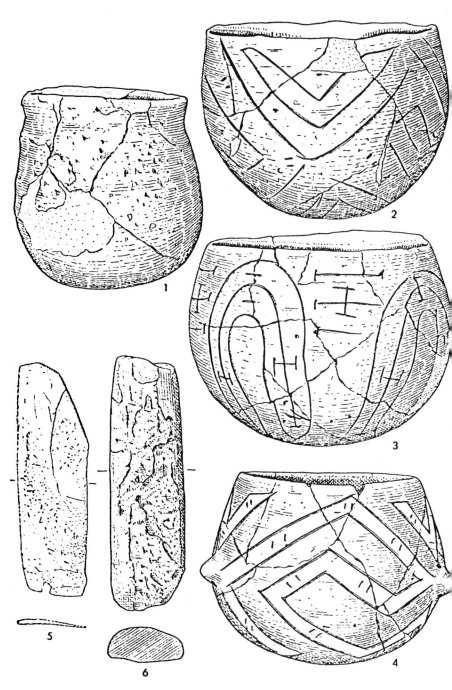

Abb. 10. Grabfund der Linearbandkeramik von Sondershausen. Nach H-D. Kahlke.

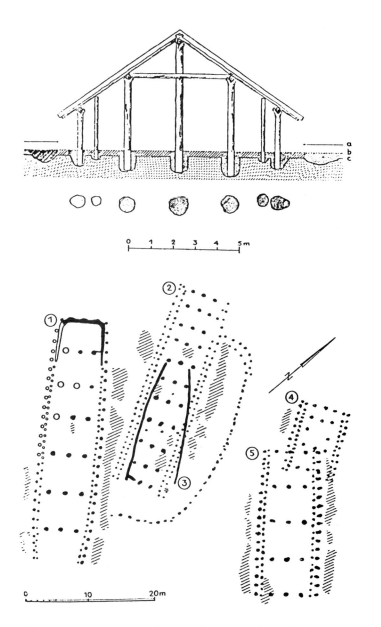

Abb. 11. Rekonstruktionsschnitt und Hausgrundrisse der älteren Stichbandkeramik von Zwenkau-Harth. Nach H. Quitta.

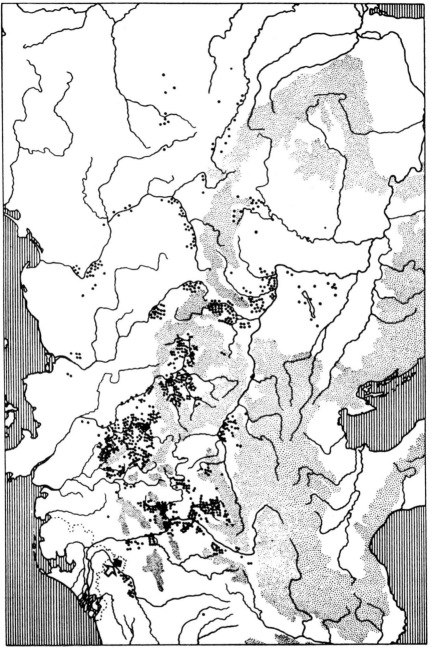

Abb. 12. Verbreitung der donauländischen Kultur (Bandkeramik). Nach Buttler, Milojčić und anderen.

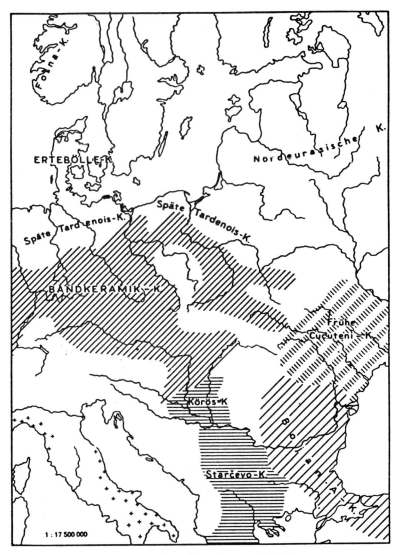

Abb. 13. Verbreitung von Kulturen im älteren Neolithikum
(4. Jahrtausend v. Chr.).
Nach W. La Baume und anderen.

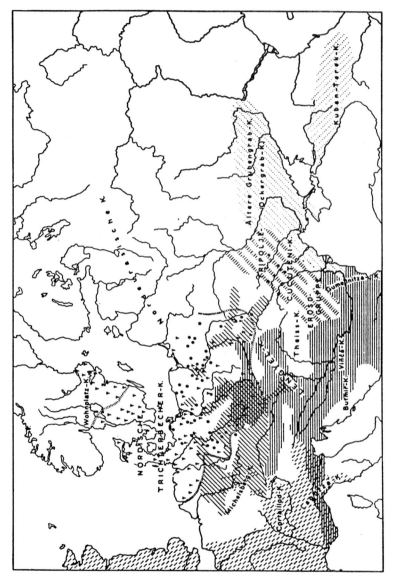

Abb. 14. Verbreitung von Kulturen im jüngeren Neolithikum (3. Jahrtausend v. Chr.). Nach W. La Baume und anderen.

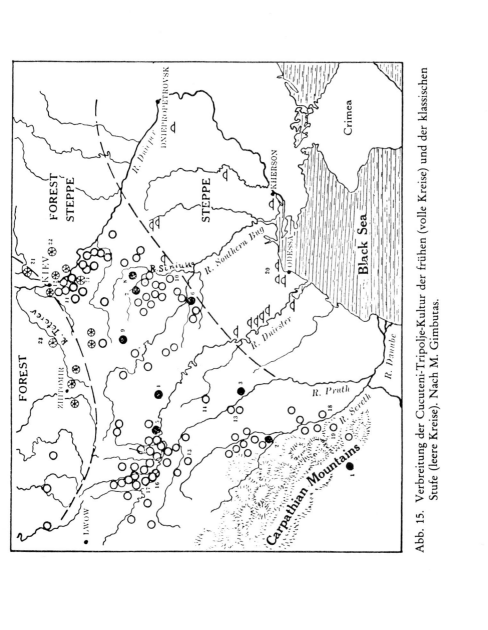

Abb. 15. Verbreitung der Cucuteni-Tripolje-Kultur der frühen (volle Kreise) und der klassischen Stufe (leere Kreise). Nach M. Gimbutas.

Abb. 16. Erlesene Irdenware der Bandkeramik (oben) und der Rössener Kultur (Mitte) aus Niedersachsen. Nach K. H. Jacob-Friesen.

Trichterbecher von Helvesiek, Kr. Rotenburg. Nach R. Dehnke.

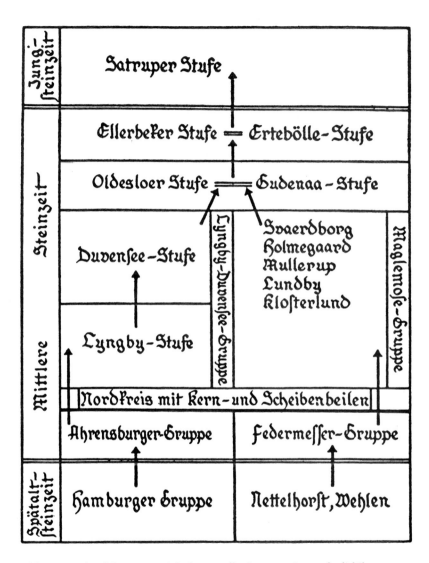

Abb. 17. Kulturfolge im Bereich des Nordkreises vom Jungpaläolithikum bis zum Neolithikum. Nach H. Schwabedissen.

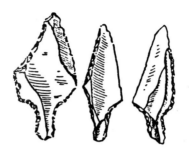

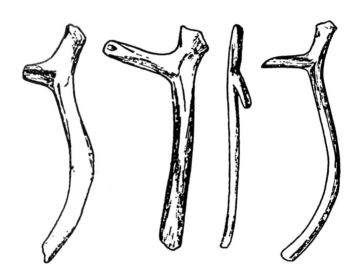

Abb. 18. Stielspitzen aus Feuerstein und Lyngby-Beile aus Rengeweih
vom Ende der Eiszeit. Nach H. Groß.

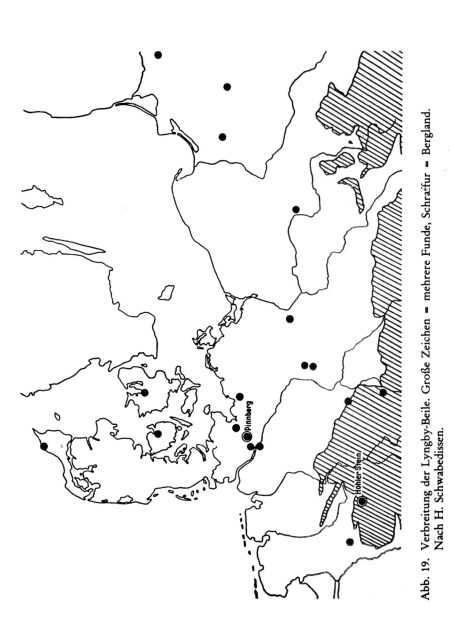

Abb. 19. Verbreitung der Lyngby-Beile. Große Zeichen = mehrere Funde, Schraffur = Bergland. Nach H. Schwabedissen.

Abb. 20. Funde der Ertebölle-Ellerbek-Kultur. Nach H-G. Bandi.

Abb. 21. Keramik der B-Stufe der Trichterbecherkultur aus Dänemark.
Nach C. J. Becker.

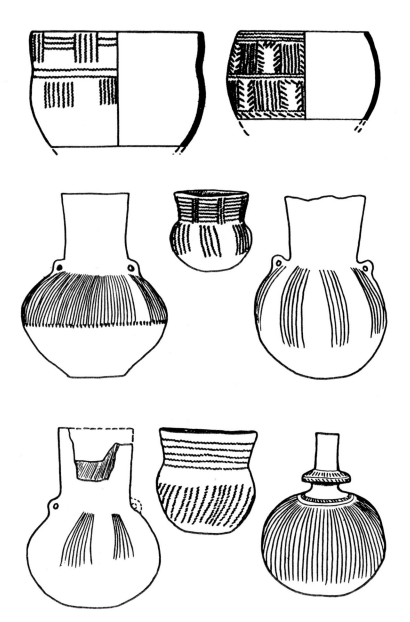

Abb. 22. Oben: Gefäße der Haffküstenkultur von der Kurischen Nehrung.
Mitte: Keramik der Trichterbecherkultur aus Dänemark und
Schleswig-Holstein.
Unten: Irdenware aus einem Dolmen von Taastrup in Jütland.
Nach L. Kilian, P. V. Glob, S. Müller und N. Åberg.

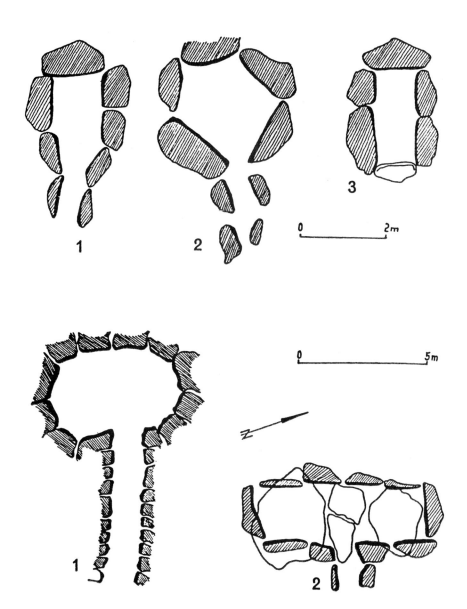

Abb. 23. Oben: Schnitte durch Dolmen aus Holstein.
Unten: Schnitte durch Ganggräber von Sylt und Fallingbostel.
Nach E. Aner und E. Sprockhoff.

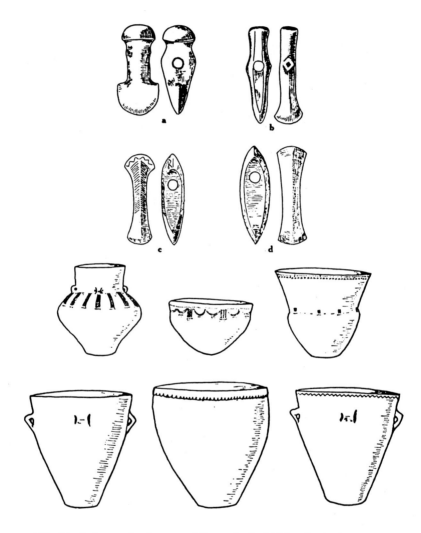

Abb. 24. Steinerne Streitäxte und Keramik der Trichterbecherkultur aus Polen. Nach K. Jażdżewski.

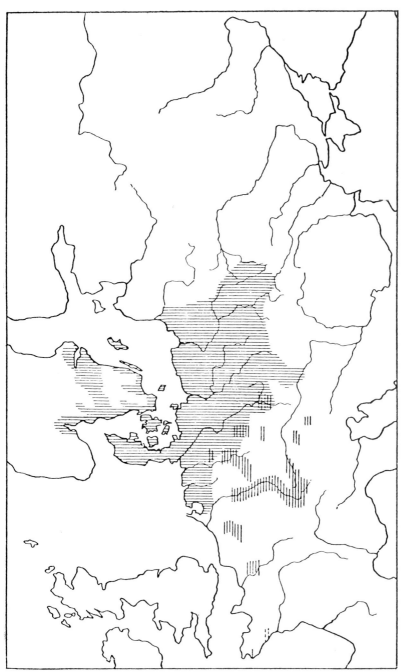

Abb. 25. Verbreitung der älteren Trichterbecherkultur und des Zweigs der Michelsberger Kultur (waagerechte Schraffur). Nach C. J. Becker.

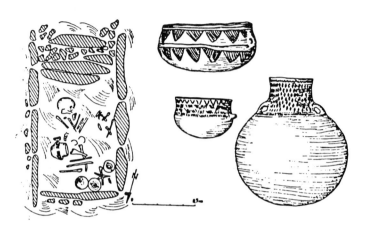

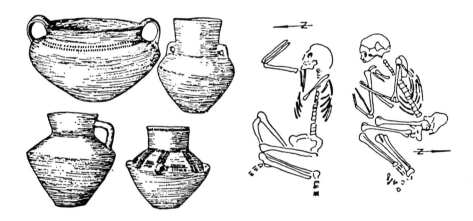

Abb. 26. Oben: Steinkistengrab und Keramik der Kugelamphorenkultur von
Schönebeck.
Unten: Keramik und Hockerbestattungen der Baalberger Gruppe
der Trichterbecherkultur.
Nach U. Fischer, J. Preuß und V. Weber.

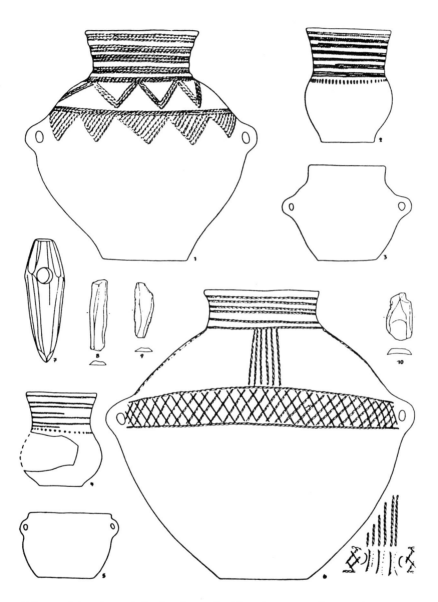

Abb. 27. Schnurkeramische Funde aus der Hauptbestattung des Hügels 12 vom Luckaer Forst, Kr. Altenburg (Thüringen). Nach G. Loewe.

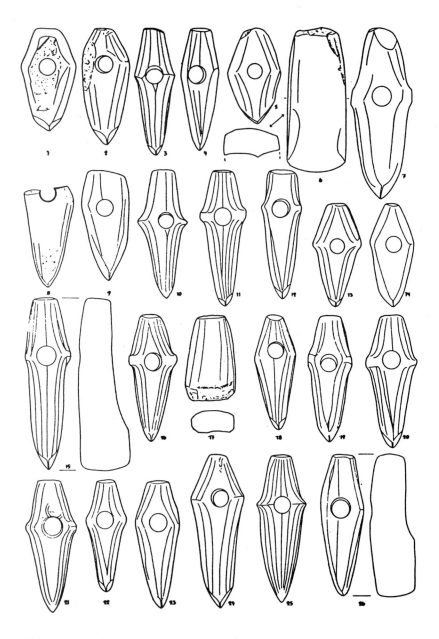

Abb. 28. Facettierte steinerne Streitäxte der Saale-Schnurkeramik aus Thüringen. Nach G. Loewe.

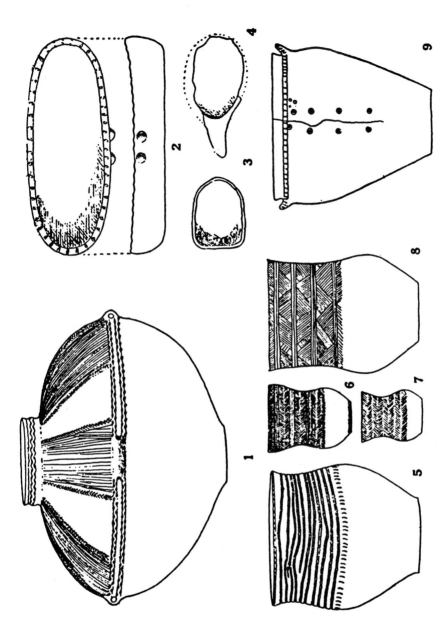

Abb. 29. Keramik der Haffküstenkultur von Rutzau (Rzucewo) an der Danziger Bucht. Nach J. Kostrzewski.

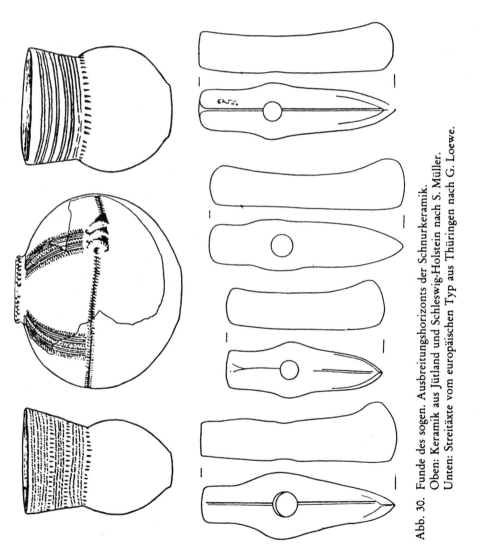

Abb. 30. Funde des sogen. Ausbreitungshorizonts der Schnurkeramik.
Oben: Keramik aus Jütland und Schleswig-Holstein nach S. Müller.
Unten: Streitäxte vom europäischen Typ aus Thüringen nach G. Loewe.

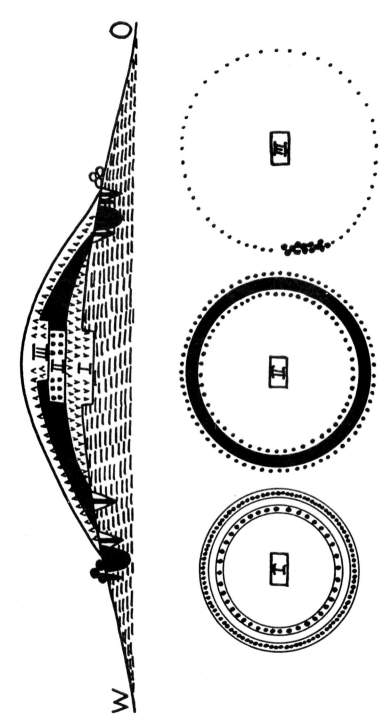

Abb. 31. Schnurkeramischer Grabhügel von Wiskiauten im Samland (Ostpreußen), mit den Bestattungen I, II und III. Darunter Kreisgräben bzw. Rest eines Steinkranzes. Nach Angaben von O. Kleemann.

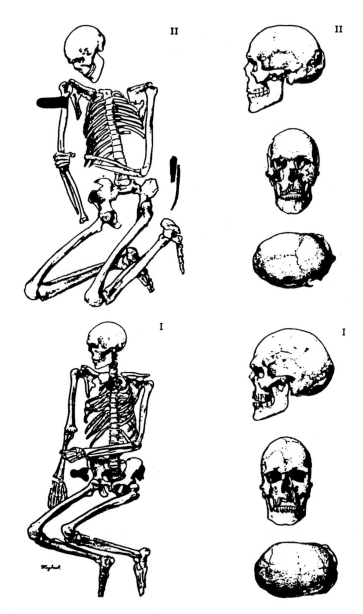

Abb. 32. Die Gerippe der beiden unteren Bestattungen von Wiskiauten.
Nach Heydeck.

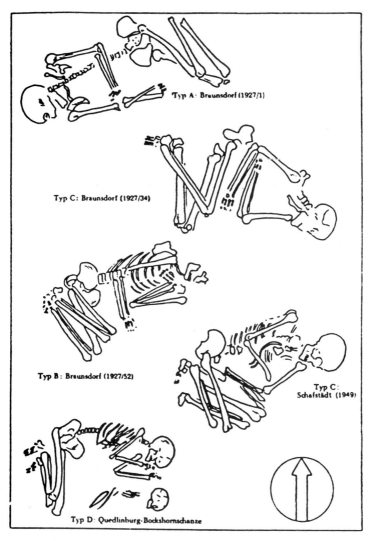

Abb. 33. Die Totenhaltung in der Saale-Schnurkeramik.
Nach U. Fischer.

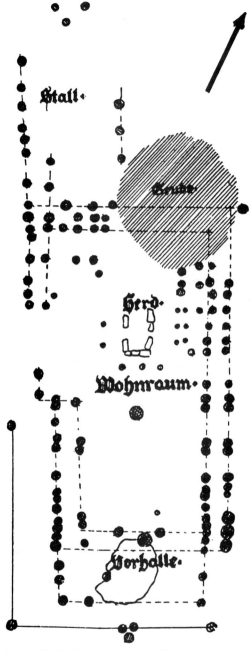

Abb. 34. Grundriß des Hauses 13 der Haffküstenkultur von Succase, Kr. Elbing. Nach B. Ehrlich gem. Vorlage von L. Kilian.

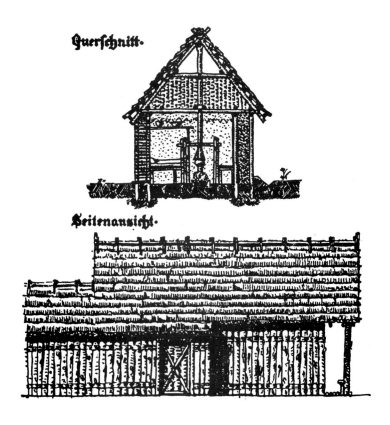

Querſchnitt·

Seitenanſicht·

Vorderanſicht·

Abb. 35. Rekonstruktion des Hauses 13 von Succase. Nach B. Ehrlich.

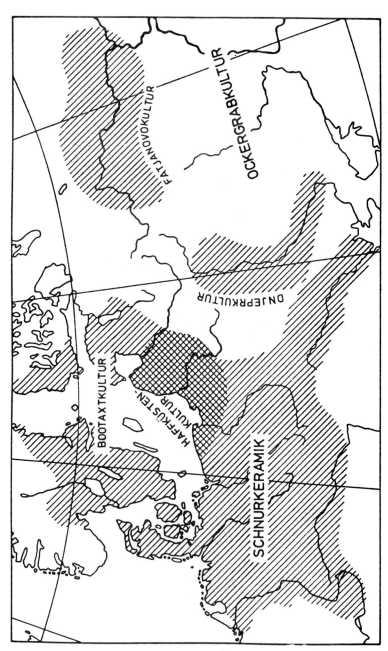

Abb. 36. Verbreitung der schnurkeramischen Kultur und verwandter Gruppen. Nach L. Kilian.

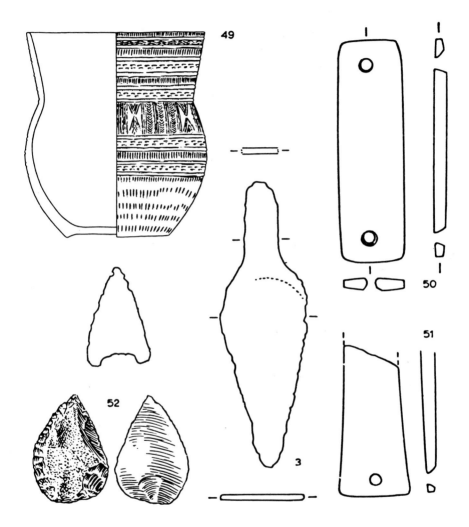

Abb. 37. Funde der Glockenbecherkultur aus einem Hügel von Lunterse Heide
(Veluve). Nach J. J. Butler und J. D. van der Waals.

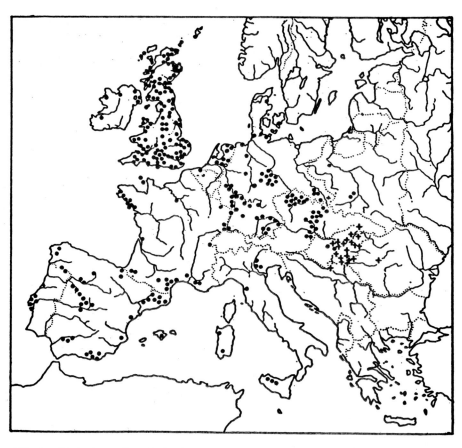

Abb. 38. Verbreitung der Glockenbecherkultur (Kreiszeichen). Nach V. G. Childe.

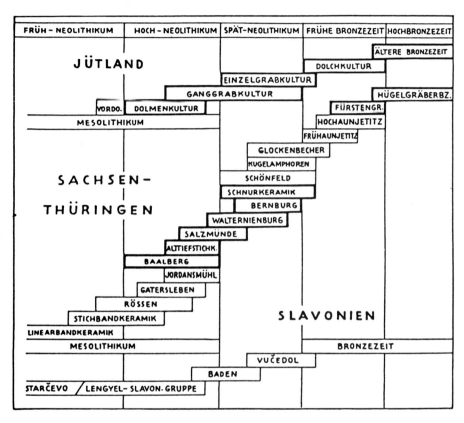

FRÜH – NEOLITHIKUM	HOCH – NEOLITHIKUM	SPÄT-NEOLITHIKUM	FRÜHE BRONZEZEIT	HOCHBRONZEZEIT

Abb. 39. Kulturfolge im Neolithikum von Sachsen-Thüringen und Nachbargebieten. Starke Umrandung: Gruppen mit primären Hügelgräbern. Nach U. Fischer.

Abb. 40. Funde aus einem unteren (A) und einem oberen (B) Grab der Ockergrabkultur (Kurgankultur) von Boaro im Gebiet der unteren Wolga.
Nach P. Rau und M. Gimbutas.

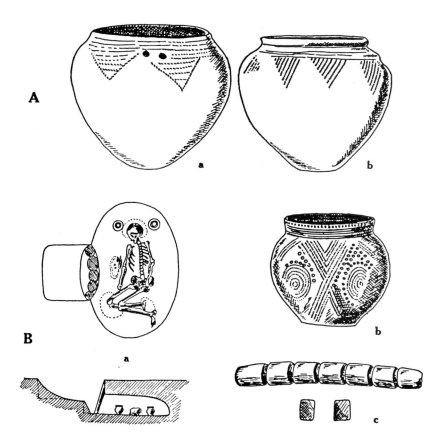

Abb. 41. Funde von einem Kammergrab (A) und einem Katakombengrab (B)
des Hügels 9 von Chpakovka bei Izium am Donez.
Nach V. A. Gorodcov und M. Gimbutas.

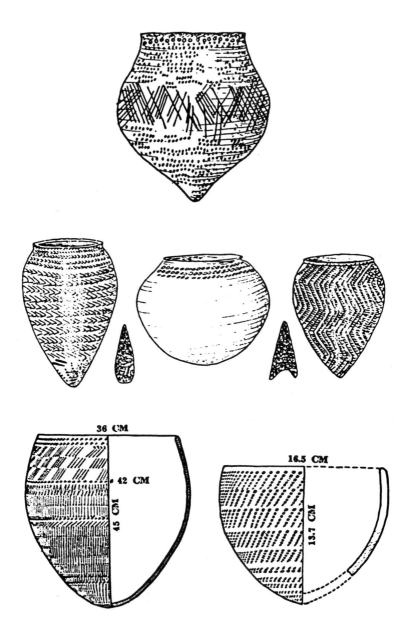

Abb. 42. Oben: Gefäß der frühen Dnjepr-Donez-Kultur.
Mitte: Funde der Afanasjevo-Kultur.
Unten: Kammkeramik vom Bereich der Kama.
Nach V. N. Danilenko, S. V. Kiselev, O. N. Bader.

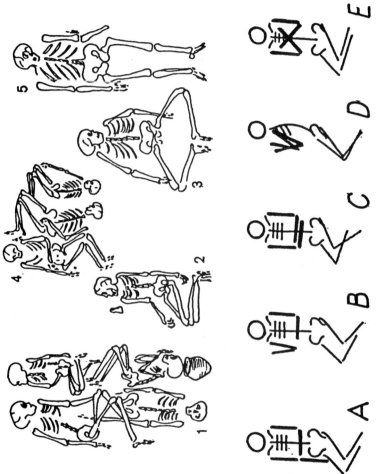

Abb. 43. Oben: Totenlagen der Ockergrabkultur (Kurgankultur).
Unten: Armhaltung in der schnurkeramischen Kultur.
Nach V. A. Gorodcov und M. Buchvaldek.

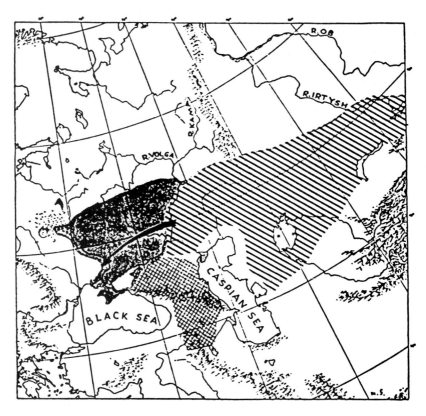

Abb. 44. Verbreitung der Kurgankultur (Schraffur) mit Expansion in das Gebiet der Dnjepr-Donez-Kultur (dunkle Fläche). Nach M. Gimbutas.

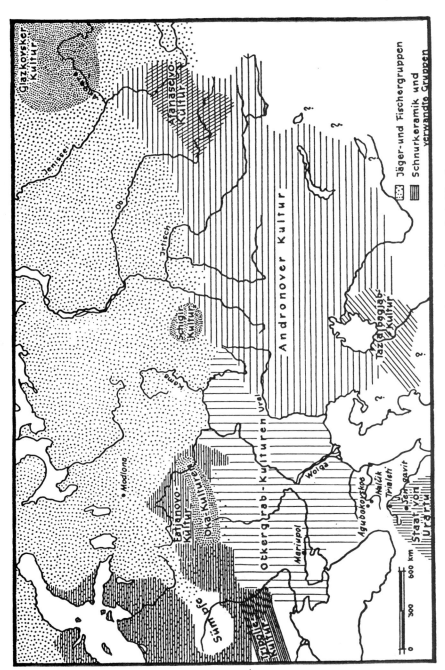

Abb. 45. Neolithisch-bronzezeitliche Kulturgruppen in Osteuropa und Westasien. Nach A. Häusler.

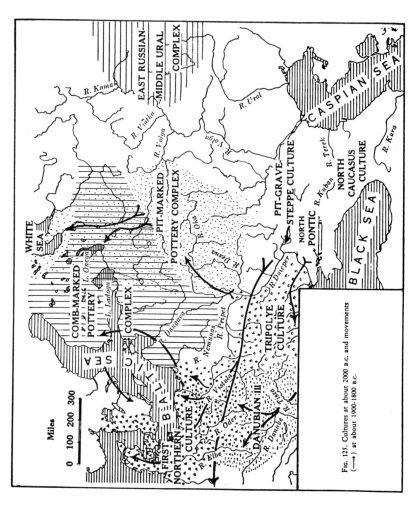

Fig. 125. Cultures at about 2000 B.C. and movements
(——➤) at about 1900–1800 B.C.

Abb. 46. Angebliche Expansion der Ockergrabkultur (PIT-GRAVE-STEPPE CULTURE)
nach Zentral- und Nordeuropa. Nach M. Gimbutas.

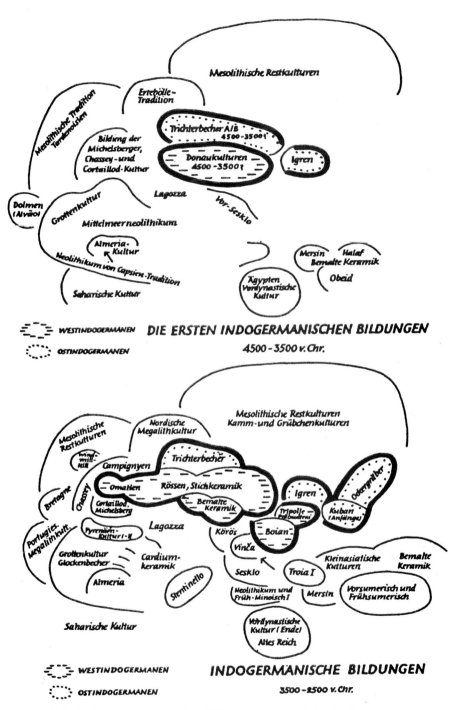

Abb. 47. Entstehung und Entwicklung indogermanischer Kulturgruppen. Nach P. Bosch-Gimpera.

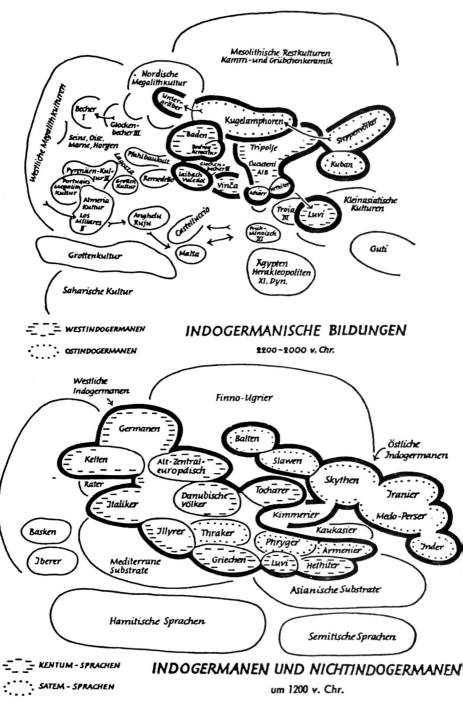

Abb. 48. Die Situation gegen Ende des Neolithikums (oben) und zur mittleren
Bronzezeit (unten). Nach P. Bosch-Gimpera.

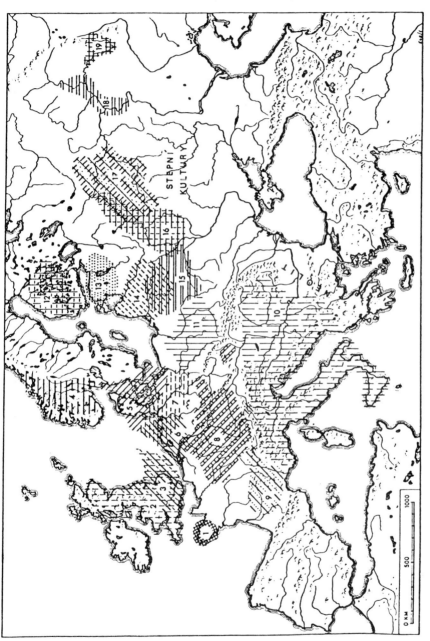

Abb. 49. Kulturgruppen zur mittleren Steinzeit in Europa. Nach ZPRAVY 1975, H. 6.

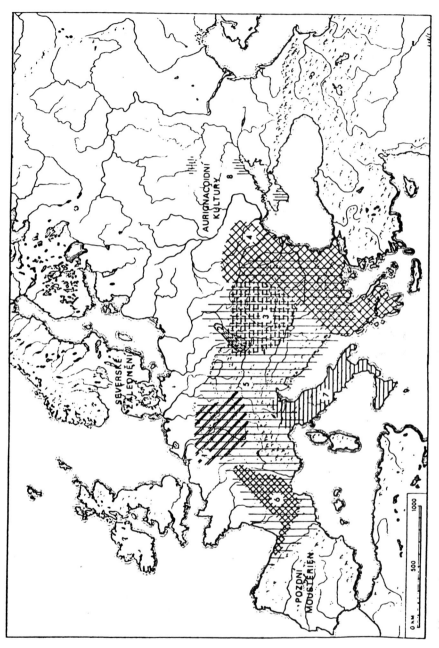

Abb. 50. Kulturgruppen im Jungpaläolithikum Europas. Nach ZPRAVY 1975, H. 6.

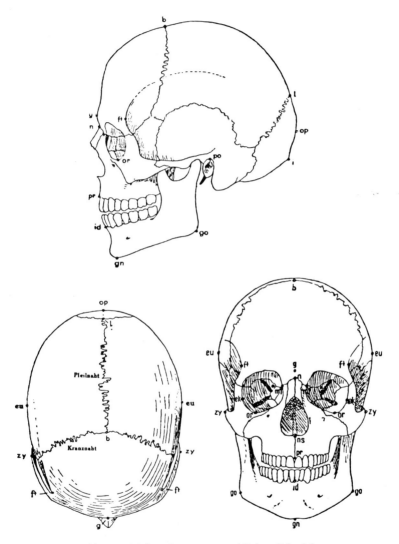

Abb. 51. Meßpunkte am menschlichen Schädel.
Nach R. Martin und W.Gieseler.

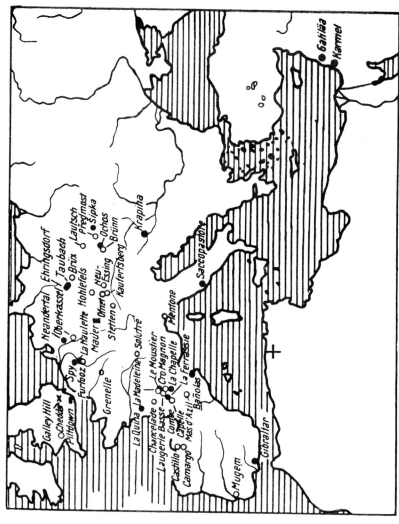

Abb. 52. Fundplätze des Altsteinzeitmenschen. Volle Zeichen = ältere, leere = jüngere Altsteinzeit.
+ = Afalou bou Rhummel. Ergänzt nach S. Ehrhardt.

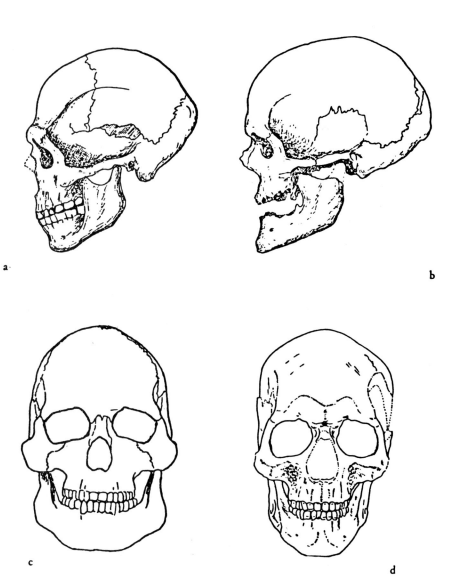

Abb. 53. Formen des Homo Sapiens.
a = Předmost; b = Crô-Magnon; c = Oberkassel; d = Combe Capelle.
Nach I. Schwidetzky.

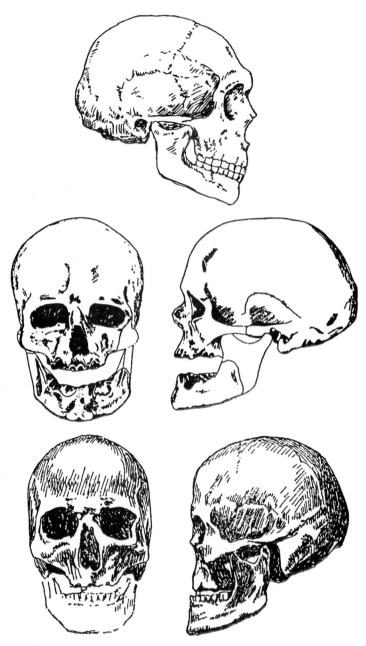

Abb. 54. Oben: Brünn (Nr. 3); Mitte: der Alte von Crô-Magnon;
Unten: Chancelade. Nach Gieseler und Grahmann.

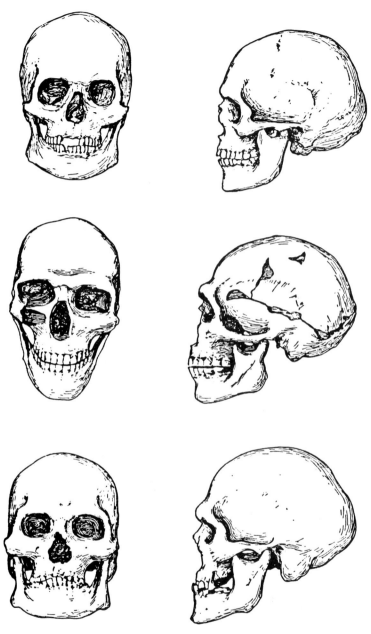

Abb. 55. Oben: Hvellinge (Schweden); Mitte: Předmost (Nr. 3);
Unten: Afalou bou Rhummel (Nr. 12).
Nach O. Aichel; Boule, Vallois, Verneau.

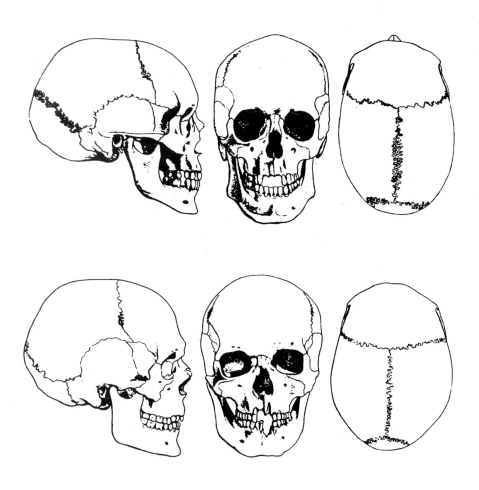

Abb. 56. Schädel aus Reihengräbern der Schweiz. Nach His und Rütimeyer.

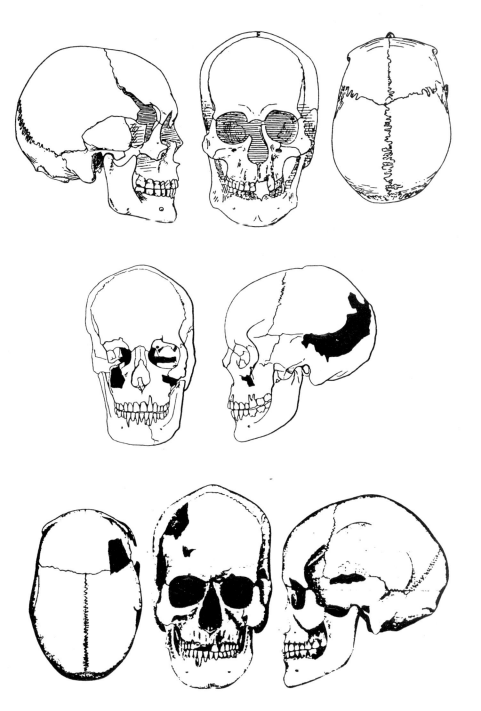

Abb. 57. Oben: Lengyel (Ungarn); Mitte: Mohenjo-Daro-Kultur (Indien);
Unten: El-Obēid (Mesopotamien). Nach Wosinsky; Marshall; Guha; Keith.

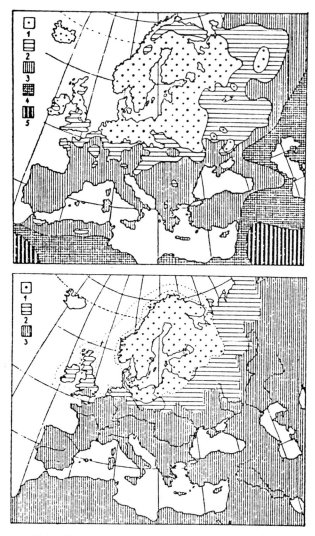

Abb. 58. Oben: Pigmentationsgrade der Bevölkerung. Nach B. Struck.
Unten: Würmeiszeit (punktiert); Maximalvereisung des Hoch-
glazials (waagerechte Schraffur). Nach P. Woldstedt.
Umzeichnungen nach I. Schwidetzky.

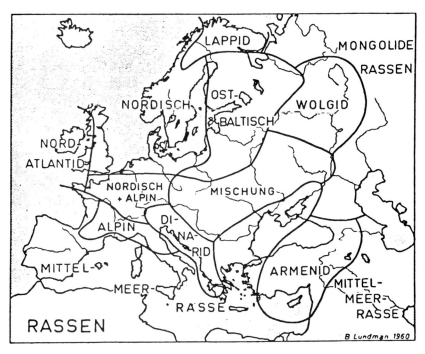

Abb. 59. Verbreitung der Rassen (schematisch). Nach B. Lundman.

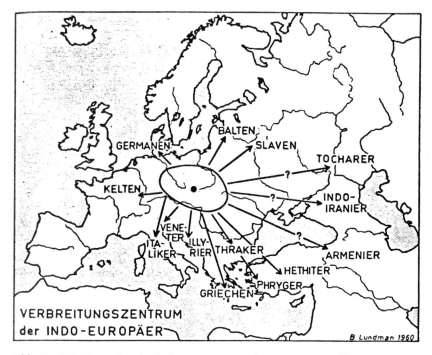

Abb. 60. Die Expansion der Indogermanen aus einem vermuteten Zentrum. Nach B. Lundman.

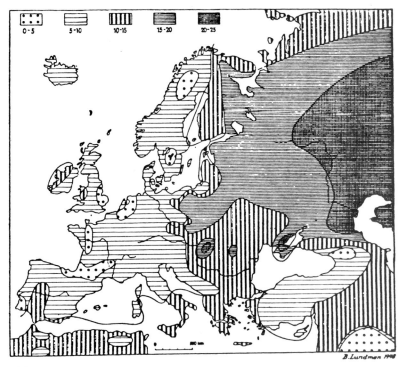

Abb. 61. Das Vorkommen der Blutgruppe B in Prozentsätzen.
Nach B. Lundman.

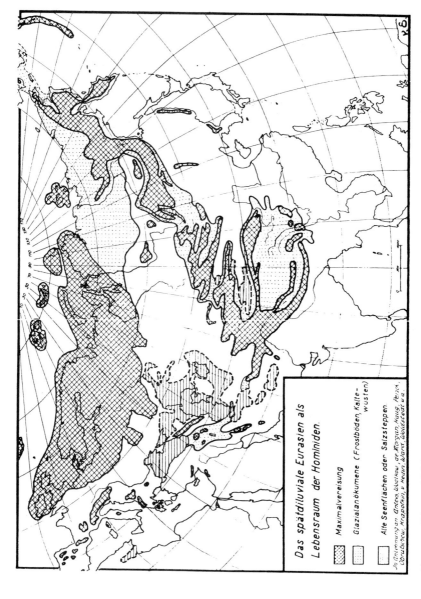

Das spätdiluviale Eurasien als
Lebensraum der Hominiden.

▨ Maximalvereisung

☐ Glazialanökumene (Frostboden, Kalte-
              wusten)

☐ Alte Seenflächen oder Salzsteppen.

In Anlehnung an Antevs, Woldow, de Morgan, Haug, Penck,
Obrutschew, Mirzochin, v. medin, Wiorst, Geulstedt u.a.

Ab. 62.   Diese Abbildung von v. Eickstedt gibt mit der Maximalvereisung die Zeit des Hochdiluviums, nicht
          des Spätdiluviums, wieder.

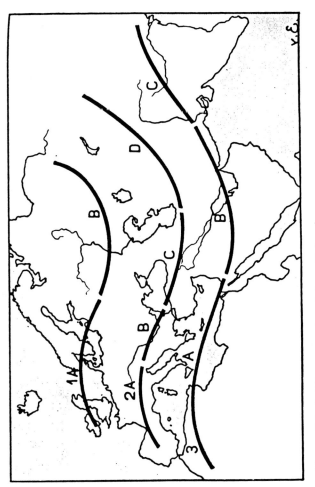

Abb. 63. Die drei Rassengürtel nach E. v. Eickstedt.
1 = Nordide und Osteuropide; 2 = Alpine, Dinaride, Armenide und Turanide;
3 = Mediterrane, Orientalide und Indide.

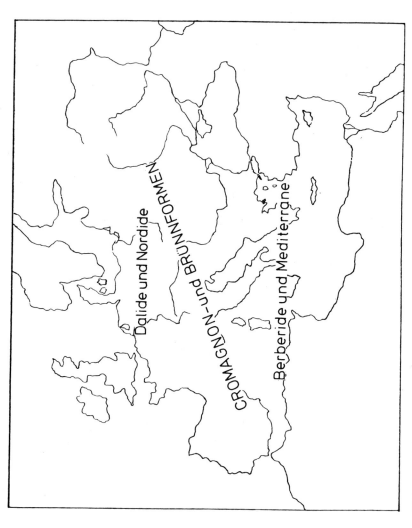

Abb. 64. Bildung der Daliden und Nordiden, der Berberiden und Mediterranen aus den Cromagnon- und Brünnformen der letzten Eiszeit.

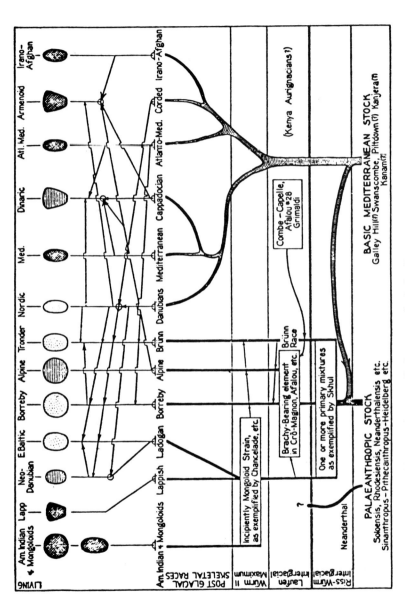

Abb. 65. Rassenentwicklung und Rassengliederung nach C. St. Coon.

Abb. 66. Das relativ gesicherte Siedlungsgebiet der Indogermanen im mittleren Neolithikum zwischen den Nordeurasiern (Uraliern) und den Mittelmeervölker

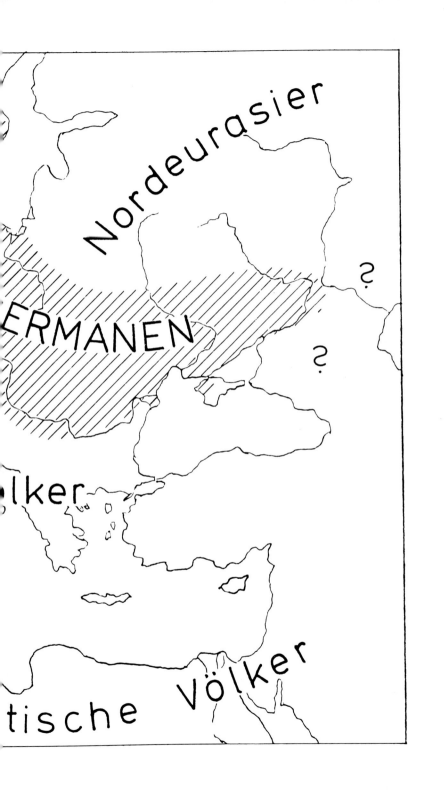